教育部哲学社会科学研究重大课题攻关项目“粤港澳大湾区法律建设研究”（20JZD019）的阶段性成果

区域法治与地方立法研究文丛
丛书主编　石佑启

地方智库报告
Local Think Tank

中国地方立法蓝皮书

广东省地方立法年度观察报告（2022）

GUANGDONGSHENG DIFANG LIFA NIANDU GUANCHA BAOGAO (2022)

主编　石佑启　朱最新

中国社会科学出版社

图书在版编目（CIP）数据

中国地方立法蓝皮书．广东省地方立法年度观察报告．2022 / 石佑启，朱最新主编．—北京：中国社会科学出版社，2022.12

ISBN 978-7-5227-1070-9

Ⅰ.①中…　Ⅱ.①石…②朱…　Ⅲ.①地方法规—立法—研究报告—广东—2022　Ⅳ.①D927.650.00

中国版本图书馆 CIP 数据核字（2022）第 224612 号

出 版 人　赵剑英
责任编辑　郭如玥　许　琳
责任校对　李　硕
责任印制　郝美娜

出　　版　中国社会科学出版社
社　　址　北京鼓楼西大街甲 158 号
邮　　编　100720
网　　址　http://www.csspw.cn
发 行 部　010-84083685
门 市 部　010-84029450
经　　销　新华书店及其他书店

印　　刷　北京君升印刷有限公司
装　　订　廊坊市广阳区广增装订厂
版　　次　2022 年 12 月第 1 版
印　　次　2022 年 12 月第 1 次印刷

开　　本　710×1000　1/16
印　　张　15
字　　数　224 千字
定　　价　88.00 元

目　录

上编　总体观察编

下编　经验分享编

前　言

法律是治国之重器，良法是善治之前提。建设中国特色社会主义法治体系，必须坚持立法先行，发挥立法的引领和推动作用，抓住提高立法质量这个关键。要恪守以民为本、立法为民理念，贯彻社会主义核心价值观，使每一项立法都符合宪法精神、反映人民意志、得到人民拥护。地方立法既是国家法律的具体化，也是地方事务的法制化。在地方立法深入推进，特别是2015年修改的《中华人民共和国立法法》（以下简称《立法法（2015）》）授予设区的市地方立法权后，提高地方立法质量，发挥地方立法在统筹社会力量、平衡社会利益、调整社会关系、规范社会行为的功能和作用显得尤为重要。广东是改革开放的先行区，也是最早享有地方立法权的地区。为了适应全面深化改革、全面依法治国的要求，总结广东省地方立法情况，深入探讨新形势下进一步完善地方立法制度、提高地方立法质量的有效途径，积极推进地方立法工作的改革创新，充分发挥地方立法的引领和推动作用，广东外语外贸大学区域一体化法治研究中心（即广东省地方立法研究评估与咨询服务基地）自2015年以来连续六年公开发行《中国地方立法蓝皮书：广东省地方立法年度观察报告》（以下简称《年度观察报告》）。《年度观察报告（2014）》侧重于定性研究。2016年起，《年度观察报告》设计了包括立法程序、立法结果、立法内容、立法公开、立法优化五个一级指标，立法程序的制定与执行等十七个二级指标，是否广泛向社会公开征求立法项目等三十四个三级指标的广东人大立法法治评估指标体系，以及包括立法程序、立法结果、立法内容、立法公开、立法优化五个一级指标，规章制定工作计划等十七个二级指标，是否有规章制定工作计划等三十二个三级指标的广东政府立法法治评估指标体系等两大指标体系，并根据两大指标体系进行年度观察。《年度观察报告》主要侧重于定量分析。《年度观察报告》的两大指标体系对地方立法实践产生了重大影响。广东省不少设区的市地方立法都是根据《年度观察报告》两大指标体系来规范相关地方立法活动，提高地方立法质量的。《年度观察报告》在提高广东省地方立法质量和效率上发挥了应有的效用。然而，随着时间发展，广东地方立法日益民主化、规范化、科学化、法治化，有些评估中发现的问题并非通过第三方评估本身可以解决，因而《年度观察报告》边际效益近年来有所递减。为了更好地发挥地方立法第三方评估的作用，及时发现、总结广东地方立法创新经验，《年度观察报告》在总体观察的基础上增加了经验分享的板块。为此，在广东省法学会领导下，基地开展了“广东省首届地方立法实践优秀研究作品征文活动”，诚邀广东省内立法实务工作者、专家学者紧扣地方立法创新实践，对广东地方立法实际情况进行理论总结，并从征文中遴选10篇优秀论文作为经验分享。这次改版因受到疫情的影响，后续的一系列线下活动被迫取消，从而没能呈现出改版后的应有效果，也严重影响了2022年相应活动的参与度。这在一定程度上影响了2022年度观察报告的质量。这次的质量如何还有待实践的验证。欢迎社会各界，尤其是广东省、各设区的市的立法机关对《广东省地方立法年度观察报告（2022）》存在的疏漏、问题与不足进行批评指正；衷心感谢八年来支持、关心、爱护、帮助、参与《广东省地方立法年度观察报告》的各位领导、专家、学者、同学、同事以及立法相关的朋友们，谢谢！

上编　总体观察编

第一章　广东人大及其常委会立法观察报告（2022）

汪星旭　谢　宇*

一　广东人大及其常委会立法状况

在人大立法方面，广东省现有省人大及其常委会，广州、深圳、佛山、东莞、中山、珠海、江门、肇庆、惠州、汕头、潮州、揭阳、汕尾、湛江、茂名、阳江、云浮、韶关、清远、梅州、河源21个地级以上市的人大及其常委会，乳源瑶族自治县、连山壮族瑶族自治县、连南瑶族自治县3个民族区域自治地方人大，共25个立法主体。总体来看，2021年广东人大及其常委会学习贯彻党的十九届六中全会精神，根据党中央决策部署和省委“1+1+9”工作部署，分解落实省十三届人大常委会立法规划，增强“四个意识”、坚定“四个自信”、做到“两个维护”，用习近平总书记关于立法工作的重要指示要求引领地方立法工作，紧紧围绕加快完善中国特色社会主义法律体系的目标，推动地方立法工作高质量发展，为全面建设社会主义现代化法治国家做出贡献。

（一）广东省人大及其常委会立法状况

2021年，广东省人大及其常委会共制定、修改、废止27件地方性

---

* 作者简介：汪星旭，广东外语外贸大学法学院2020级宪法学与行政法学硕士研究生；谢宇，广东外语外贸大学广东省地方立法研究评估与咨询服务基地专职研究员，法学博士，研究方向：宪法学、区域法治。

法规。其中，制定地方性法规共8件，分别是《广东省社会信用条例》《广东省科学技术普及条例》《广东省工艺美术保护和发展条例》《广东省文明行为促进条例》《广东省数字经济促进条例》《广东省中医药条例》《广东省人力资源市场条例》《广东省平安建设条例》；修订地方性法规共3件，分别是《广东省各级人民代表大会常务委员会规范性文件备案审查条例》《广东省市场监管条例》《广东省动物防疫条例》；修正地方性法规共11件，分别是《广东省城镇房屋租赁条例》《广东省建设工程质量管理条例》《广东省建设工程监理条例》《广东省海域使用管理条例》《广东省粮食安全保障条例》《广东省道路运输条例》《广东省华侨权益保护条例》《广东省森林防火条例》《广东省水污染防治条例》《广东省拆迁城镇华侨房屋规定》《广东省人口与计划生育条例》；废止地方性法规共5件，分别是《深圳经济特区与内地之间人员往来管理规定》《广东省普及九年制义务教育实施办法》《广东省城镇华侨房屋租赁规定》《广东省查处无照经营行为条例》《广东省国土资源监督检查条例》。

此外，广东省人大及其常委会还有6件法规正在向社会征求意见中，分别是《广东省外商投资权益保护条例》《广东省革命遗址保护条例》《广东省知识产权保护条例》《广东省人民代表大会议事规则》《广东省司法鉴定管理条例》《广东省中新广州知识城条例》；3件法规已经通过一审，分别是《广东省艾滋病防治条例》《广东省土地管理条例》《广东省乡村振兴促进条例》。

（二）地级以上市人大及其常委会立法状况

2021年，广东各地级以上市人大及其常委会亦积极开展地方人大立法工作，共制定53件地方性法规；修订7件地方性法规；修正28件地方性法规；废止3件地方性法规；20件地方性法规正在向社会征求意见中；18件地方性法规通过一审；11件地方性法规通过二审；此外还有3件地方性法规暂停适用。

表 1－1　　　**广东省人大及其常委会立法状况①**

<table>
<tr><td rowspan="8">广东省人大及其常委会立法状况</td><td>计划数</td><td>继续审议的法规案 5 件，初次审议的法规案 18 件，预备审议项目 25 件</td></tr>
<tr><td>征求意见数（6）</td><td>《广东省外商投资权益保护条例》
《广东省革命遗址保护条例》
《广东省知识产权保护条例》
《广东省人民代表大会议事规则》
《广东省司法鉴定管理条例》
《广东省中新广州知识城条例》</td></tr>
<tr><td>一审数（3）</td><td>《广东省艾滋病防治条例》
《广东省土地管理条例》
《广东省乡村振兴促进条例》</td></tr>
<tr><td>二审数</td><td>暂无数据</td></tr>
<tr><td>制定数（8）</td><td>《广东省社会信用条例》（2021 年 3 月 18 日）
《广东省科学技术普及条例》（2021 年 5 月 26 日）
《广东省工艺美术保护和发展条例》（2021 年 5 月 26 日）
《广东省文明行为促进条例》（2021 年 7 月 30 日）
《广东省数字经济促进条例》（2021 年 7 月 30 日）
《广东省中医药条例》（2021 年 7 月 30 日）
《广东省人力资源市场条例》（2021 年 12 月 1 日）
《广东省平安建设条例》（2021 年 12 月 1 日）</td></tr>
<tr><td>修订数（3）</td><td>《广东省各级人民代表大会常务委员会规范性文件备案审查条例》（2021 年 7 月 30 日）
《广东省市场监管条例》（2021 年 9 月 29 日）
《广东省动物防疫条例》（2021 年 12 月 1 日）</td></tr>
<tr><td>修正数（11）</td><td>《广东省城镇房屋租赁条例》（2021 年 9 月 29 日）
《广东省建设工程质量管理条例》（2021 年 9 月 29 日）
《广东省建设工程监理条例》（2021 年 9 月 29 日）
《广东省海域使用管理条例》（2021 年 9 月 29 日）
《广东省粮食安全保障条例》（2021 年 9 月 29 日）
《广东省道路运输条例》（2021 年 9 月 29 日）
《广东省华侨权益保护条例》（2021 年 9 月 29 日）
《广东省森林防火条例》（2021 年 9 月 29 日）
《广东省水污染防治条例》（2021 年 9 月 29 日）
《广东省拆迁城镇华侨房屋规定》（2021 年 12 月 1 日）
《广东省人口与计划生育条例》（2021 年 12 月 1 日）</td></tr>
</table>

① 本表根据广东省人大常委会门户网站、省人民政府门户网站和省司法厅门户网站的相关数据整理而成，截止日期 2021 年 12 月 31 日。

续表

广东省人大及其常委会立法状况	废止数（5）	《深圳经济特区与内地之间人员往来管理规定》（2021 年 9 月 29 日） 《广东省普及九年制义务教育实施办法》（2021 年 9 月 29 日） 《广东省城镇华侨房屋租赁规定》（2021 年 9 月 29 日） 《广东省查处无照经营行为条例》（2021 年 9 月 29 日） 《广东省国土资源监督检查条例》（2021 年 9 月 29 日）

1. 广州市人大及其常委会立法状况

2021 年，广州市人大及其常委会共制定、修改、废止 19 件地方性法规。其中，制定地方性法规共 9 件，分别是《广州市慈善促进条例》《广州市养老服务条例》《广州市临空经济区条例》《广州市地名管理规定》《广州市排水条例》《广州市不动产登记办法》《广州市平安建设条例》《广州市生态环境保护条例》《广州市学校安全管理条例》；修订地方性法规 1 件，即《广州市宗教事务管理条例》；修正地方性法规共 9 件，分别是《广州市流溪河流域保护条例》《广州经济技术开发区条例》《广州市殡葬管理规定》《广州市旅游条例》《广州市未成年人保护规定》《广州市人民防空管理规定》《广州市停车场条例》《广州市巡游出租汽车客运管理条例》《广州市物业管理条例》。

此外，《广州市快递条例》正在向社会征求意见中；《广州市社会急救医疗管理条例》通过一审；《广州市数字经济促进条例》《广州市学校安全管理条例》通过二审。

表 1－2　**广州市人大及其常委会立法状况**①

广州市人大及其常委会立法状况	计划数	协助立法项目 1 项，审议项目 14 项，提案项目 3 件，预备项目 14 件
	征求意见数（1）	《广州市快递条例》
	一审数（1）	《广州市社会急救医疗管理条例》

① 本表根据广州市人大常委会、市人民政府和市司法局门户网站的相关数据整理而成，截止日期 2021 年 12 月 31 日，以下各市相同。

续表

广州市人大及其常委会立法状况	二审数（2）	《广州市数字经济促进条例》 《广州市学校安全管理条例》
	制定数（9）	《广州市慈善促进条例》（2021 年 5 月 26 日） 《广州市养老服务条例》（2021 年 5 月 26 日） 《广州市临空经济区条例》（2021 年 8 月 5 日） 《广州市地名管理规定》（2021 年 8 月 5 日） 《广州市排水条例》（2021 年 8 月 31 日） 《广州市平安建设条例》（2021 年 9 月 28 日） 《广州市不动产登记办法》（2021 年 10 月 27 日） 《广州市生态环境保护条例》（2021 年 10 月 27 日） 《广州市学校安全管理条例》（2021 年 12 月 14 日）
	修订数（1）	《广州市宗教事务管理条例》（2021 年 10 月 27 日）
	修正数（9）	《广州市流溪河流域保护条例》（2021 年 3 月 30 日） 《广州经济技术开发区条例》（2021 年 5 月 27 日） 《广州市殡葬管理规定》（2021 年 5 月 27 日） 《广州市旅游条例》（2021 年 5 月 27 日） 《广州市未成年人保护规定》（2021 年 5 月 27 日） 《广州市人民防空管理规定》（2021 年 5 月 27 日） 《广州市停车场条例》（2021 年 5 月 27 日） 《广州市巡游出租汽车客运管理条例》（2021 年 5 月 27 日） 《广州市物业管理条例》（2021 年 5 月 27 日）
	废止数	暂无数据

2. 深圳市人大及其常委会立法状况

2021 年，深圳市人大及其常委会共制定、修改、废止 19 件地方性法规。其中，制定地方性法规共 5 件，分别是《深圳经济特区生态环境保护条例》《深圳经济特区数据条例》《深圳经济特区无障碍城市建设条例》《深圳经济特区出租汽车管理条例》《深圳经济特区互联网租赁自行车管理若干规定》；修订地方性法规共 2 件，分别是《深圳经济特区社会养老保险条例》《深圳经济特区政府投资项目管理条例》；修正地方性法规共 8 件，分别是《深圳经济特区职业技能鉴定条例》《深圳经济特区道路交通安全管理条例》《深圳市城市规划条例》《深圳经济特区土地使用权出让条例》《深圳经济特区房地产登记条例》《深圳市节约用水条例》《深圳市实施〈中华人民共和国人民防空法〉办法》《深圳市建设工程质量管理条例》；废止地方性法规共 2 件，分别是《深圳市排水条例》《深圳市无障碍环境建设条例》。

此外，《深圳经济特区人工智能产业促进条例》《深圳经济特区细胞和基因产业促进条例》《深圳经济特区智能网联汽车管理条例》《深圳经济特区学前教育条例》《深圳经济特区社会信用条例》5件地方性法规正在向社会征求意见中；《深圳经济特区城市管理综合执法条例》《深圳经济特区规划土地监察条例》2件地方性法规暂停适用。

表1-3　　**深圳市人大及其常委会立法状况**

深圳市人大及其常委会立法状况	计划数	继续审议项目3项，拟新提交审议项目24项，预备项目25项，调研项目27件
	征求意见数（5）	《深圳经济特区人工智能产业促进条例》 《深圳经济特区细胞和基因产业促进条例》 《深圳经济特区智能网联汽车管理条例》 《深圳经济特区学前教育条例》 《深圳经济特区社会信用条例》
	一审数	暂无数据
	二审数	暂无数据
	制定数（5）	《深圳经济特区生态环境保护条例》（2021年6月29日） 《深圳经济特区数据条例》（2021年6月29日） 《深圳经济特区无障碍城市建设条例》（2021年6月29日） 《深圳经济特区出租汽车管理条例》（2021年6月29日） 《深圳经济特区互联网租赁自行车管理若干规定》（2021年6月29日）
	修订数（2）	《深圳经济特区社会养老保险条例》（2021年6月29日） 《深圳经济特区政府投资项目管理条例》（2021年10月30日）
	修正数（8）	《深圳经济特区职业技能鉴定条例》（2021年6月29日） 《深圳经济特区道路交通安全管理条例》（2021年10月30日） 《深圳市城市规划条例》（2021年10月30日） 《深圳经济特区土地使用权出让条例》（2021年10月30日） 《深圳经济特区房地产登记条例》（2021年10月30日） 《深圳市节约用水条例》（2021年10月30日） 《深圳市实施〈中华人民共和国人民防空法〉办法》（2021年10月30日） 《深圳市建设工程质量管理条例》（2021年10月30日）
	废止数（2）	《深圳市排水条例》（2021年3月18日） 《深圳市无障碍环境建设条例》（2021年10月30日）
	暂停适用（2）	《深圳经济特区城市管理综合执法条例》（2021年6月29日） 《深圳经济特区规划土地监察条例》（2021年6月29日）

3. 佛山市人大及其常委会立法状况

佛山市人大及其常委会制定了《佛山市非户籍人口居住登记条例》《佛山市住宅物业管理条例》《佛山市河涌水污染防治条例》3 件地方性法规；此外，《佛山市城市轨道交通管理条例》通过了一审。

表 1－4　　**佛山市人大及其常委会立法状况**

佛山市人大及其常委会立法状况	计划数	正式项目 4 件，预备项目 3 件。（调整后）
	征求意见数	暂无数据
	一审数（1）	《佛山市城市轨道交通管理条例》
	二审数	暂无数据
	制定数（3）	《佛山市住宅物业管理条例》（2021 年 1 月 20 日） 《佛山市非户籍人口居住登记条例》（2021 年 5 月 26 日） 《佛山市河涌水污染防治条例》（2021 年 9 月 17 日）

4. 东莞市人大及其常委会立法状况

东莞市人大及其常委会制定了《东莞市户外广告设施和招牌设置管理条例》《东莞市电动自行车管理条例》2 件地方性法规；此外，《东莞市气象灾害防御条例》正在向社会征求意见中。

表 1－5　　**东莞市人大及其常委会立法状况**

东莞市人大及其常委会立法状况	计划数	正式项目 3 件；预备项目 7 件
	征求意见数（1）	《东莞市气象灾害防御条例》
	一审数	暂无数据
	二审数	暂无数据
	制定数（2）	《东莞市户外广告设施和招牌设置管理条例》（2021 年 5 月 26 日） 《东莞市电动自行车管理条例》（2021 年 12 月 1 日）

5. 中山市人大及其常委会立法状况

中山市人大及其常委会未制定、修改地方性法规，《中山市人才发展促进条例》通过一审；《中山市慈善万人行促进条例》《中山市文明行为促进条例》通过二审。

表 1－6　　中山市人大及其常委会立法状况

中山市人大及其常委会立法状况	计划数	暂无数据
	征求意见数	暂无数据
	一审数（1）	《中山市人才发展促进条例》
	二审数（2）	《中山市慈善万人行促进条例》《中山市文明行为促进条例》
	制定数	暂无数据

6. 珠海市人大及其常委会立法状况

珠海市人大及其常委会制定了《珠海市文明行为条例》《珠海国际仲裁院条例》《珠海经济特区停车场建设与管理条例》《珠海经济特区突发公共卫生事件应急条例》4 件地方性法规；修订了《珠海经济特区科技创新促进条例》；修正了《珠海市供水用水管理条例》《珠海市渔港管理条例》《珠海经济特区物业管理条例》《珠海经济特区见义勇为人员奖励和保障条例》《珠海经济特区旅游条例》《珠海市妇女权益保障条例》6 件地方性法规；废止了《珠海市排水条例》。

表 1－7　　珠海市人大及其常委会立法状况

珠海市人大及其常委会立法状况	计划数	继续审议项目 2 项；拟提请初次审议项目 13 项；预备项目 13 项；调研项目 8 项
	征求意见数	暂无数据
	一审数	暂无数据
	二审数	暂无数据
	制定数（4）	《珠海市文明行为条例》（2021 年 1 月 20 日） 《珠海国际仲裁院条例》（2021 年 3 月 31 日） 《珠海经济特区停车场建设与管理条例》（2021 年 5 月 26 日） 《珠海经济特区突发公共卫生事件应急条例》（2021 年 9 月 27 日）
	修订数（1）	《珠海经济特区科技创新促进条例》（2021 年 5 月 26 日）

续表

珠海市人大及其常委会立法状况	修正数（6）	《珠海市供水用水管理条例》（2021 年 1 月 20 日） 《珠海市渔港管理条例》（2021 年 5 月 26 日） 《珠海经济特区物业管理条例》（2021 年 9 月 27 日） 《珠海经济特区见义勇为人员奖励和保障条例》（2021 年 9 月 27 日） 《珠海经济特区旅游条例》（2021 年 9 月 27 日） 《珠海市妇女权益保障条例》（2021 年 12 月 1 日）
	废止数（1）	《珠海市排水条例》（2021 年 1 月 20 日）

7. 江门市人大及其常委会立法状况

江门市人大及其常委会制定了《江门市扬尘污染防治条例》《江门市文明行为促进条例》2 件地方性法规；此外，《江门市华侨华人文化交流合作促进条例》通过一审。

表 1－8　**江门市人大及其常委会立法状况**

江门市人大及其常委会立法状况	计划数	继续审议 1 项，提请初次审议 2 项，预备项目 2 项，调研项目 1 项
	征求意见数	暂无数据
	一审数（1）	《江门市华侨华人文化交流合作促进条例》
	二审数	暂无数据
	制定数（2）	《江门市文明行为促进条例》（2021 年 3 月 18 日） 《江门市扬尘污染防治条例》（2021 年 12 月 1 日）

8. 肇庆市人大及其常委会立法状况

肇庆市人大及其常委会制定了《肇庆市城市生活垃圾分类管理条例》《肇庆市农村人居环境治理条例》2 件地方性法规；此外，《肇庆市供电设施建设与保护条例》《肇庆市城区市容和环境卫生管理条例》通过一审。

表1－9　**肇庆市人大及其常委会立法状况**

肇庆市人大及其常委会立法状况	计划数	继续审议项目1项，初次审议项目2项，预备项目1项
	征求意见数	暂无数据
	一审数（2）	《肇庆市供电设施建设与保护条例》 《肇庆市城区市容和环境卫生管理条例》
	二审数	暂无数据
	制定数（2）	《肇庆市城市生活垃圾分类管理条例》（2021年3月18日） 《肇庆市农村人居环境治理条例》（2021年9月29日）

9. 惠州市人大及其常委会立法状况

惠州市人大及其常委会制定了《惠州市市容和环境卫生管理条例》。

表1－10　**惠州市人大及其常委会立法状况**

惠州市人大及其常委会立法状况	计划数	暂无数据
	征求意见数	暂无数据
	一审数	暂无数据
	二审数	暂无数据
	制定数（1）	《惠州市市容和环境卫生管理条例》（2021年7月30日）

10. 汕头市人大及其常委会立法状况

汕头市人大及其常委会制定了《汕头市立法技术规范（试行）》《汕头经济特区生活垃圾分类管理条例》《汕头经济特区优化营商环境条例》《汕头综合保税区条例》《汕头华侨经济文化合作试验区条例》《汕头高新技术产业开发区条例》《汕头经济特区预防与化解纠纷促进条例》《汕头经济特区跨境电子商务促进条例》《汕头市潮剧保护传承条例》9件地方性法规；修订了《汕头市防御雷电灾害条例》《汕头市专利保护和促进条例》2件地方性法规；《汕头经济特区行政复议条例》暂停适用；《汕头经济特区现代产业用地管理条例》《汕头经济特区科

技创新条例》通过了一审。

此外，《汕头市环境噪声污染防治条例修正案》《汕头市禁止燃放烟花爆竹规定》《汕头经济特区建筑物外立面管理规定》《汕头经济特区知识产权保护条例》《汕头经济特区城市景观照明条例》《汕头经济特区突发公共卫生事件应急条例》《汕头经济特区警务辅助人员条例》《汕头经济特区科技创新条例》8 件地方性法规正在向社会征求意见中。

表 1－11　**汕头市人大及其常委会立法状况**

汕头市人大及其常委会立法状况	计划数	安排审议的法规案 17 件，安排起草的法规案 9 件
	征求意见数（8）	《汕头市环境噪声污染防治条例》 《汕头市禁止燃放烟花爆竹规定》 《汕头经济特区建筑物外立面管理规定》 《汕头经济特区知识产权保护条例》 《汕头经济特区城市景观照明条例》 《汕头经济特区突发公共卫生事件应急条例》 《汕头经济特区警务辅助人员条例》 《汕头经济特区科技创新条例》
	一审数（2）	《汕头经济特区现代产业用地管理条例》 《汕头经济特区科技创新条例》
	二审数	暂无数据
	制定数（9）	《汕头市立法技术规范（试行）》（2021 年 3 月 19 日） 《汕头经济特区生活垃圾分类管理条例》（2021 年 6 月 30 日） 《汕头经济特区优化营商环境条例》（2021 年 9 月 28 日） 《汕头综合保税区条例》（2021 年 9 月 28 日） 《汕头华侨经济文化合作试验区条例》（2021 年 9 月 28 日） 《汕头高新技术产业开发区条例》（2021 年 11 月 1 日） 《汕头经济特区预防与化解纠纷促进条例》（2021 年 11 月 22 日） 《汕头经济特区跨境电子商务促进条例》（2021 年 11 月 22 日） 《汕头市潮剧保护传承条例》（2021 年 12 月 1 日）
	修订数（2）	《汕头市防御雷电灾害条例》（2021 年 1 月 20 日） 《汕头市专利保护和促进条例》（2021 年 6 月 30 日）
	暂停适用（1）	《汕头经济特区行政复议条例》（2 年）

11. 潮州市人大及其常委会立法状况

潮州市人大及其常委会制定了《潮州市工艺美术保护与促进条例》《潮州市潮剧保护传承条例》《潮州市红色文化资源保护利用条例》3件地方性法规。

表1－12　　潮州市人大及其常委会立法状况

潮州市人大及其常委会立法状况	计划数	正式项目共2件，预备项目共1件
	征求意见数	暂无数据
	一审数	暂无数据
	二审数	暂无数据
	制定数（3）	《潮州市工艺美术保护与促进条例》（2021年12月1日） 《潮州市潮剧保护传承条例》（2021年12月1日） 《潮州市红色文化资源保护利用条例》（2021年12月1日）

12. 揭阳市人大及其常委会立法状况

揭阳市人大及其常委会制定了《揭阳市红色资源保护传承条例》《揭阳市潮剧保护传承条例》2件地方性法规；此外，《揭阳市住宅小区物业管理条例》通过二审。

表1－13　　揭阳市人大及其常委会立法状况

揭阳市人大及其常委会立法状况	计划数	共安排5件法规项目，继续审议项目1件，提请初次审议项目2件，预备项目2件
	征求意见数	暂无数据
	一审数	暂无数据
	二审数（1）	《揭阳市住宅小区物业管理条例》
	制定数（2）	《揭阳市红色资源保护传承条例》（2021年7月30日） 《揭阳市潮剧保护传承条例》（2021年12月1日）

13. 汕尾市人大及其常委会立法状况

汕尾市人大及其常委会制定了《汕尾市城乡生活垃圾分类管理条

例》《汕尾市荣誉市民条例》《汕尾市企业信用促进条例》《汕尾市文明行为促进条例》4 件地方性法规。

表 1－14　　**汕尾市人大及其常委会立法状况**

汕尾市人大及其常委会立法状况	计划数	继续审议的法规案 1 件，初次审议的法规案 2 件，预备审议项目 1 件
	征求意见数	暂无数据
	一审数	暂无数据
	二审数	暂无数据
	制定数（4）	《汕尾市城乡生活垃圾分类管理条例》（2021 年 7 月 30 日） 《汕尾市荣誉市民条例》（2021 年 9 月 29 日） 《汕尾市企业信用促进条例》（2021 年 9 月 29 日） 《汕尾市文明行为促进条例》（2021 年 12 月 1 日）

14. 湛江市人大及其常委会立法状况

湛江市人大及其常委会修订了《湛江市城区市容和环境卫生管理条例》；修正了《湛江市历史建筑保护条例》；此外，《湛江市优化营商环境条例》通过一审。

表 1－15　　**湛江市人大及其常委会立法状况**

湛江市人大及其常委会立法状况	计划数	提请初次审议的法规案 2 件，继续审议的法规案 1 件，预备审议项目 3 件
	征求意见数	暂无数据
	一审数（1）	《湛江市优化营商环境条例》
	二审数	暂无数据
	制定数	暂无数据
	修订数（1）	《湛江市城区市容和环境卫生管理条例》（2021 年 12 月 1 日）
	修正数（1）	《湛江市历史建筑保护条例》（2021 年 9 月 29 日）

15. 茂名市人大及其常委会立法状况

茂名市人大及其常委会制定了《茂名市森林防火联防条例》《茂名市生活垃圾分类管理条例》2件地方性法规;《茂名市野外用火管理条例》通过一审;《茂名市文明行为促进条例》通过二审。

表1-16 **茂名市人大及其常委会立法状况**

茂名市人大及其常委会立法状况	计划数	暂无数据
	征求意见数	暂无数据
	一审数(1)	《茂名市野外用火管理条例》
	二审数(1)	《茂名市文明行为促进条例》
	制定数(2)	《茂名市森林防火联防条例》(2021年7月30日) 《茂名市生活垃圾分类管理条例》(2021年9月29日)

16. 阳江市人大及其常委会立法状况

阳江市人大及其常委会未制定、修改地方性法规,《阳江市农村生活垃圾管理条例》《阳江市文明行为促进条例》《阳江市石望铸钱遗址保护条例》通过一审;《阳江市扬尘污染防治条例》通过二审;此外,《阳江市石望铸钱遗址保护条例》正在向社会征求意见中。

表1-17 **阳江市人大及其常委会立法状况**

阳江市人大及其常委会立法状况	计划数	暂无数据
	征求意见数(1)	《阳江市石望铸钱遗址保护条例》
	一审数(3)	《阳江市农村生活垃圾管理条例》 《阳江市文明行为促进条例》 《阳江市石望铸钱遗址保护条例》
	二审数(1)	《阳江市扬尘污染防治条例》
	制定数	暂无数据

17. 云浮市人大及其常委会立法状况

云浮市人大及其常委会制定了《云浮市村庄规划建设管理条例》;

《云浮市城市市容和环境卫生管理条例》《云浮市革命遗址遗迹保护条例》通过一审；《云浮市文明行为促进条例》《云浮市生活垃圾分类管理条例》通过二审；此外，《云浮市革命遗址遗迹保护条例》《云浮市生活垃圾分类管理条例》《云浮市城市市容和环境卫生管理条例》3 件地方性法规正在向社会征求意见中。

表 1－18　　**云浮市人大及其常委会立法状况**

云浮市人大及其常委会立法状况	计划数	安排审议立法项目 5 件，其中继续审议的法规案 3 件，初次审议的法规案 2 件
	征求意见数（3）	《云浮市革命遗址遗迹保护条例》 《云浮市生活垃圾分类管理条例》 《云浮市城市市容和环境卫生管理条例》
	一审数（2）	《云浮市城市市容和环境卫生管理条例》 《云浮市革命遗址遗迹保护条例》
	二审数（2）	《云浮市文明行为促进条例》 《云浮市生活垃圾分类管理条例》
	制定数（1）	《云浮市村庄规划建设管理条例》（2021 年 7 月 30 日）

18. 韶关市人大及其常委会立法状况

韶关市人大及其常委会制定了《韶关市建筑垃圾管理条例》；《韶关市红色资源保护条例》通过一审；《韶关市农村饮用水源保护条例》通过二审。

表 1－19　　**韶关市人大及其常委会立法状况**

韶关市人大及其常委会立法状况	计划数	继续审议项目 2 件，初次审议项目 1 件
	征求意见数	暂无数据
	一审数（1）	《韶关市红色资源保护条例》
	二审数（1）	《韶关市农村饮用水源保护条例》
	制定数（1）	《韶关市建筑垃圾管理条例》（2021 年 3 月 18 日）

19. 清远市人大及其常委会立法状况

清远市人大及其常委会制定了《清远市城市生活垃圾管理条例》；《清远市瑶族非物质文化遗产传承条例》通过一审；《清远市住宅小区物业管理条例》通过二审。

表 1－20　**清远市人大及其常委会立法状况**

清远市人大及其常委会立法状况	计划数	提请初次审议项目 1 项；继续审议项目 2 项
	征求意见数	暂无数据
	一审数（1）	《清远市瑶族非物质文化遗产传承条例》
	二审数（1）	《清远市住宅小区物业管理条例》
	制定数（1）	《清远市城市生活垃圾管理条例》（2021 年 5 月 26 日）

20. 梅州市人大及其常委会立法状况

梅州市人大及其常委会制定了《梅州市农村生活垃圾管理条例》；修正了《梅州市客家围龙屋保护条例》《梅州市城市市容和环境卫生管理条例》2 件地方性法规；《梅州市扬尘污染防治条例》通过一审；此外，《梅州市扬尘污染防治条例》正在向社会征求意见中。

表 1－21　**梅州市人大及其常委会立法状况**

梅州市人大及其常委会立法状况	计划数	继续安排审议的法规案 1 件，提请常委会初次审议的法规案 2 件，预备项目 1 件
	征求意见数（1）	《梅州市扬尘污染防治条例》
	一审数（1）	《梅州市扬尘污染防治条例》
	二审数	暂无数据
	制定数（1）	《梅州市农村生活垃圾管理条例》（2021 年 9 月 29 日）
	修正数（2）	《梅州市客家围龙屋保护条例》（2021 年 9 月 29 日） 《梅州市城市市容和环境卫生管理条例》（2021 年 9 月 29 日）

21. 河源市人大及其常委会立法状况

河源市人大及其常委会制定了《河源市扬尘污染防治条例》。

表 1－22　　河源市人大及其常委会立法状况

河源市人大及其常委会立法状况	计划数	2021 年拟安排 2 件法规项目，其中正式项目 1 件，预备项目 1 件
	征求意见数	暂无数据
	一审数	暂无数据
	二审数	暂无数据
	制定数（1）	《河源市扬尘污染防治条例》（2021 年 12 月 1 日）

（三）自治县人大立法状况

相较于省人大及其常委会和各地级以上市人大及其常委会的立法工作而言，民族自治县的立法工作显得十分薄弱。根据网络可检索到的信息，2021 年广东省民族自治县未制定地方性法规，仅对 2 件地方性法规进行修正。

1. 乳源瑶族自治县人大立法状况

经过网络检索，并未检索到乳源瑶族自治县 2021 年立法计划，也未检索到其他相关立法信息。

表 1－23　　乳源瑶族自治县人大立法状况

乳源瑶族自治县人大立法状况	计划数	2021 年度官网未公示明确计划
	征求意见数	暂无数据
	一审数	暂无数据
	二审数	暂无数据
	通过数	暂无数据

2. 连山壮族瑶族自治县人大立法状况

连山壮族瑶族自治县人大及其常委会修正了《连山壮族瑶族自治县森林资源保护管理条例》，未检索到其他相关立法信息。

表 1－24　　连山壮族瑶族自治县人大立法状况

连山壮族瑶族自治县人大立法状况	计划数	2021 年度官网未公示明确计划
	征求意见数	暂无数据
	一审数	暂无数据
	二审数	暂无数据
	制定数	暂无数据
	修正数（1）	《连山壮族瑶族自治县森林资源保护管理条例》（2021 年 5 月 26 日）

3. 连南瑶族自治县人大立法状况

连南瑶族自治县人大及其常委会修正了《连南瑶族自治县森林资源保护管理条例》，未检索到其他相关立法信息。

表 1－25　　连南瑶族自治县人大立法状况

连南瑶族自治县人大立法状况	计划数	2021 年度官网未公示明确计划
	征求意见数	暂无数据
	一审数	暂无数据
	二审数	暂无数据
	制定数	暂无数据
	修正数（1）	《连南瑶族自治县森林资源保护管理条例》（2021 年 5 月 26 日）

二　广东人大及其常委会立法的特色与亮点

（一）重要领域立法助推法制完善

2021 年，广东人大及其常委会充分聚焦法律制度的空白点和冲突点，统筹谋划和整体推进立改废释各项工作，各级人大以“功成不必在我”的执着，久久为功持久推进，加快建立健全地方治理急需、满足人民日益增长的美好生活需要必备的法律制度。具体体现在以下方面：（1）在平安广东建设领域，广东省人大及其常委会制定了《广东省平安建设条例》《广东省文明行为促进条例》，广州市人大及其常委会制定了《广州市平安建设条例》《广州市学校安全管理条例》，珠海市、江门市、汕尾市等人大及其常委会相继制定了《珠海市文明行为条例》《江门市文明行为促进条例》《汕尾市文明行为促进条例》等。其中，平安条例围绕社会风险防控、重点防治、社会矛盾纠纷化解等方面作出规定，为广东平安建设提供重要依托和有力保障。（2）在生态环境领域，广东省一如既往注重城乡人居环境整治，广东省人大及其常委会制定了《广东省水污染防治条例》，广州市人大及其常委会制定了《广州市生态环境保护条例》，深圳市人大及其常委会制定了《深圳经济特区生态环境保护条例》。各地级以上市人大及其常委会充分发挥立法权限，结合自身实际制定了相应大气、水和土壤污染防治等法规，呵护南粤碧水青山。（3）在城乡垃圾管理领域，各地级以上市人大及其常委会逐渐重视对城乡垃圾的管理处理，肇庆市人大及其常委会制定了《肇庆市城市生活垃圾分类管理条例》，汕头市人大及其常委会制定了《汕头经济特区生活垃圾分类管理条例》，汕尾市人大及其常委会制定了《汕尾市城乡生活垃圾分类管理条例》，茂名市人大及其常委会制定了《茂名市生活垃圾分类管理条例》，进一步促进生态文明建设及保障经济社会可持续发展。

（二）立法创新引领数字经济发展

在地方立法方面，广东再次以先行先试、敢为人先、勇于啃硬骨头的首创精神，为促进数字经济发展，推进数字产业化和产业数字化，推动数字技术与实体经济深度融合，广东省制定颁布了国家公布数字经济及其核心产业统计分类以来的首部促进数字经济发展的地方性法规——《广东省数字经济促进条例》（以下简称《条例》）。这充分凸显广东改革创新精神和地方立法特色，聚焦“数字产业化、产业数字化”两大核心，为广东数字经济未来的发展划出了重点。此外，各地级以上市人大及其常委会也根据自身实际情况对《条例》进行细化，出台相应法规。如深圳市人大及其常委会制定了《深圳经济特区数据条例》，《广州市数字经济促进条例》也已通过二审。

根据《条例》，广东省将发挥数据的关键资源作用和创新引擎作用，提升数据要素质量，培育数据要素市场，促进数据资源开发利用保护，进而推动数字技术创新，加强数字技术基础研究、应用基础研究和技术成果转化，完善产业技术创新体系和共性基础技术供给体系。制定该《条例》旨在打造具有国际竞争力的数字产业集群，全面建设数字经济强省。①

（三）发展全过程人民民主

人民代表大会制度是实现我国全过程人民民主的重要制度载体。2021 年以来，广东各级人大及其常委会始终紧跟省委“1 + 1 + 9”工作部署，不断发展全过程人民民主，积极回应人民对美好生活的期盼。广东省制定了 61 件地方性法规，修改、废止 57 件地方性法规，还有众多法规已通过审议或正在向社会公众征求意见，坚持以良法促发展、保善治；省开展监督 114 项，市县开展监督 13000 多项，听民意惠民生、解矛盾追实效，以丰富生动的履职实践浓缩成一个践行全过程人民民主的广东样本。这主要体现在两个方面：（1）服务大局。无论是面对疫情来袭，还是响应国家优化营商环境的号召，抑或是数字经济的新发展，广东始终走在地方立法第一线。并且，聚焦提升发展平衡性和协调性，着眼固根本、稳预期、利长远，制定平安建设条例，并听取专项报告、开展专题调研，从根本上推动区域协调发展；制定修改社会信用、文明行为促进、城乡垃圾管理等法规，力促文明新风吹进千家万户。（2）倾听民声。近年来，广东各级人大发挥主渠道作用，确保立法工作的立项、起草、审议、论证、评估、监督和宣传等各个环节都能广泛汇聚民智、充分发扬民主。特别是建立基层立法联系点这一创新举措，

① 方寸：《广东省发布数字经济促进条例》，https：//baijiahao. baidu. com/s？ id = 1710210862355520123&wfr = spider&for = pc，访问时间：2021 年 12 月 24 日。

搭建起反映民情、倾听民意、汇聚民智的“直通车”，强化了基层群众对立法工作的直接有序参与。[①]“有事找代表”已经成为广东群众的习惯。目前全省已建成12209个代表联络站，在家门口、在车间里、在渔船上，层层织密人大代表联系群众的网格。

三　广东人大及其常委会立法未来展望

（一）充分行使法规制定权

法规制定权是省级和设区的市的人民代表大会及其常务委员会行使立法权，并在地方立法过程中发挥主导作用的权力，真正体现了权力来自人民的宗旨，是推进科学立法、民主立法、依法立法的根本性制度安排，有利于保证人民和人大代表参与立法的权利，能够更加充分地汇集和表达人民群众意愿，凝聚各方共识，更好地体现民主集中制的原则，提高立法质量。然而，2021年广东人大及其常委会在行使立法权上稍显不足。这主要体现在以下几个方面：（1）具有明显的不平衡性，地方人大及其常委会立法基本处于随意性很大的自发状态，外界约束极为有限。如广州、深圳、珠海这些经济发达地区，立法数量较多，而河源、惠州、中山、湛江等非珠三角地区立法较少，特别是乳源瑶族自治县、连山壮族瑶族自治县、连南瑶族自治县3个民族自治地方，甚至未制定年度立法计划，也并未制定地方性法规。（2）未能凸显地方特色立法。对于中央出台的法律政策，各地市仓促间即紧跟立法，未经调研而制定适合本地实情的“特色”立法。例如《文明行为促进条例》，各地市通过相关立法时间差距并不大。而类似汕头、潮州、揭阳三市协同制定潮剧保护传承条例的特色立法并不多见。因此，广东人大及其常委会要充分行使立法权，做到“立良法，保善治”，特别是在改革发展过程中要坚持党领导立法，把准地方立法的政治方向；发挥人大立法主

---

① 人民网：《把全过程人民民主贯穿立法全过程》，https：//export. shobserver. com/baijia-hao/html/400954. html，访问时间：2021年12月24日。

导，提升地方立法的法治价值；发挥立法引领改革，拓展地方立法的发展空间。

（二）推进落实立法计划

依据我国《立法法》相关规定，享有地方性法规制定权的主体应制定立法规划、年度立法计划等形式，加强对立法工作的统筹安排，法制机构应按照常委会的要求，督促立法规划和年度计划的落实。但从观察报告来看，立法计划并未切实落到实处，主要存在以下几个问题：（1）部分立法主体并未制定、公开年度立法计划，例如中山、惠州、茂名、阳江、乳源瑶族自治县、连山壮族瑶族自治县、连南瑶族自治县。而对于计划的落实情况也未全部在官网公开，官网对于立法信息的公开存在部分不及时、不全面的问题。（2）部分立法主体制订的立法计划过于笼统、宏观，比如单纯罗列继续审议项目和预备项目等意义不大，有必要明确具体的执行时间节点。（3）部分立法主体并未切实完成立法计划，计划中的立法项目未及时完成甚至并未实行。纳入立法计划却并未在计划时间内完成甚至完全未落实的情况时有发生，导致立法计划一定程度上成为“一纸空文”而未充分发挥其本该发挥的作用。有计划的立法是科学立法的要求，科学制定立法项目，综合运用制定、修改、废止、解释等多种形式，增强立法工作的协调性、及时性、系统性。要发挥广东人大及其常委会的主导作用，高度重视立法工作计划的贯彻执行，加强组织领导、完善工作机制、精细流程管理、强化责任落实、加快工作进度，切实保障立法项目按时完成。

（三）加强立法宣传与解读

立法工作是一项复杂而系统的工作，一部法律法规的条文内容看似简单，但蕴含其后的背景和精神未必能被人民群众全面、准确理解。而要想法律推广于民，全面推进依法治省，法治广东建设，做好立法宣传工作显得尤为重要。目前广东的立法宣传与解读工作还存在可完善之处，从人大官网等资讯平台来看，首先并非所有立法都有相应的法规解读文件，或者在法律公布施行一段时间才出台法规解读文件，具有一定的滞后性；其次，尽管大部分地市均有出台一定法规解读文件，但质量却参差不齐，未能做到使民众准确理解立法背景、目的、法律原则和条文意思。这要求广东人大及其常委会需要在未来的立法宣传与解读工作中做到以下两点：（1）领导重视立法宣传工作，每项法规出台前后都需要在各工作机构部门的大力支持下，协调配合，从专业角度通过新闻媒体促进各界对法规的认识和理解，保证法规出台后的新闻宣传准确及时，为每项法规的顺利实施打好群众基础。（2）在立法宣传中拓展公民获取信息的方式和途径。综合运用多种传播手段，巩固和完善传统宣传阵地，用足用好微博、微信、移动客户端等平台，拓展报道的广度和深度，讲好新时代人大故事和立法故事。[①]

① 中国人大网：《全国人大常委会2020年度立法工作计划》，http://www.npc.gov.cn/npc/c30834/202006/b46fd4cbdbbb4b8faa9487da9e76e5f6.shtml，访问时间：2021年12月24日。

第二章　广东政府立法观察报告（2022）

张礼棋　黄　喆*

一　广东政府立法状况

在政府立法方面，广东省现有广东省政府、广州市政府、深圳市政府、佛山市政府、东莞市政府、中山市政府、珠海市政府、江门市政府、肇庆市政府、惠州市政府、汕头市政府、潮州市政府、揭阳市政府、汕尾市政府、湛江市政府、茂名市政府、阳江市政府、云浮市政府、韶关市政府、清远市政府、梅州市政府、河源市政府22个地方政府立法主体。按照《法治中国建设规划（2020—2025年）》《法治社会建设实施纲要（2020—2025年）》的要求，2021年以来，广东省及省内地级市政府在关键环节和重点领域的立法取得重大进展，规章清理工作有序推进。

（一）广东省人民政府立法状况

2021年，广东省政府共制定、修改、废止了33件政府规章。其中，制定通过政府规章12件，分别是《广东省渔业捕捞许可管理办法》《广东省公共数据管理办法》《广东省重大行政决策程序规定》

* 作者简介：张礼棋，广东外语外贸大学法学院2020级宪法学与行政法学研究生；黄喆，广东外语外贸大学法学院副教授、广东省地方立法研究评估与咨询服务基地兼职研究员，法学博士，研究方向：行政法与行政诉讼法、区域法治与地方立法。

表 2－1　　广东省政府立法状况①

<table>
<tr><td rowspan="6">广东省政府立法状况</td><td>计划数</td><td>计划年内完成规章制定项目 12 件，规章预备项目 7 件</td></tr>
<tr><td>制定通过数（12）</td><td>《广东省渔业捕捞许可管理办法》
《广东省公共数据管理办法》
《广东省重大行政决策程序规定》
《广东省职工生育保险规定》
《广东省教育教学成果奖励办法》
《广东省地震预警管理办法》
《广东省防御雷电灾害管理规定》
《广东省消防工作若干规定》
《广东省旧城镇旧厂房旧村庄改造管理办法》
《广东省人民政府关于将一批省级行政职权事项调整由广州、深圳市实施的决定》
《广东省人民政府关于将一批省级行政职权调整由汕头华侨经济文化合作试验区实施的决定》
《广东省人民政府关于将第三批省级管理权限调整由中国（广东）自由贸易试验区各片区管委会实施的决定》</td></tr>
<tr><td>修改通过数（9）</td><td>《广东省省级储备粮管理办法》
《广东省房产税施行细则》
《广东省植物检疫实施办法》
《广东省城镇土地使用税实施细则》
《广东省病媒生物预防控制管理规定》
《广东省惠东海龟国家级自然保护区管理办法》
《广东省建设工程造价管理规定》
《广东省按摩服务场所治安管理规定》
《广东省森林和陆生野生动物类型自然保护区管理办法》</td></tr>
<tr><td>废止数（12）</td><td>《广东省城市维护建设税实施细则》
《广东省衡器管理办法》
《广东省中外合资、合作经营企业档案管理规定》
《广东省医疗卫生计量器具管理办法》
《广东省保守国家秘密实施细则》
《广东省防汛防旱防风工作若干规定》
《广东省标准化监督管理办法》
《广东省契税实施办法》
《广东省价格调节基金管理规定》
《广东省木材经营加工运输管理办法》
《中国（广东）自由贸易试验区管理试行办法》
《广东省传统工艺美术保护规定》</td></tr>
<tr><td>征求意见数（3）</td><td>《广东省中小学教师职称评审办法》
《广东省政府质量奖管理办法》
《广东省网上中介服务超市管理办法实施细则》</td></tr>
</table>

① 本表根据广东省人民政府官网、省司法厅官网、北大法宝等网站相关数据整理而成，截止日期 2021 年 12 月 31 日。

《广东省职工生育保险规定》《广东省教育教学成果奖励办法》《广东省地震预警管理办法》《广东省防御雷电灾害管理规定》《广东省消防工作若干规定》《广东省旧城镇旧厂房旧村庄改造管理办法》《广东省人民政府关于将一批省级行政职权事项调整由广州、深圳市实施的决定》《广东省人民政府关于将一批省级行政职权调整由汕头华侨经济文化合作试验区实施的决定》《广东省人民政府关于将第三批省级管理权限调整由中国（广东）自由贸易试验区各片区管委会实施的决定》；修改通过政府规章 9 件，分别是《广东省省级储备粮管理办法》《广东省房产税施行细则》《广东省植物检疫实施办法》《广东省城镇土地使用税实施细则》《广东省病媒生物预防控制管理规定》《广东省惠东海龟国家级自然保护区管理办法》《广东省建设工程造价管理规定》《广东省按摩服务场所治安管理规定》《广东省森林和陆生野生动物类型自然保护区管理办法》；废止了政府规章 12 件，分别是《广东省城市维护建设税实施细则》《广东省衡器管理办法》《广东省中外合资、合作经营企业档案管理规定》《广东省医疗卫生计量器具管理办法》《广东省保守国家秘密实施细则》《广东省防汛防旱防风工作若干规定》《广东省标准化监督管理办法》《广东省契税实施办法》《广东省价格调节基金管理规定》《广东省木材经营加工运输管理办法》《中国（广东）自由贸易试验区管理试行办法》《广东省传统工艺美术保护规定》。

此外，广东省政府有 3 件政府规章尚在向社会征求意见，分别是《广东省中小学教师职称评审办法》《广东省政府质量奖管理办法》《广东省网上中介服务超市管理办法实施细则》。

（二）地级以上市人民政府立法状况

1. 广州市政府立法状况

广州市政府制定了《广州市献血管理规定》《广州市电梯安全管理办法》《广州市井盖设施管理办法》《广州市老年人优待办法》《广州市房屋交易监督管理办法》；修改了《广州市房屋交易监督管理办法》《广州市社会保障卡管理办法》；废止了《广州市房屋租赁管理规定》

《广州市物业管理暂行办法》《广州市保守工作秘密规定》；《广州市维修资金管理办法》《广州市公共数据管理规定》《广州市爱国卫生工作规定》已向社会公众征求意见并反馈意见。

表 2－2　　**广州市政府立法状况**①

广州市政府立法状况	计划数	计划年内审议规章项目 8 件，适时审议规章项目 11 件，调研项目 13 件
	制定通过数（5）	《广州市献血管理规定》 《广州市电梯安全管理办法》 《广州市井盖设施管理办法》 《广州市老年人优待办法》 《广州市房屋交易监督管理办法》
	修改通过数（2）	《广州市房屋交易监督管理办法》 《广州市社会保障卡管理办法》
	废止数（3）	《广州市房屋租赁管理规定》 《广州市物业管理暂行办法》 《广州市保守工作秘密规定》
	征求意见数（3）	《广州市维修资金管理办法》 《广州市公共数据管理规定》 《广州市爱国卫生工作规定》

2. 深圳市政府立法状况

深圳市政府制定了《深圳市最低生活保障办法》《深圳市地下空间开发利用管理办法》《深圳市电动自行车管理规定（试行）》《深圳市居民经济状况核对办法》《深圳市气象灾害预警信号发布规定》《深圳市轨道交通项目建设管理规定》；废止了《〈深圳经济特区物业管理条例〉实施若干规定》；《深圳市长期护理保险办法》《深圳市海绵城市建设管理规定》《深圳医学科学院暂行办法》《深圳市民用无人机管理暂行办法》《深圳市装修垃圾管理办法》《深圳市道路交通事故社会救助基金管理办法》《深圳市碳排放权交易管理暂行办法》《深圳市再生资源回收管理办法》《深圳市特殊工程认定和发包办法》已面向社会征求意见。

① 本表根据广州市人民政府、市司法局以及有关部门官网、北大法宝等网站数据整理而成，截止日期 2021 年 12 月 31 日，以下各市相同。

表 2－3　　**深圳市政府立法状况**

深圳市政府立法状况	计划数	计划年内完成规章制定项目 10 件，规章预备项目 15 件
	制定通过数（6）	《深圳市最低生活保障办法》 《深圳市地下空间开发利用管理办法》 《深圳市电动自行车管理规定（试行）》 《深圳市居民经济状况核对办法》 《深圳市气象灾害预警信号发布规定》 《深圳市轨道交通项目建设管理规定》
	修改通过数	暂无数据
	废止数（1）	《〈深圳经济特区物业管理条例〉实施若干规定》
	征求意见数（9）	《深圳市长期护理保险办法》 《深圳市海绵城市建设管理规定》 《深圳医学科学院暂行办法》 《深圳市民用无人机管理暂行办法》 《深圳市装修垃圾管理办法》 《深圳市道路交通事故社会救助基金管理办法》 《深圳市碳排放权交易管理暂行办法》 《深圳市再生资源回收管理办法》 《深圳市特殊工程认定和发包办法》

3. 佛山市政府立法状况

佛山市制定了《佛山市燃气管理办法》《佛山市公共图书馆管理办法》《佛山市生活垃圾分类管理办法》《佛山市人民政府规章制定程序规定》；修改通过了《佛山市供用电安全管理办法》《佛山市城镇新建住宅区配建教育设施管理办法》《佛山市危险化学品安全管理规定》《佛山市城市市容和环境卫生管理规定》《佛山市电动自行车管理规定》；《佛山市人民防空工程维护管理办法》《佛山市医疗机构医疗保障定点管理实施办法》已向社会征求意见。

4. 东莞市政府立法状况

东莞市制定了《东莞市城市轨道交通运营管理办法》；修改了《东莞市城乡建设档案管理办法》；《东莞市污染源自动监控管理办法》《东莞市生活垃圾分类管理规定》《东莞市自然保护地管理办法》《东莞市机动车停车管理办法》已向社会征求意见。

表 2－4　　**佛山市政府立法状况**

佛山市政府立法状况	计划数	计划年内完成规章制定项目 2 件，规章预备项目 2 件
	制定通过数（4）	《佛山市燃气管理办法》 《佛山市公共图书馆管理办法》 《佛山市生活垃圾分类管理办法》 《佛山市人民政府规章制定程序规定》
	修改通过数（5）	《佛山市供用电安全管理办法》 《佛山市城镇新建住宅区配建教育设施管理办法》 《佛山市危险化学品安全管理规定》 《佛山市城市市容和环境卫生管理规定》 《佛山市电动自行车管理规定》
	废止数	暂无数据
	征求意见数（2）	《佛山市人民防空工程维护管理办法》 《佛山市医疗机构医疗保障定点管理实施办法》

表 2－5　　**东莞市政府立法状况**

东莞市政府立法状况	计划数	计划年内完成规章制定项目 3 件，规章预备项目 2 件
	制定通过数（1）	《东莞市城市轨道交通运营管理办法》
	修改通过数（1）	《东莞市城乡建设档案管理办法》
	废止数	暂无数据
	征求意见数（4）	《东莞市污染源自动监控管理办法》 《东莞市生活垃圾分类管理规定》 《东莞市自然保护地管理办法》 《东莞市机动车停车管理办法》

5. 中山市政府立法状况

中山市政府制定了《中山市生活垃圾分类管理办法》；《中山市优化营商环境办法》《中山市物业服务收费管理办法》《中山市餐厨垃圾管理办法》《中山市河道管理办法》已向社会征求意见。

6. 珠海市政府立法状况

珠海市政府制定了《珠海市城乡建设档案管理办法》《珠海经济特区城市更新管理办法》《珠海市轨道交通局管理暂行办法》；修改了

《珠海市村镇规划建设管理办法》《珠海经济特区城乡规划条例实施办法》；废止了《珠海市市级储备粮管理办法》《珠海市行政机关规范性文件管理规定》；《珠海市最低生活保障实施办法》《珠海市土地征收管理办法》《珠海市市级储备粮管理办法》《珠海经济特区旅游条例修正案》《珠海经济特区公共租赁住房管理办法》《珠海经济特区商事登记条例实施办法》已向社会征求意见。

表2－6　**中山市政府立法状况**

中山市政府立法状况	计划数	计划年内完成规章提请审议项目3件，规章立法调研项目2件
	制定通过数（1）	《中山市生活垃圾分类管理办法》
	修改通过数	暂无数据
	废止数	暂无数据
	征求意见数（4）	《中山市优化营商环境办法》 《中山市物业服务收费管理办法》 《中山市餐厨垃圾管理办法》 《中山市河道管理办法》

表2－7　**珠海市政府立法状况**

珠海市政府立法状况	计划数	计划年内完成规章审议项目6件，预备规章项目8件
	制定通过数（3）	《珠海市城乡建设档案管理办法》 《珠海经济特区城市更新管理办法》 《珠海市轨道交通局管理暂行办法》
	修改通过数（2）	《珠海市村镇规划建设管理办法》 《珠海经济特区城乡规划条例实施办法》
	废止数（2）	《珠海市市级储备粮管理办法》 《珠海市行政机关规范性文件管理规定》
	征求意见数（6）	《珠海市最低生活保障实施办法》 《珠海市土地征收管理办法》 《珠海市市级储备粮管理办法》 《珠海经济特区旅游条例修正案》 《珠海经济特区公共租赁住房管理办法》 《珠海经济特区商事登记条例实施办法》

7. 江门市政府立法状况

江门市政府制定了《江门市人民政府拟定地方性法规草案和制定政府规章程序规定》《江门市生活垃圾分类管理办法》《江门市消防水源管理办法》；《江门市建筑垃圾管理办法》《江门市市政设施管理规定》《江门市网络预约出租汽车经营服务管理办法》已向社会征求意见。

表 2－8 **江门市政府立法状况**

江门市政府立法状况	计划数	计划年内完成规章制定项目 2 件，规章修订项目 1 件
	制定通过数（3）	《江门市人民政府拟定地方性法规草案和制定政府规章程序规定》 《江门市生活垃圾分类管理办法》 《江门市消防水源管理办法》
	修改通过数	暂无数据
	废止数	暂无数据
	征求意见数（3）	《江门市建筑垃圾管理办法》 《江门市市政设施管理规定》 《江门市网络预约出租汽车经营服务管理办法》

8. 肇庆市政府立法状况

肇庆市制定了《肇庆市大型群众性活动安全管理规定》《肇庆市水上交通安全管理规定》；《肇庆市基本医疗保险办法》《肇庆市消防安全管理规定》已向社会征求意见。

表 2－9 **肇庆市政府立法状况**

肇庆市政府立法状况	计划数	计划年内完成规章制定项目 2 件
	制定通过数（2）	《肇庆市大型群众性活动安全管理规定》 《肇庆市水上交通安全管理规定》
	修改通过数	暂无数据
	废止数	暂无数据
	征求意见数（2）	《肇庆市基本医疗保险办法》 《肇庆市消防安全管理规定》

9. 惠州市政府立法状况

惠州市政府制定了《惠州市停车场建设与管理办法》；《惠州市生活垃圾分类管理办法》《惠州市建筑废弃物管理办法》《惠州市临时救助办法》《惠州市非物质文化遗产保护管理办法》已向社会征求意见。

表 2－10　**惠州市政府规章制定状况**

惠州市政府立法状况	计划数	计划年内完成规章制定项目 1 件，规章修定项目 2 件
	制定通过数（1）	《惠州市停车场建设与管理办法》
	修改通过数	暂无数据
	废止数	暂无数据
	征求意见数（4）	《惠州市生活垃圾分类管理办法》 《惠州市建筑废弃物管理办法》 《惠州市临时救助办法》 《惠州市非物质文化遗产保护管理办法》

10. 汕头市政府立法状况

汕头市政府制定了《汕头市行政程序规定》《汕头市行政裁决规定》《汕头经济特区行政规范性文件管理规定》《汕头市规范行政处罚裁量权规定》；修改通过了《汕头市规范行政处罚裁量权规定》《汕头市行政程序规定》《汕头经济特区住宅专项维修资金管理办法》；废止了《汕头市公墓管理办法》《汕头市分散按比例安排残疾人就业实施细则》《汕头市实施城市管理相对集中行政处罚权规定》《汕头经济特区外地驻汕办事机构管理办法》《汕头经济特区电子商务促进办法》《汕头市规范涉企行政执法检查行为规定》《汕头市信息化建设规定》《汕头市人民政府重大行政决策量化标准规定》《汕头经济特区城乡生活垃圾管理规定》《汕头经济特区社会组织登记管理办法》；《汕头市市场采购贸易综合管理办法》《汕头经济特区社会组织登记管理办法》《汕头经济特区建筑物外立面管理规定》《汕头经济特区住宅专项维修资金管理办法》已向社会征求意见。

表 2－11　　汕头市政府立法状况

汕头市政府立法状况	计划数	计划年内完成规章制定项目 3 件，规章立法调研项目 3 件
	制定通过数（4）	《汕头市行政程序规定》 《汕头市行政裁决规定》 《汕头市规范行政处罚裁量权规定》 《汕头经济特区行政规范性文件管理规定》
	修改通过数（3）	《汕头市行政程序规定》 《汕头市规范行政处罚裁量权规定》 《汕头经济特区住宅专项维修资金管理办法》
	废止数（10）	《汕头市公墓管理办法》 《汕头经济特区电子商务促进办法》 《汕头市规范涉企行政执法检查行为规定》 《汕头经济特区外地驻汕办事机构管理办法》 《汕头市分散按比例安排残疾人就业实施细则》 《汕头市实施城市管理相对集中行政处罚权规定》 《汕头市信息化建设规定》 《汕头市人民政府重大行政决策量化标准规定》 《汕头经济特区城乡生活垃圾管理规定》 《汕头经济特区社会组织登记管理办法》
	征求意见数（4）	《汕头市市场采购贸易综合管理办法》 《汕头经济特区社会组织登记管理办法》 《汕头经济特区建筑物外立面管理规定》 《汕头经济特区住宅专项维修资金管理办法》

11. 潮州市政府立法状况

潮州市政府制定了《潮州市气象灾害防御规定》《潮州市城区机动车道路临时停放管理办法》；《潮州市古城区消防安全管理办法》《潮州市城市户外广告设施和招牌设置管理规定》已向社会征求意见。

表 2－12　　潮州市政府立法状况

潮州市政府立法状况	计划数	计划年内完成规章制定项目 1 件
	制定通过数（2）	《潮州市气象灾害防御规定》 《潮州市城区机动车道路临时停放管理办法》
	修改通过数	暂无数据
	废止数	暂无数据
	征求意见数（2）	《潮州市古城区消防安全管理办法》 《潮州市城市户外广告设施和招牌设置管理规定》

12. 揭阳市政府立法状况

揭阳市政府制定通过了《揭阳市城市绿化管理办法》《揭阳市户外广告和招牌设置管理办法》；《揭阳市非物质文化遗产保护管理办法》《揭阳市城市道路车辆通行管理办法》《揭阳市消防安全责任制规定》已向社会征求意见。

表 2－13　　**揭阳市政府规章制定状况**

揭阳市政府立法状况	计划数	计划年内完成规章制定项目 2 件，预备规章项目 2 件
	制定通过数（2）	《揭阳市城市绿化管理办法》 《揭阳市户外广告和招牌设置管理办法》
	修改通过数	暂无数据
	废止数	暂无数据
	征求意见数（3）	《揭阳市非物质文化遗产保护管理办法》 《揭阳市城市道路车辆通行管理办法》 《揭阳市消防安全责任制规定》

13. 汕尾市政府立法状况

汕尾市政府制定通过了《汕尾市电动自行车管理暂行办法》《汕尾市城市节约用水管理办法》《汕尾市红海湾经济开发区管理暂行规定》；《汕尾市渔歌保护法》《汕尾市既有住宅加装电梯管理办法》已向社会征求意见。

表 2－14　　**汕尾市政府规章制定状况**

汕尾市政府规章制定状况	计划数	计划年内完成规章审议项目 2 件
	制定通过数（3）	《汕尾市电动自行车管理暂行办法》 《汕尾市城市节约用水管理办法》 《汕尾市红海湾经济开发区管理暂行规定》
	修改通过数	暂无数据
	废止数	暂无数据
	征求意见数（2）	《汕尾市渔歌保护法》 《汕尾市既有住宅加装电梯管理办法》

14. 湛江市政府立法状况

湛江市政府制定通过了《湛江市地下水管理办法》；《湛江市土地储备管理办法》已向社会征求意见。

表 2 – 15　　湛江市政府规章制定状况

湛江市政府立法状况	计划数	计划年内完成规章制定项目 2 件，预备规章项目 2 件，规章调研论证项目 1 件
	制定通过数（1）	《湛江市地下水管理办法》
	修改通过数	暂无数据
	废止数	暂无数据
	征求意见数（1）	《湛江市土地储备管理办法》

15. 茂名市政府立法状况

茂名市政府制定通过了《茂名市地方志工作管理办法》；《茂名市防御雷电灾害管理办法》已向社会征求意见。

表 2 – 16　　茂名市政府立法状况

茂名市政府立法状况	计划数	计划年内完成规章审议项目 1 件，预备规章项目 2 件
	制定通过数（1）	《茂名市地方志工作管理办法》
	修改通过数	暂无数据
	废止数	暂无数据
	征求意见数（1）	《茂名市防御雷电灾害管理办法》

16. 阳江市政府立法状况

暂无数据。

表 2 – 17　　阳江市政府立法状况

阳江市政府立法状况	计划数	暂无数据
	制定通过数	暂无数据
	修改通过数	暂无数据
	废止数	暂无数据
	征求意见数	暂无数据

17. 云浮市政府立法状况

云浮市政府制定通过了《云浮市人民政府立法工作规定》;《云浮市农贸市场建设管理办法》《云浮市农村饮用水管理办法》已向社会征求意见。

表2-18　**云浮市政府立法状况**

云浮市政府立法状况	计划数	计划年内完成规章审议项目2件,预备规章项目1件
	制定通过数(1)	《云浮市人民政府立法工作规定》
	修改通过数	暂无数据
	废止数	暂无数据
	征求意见数(2)	《云浮市农贸市场建设管理办法》 《云浮市农村饮用水管理办法》

18. 韶关市政府立法状况

韶关市政府制定通过了《韶关市生活垃圾分类管理办法(试行)》《韶关市城市市容和环境卫生管理办法(试行)》;《韶关市残疾人就业办法》《韶关市历史建筑保护利用管理办法》《韶关市老年人优待办法》已向社会征求意见。

表2-19　**韶关市政府规章制定状况**

韶关市政府立法状况	计划数	计划年内完成规章制定项目1件,规章修订项目1件
	制定通过数(2)	《韶关市生活垃圾分类管理办法(试行)》 《韶关市城市市容和环境卫生管理办法(试行)》
	修改通过数	暂无数据
	废止数	暂无数据
	征求意见数(3)	《韶关市残疾人就业办法》 《韶关市历史建筑保护利用管理办法》 《韶关市老年人优待办法》

19. 清远市政府立法状况

《清远市户外广告设施和招牌设置管理办法》已向社会征求意见。

表 2－20　　　　**清远市政府立法状况**

清远市政府立法状况	计划数	计划年内完成规章制定项目 1 件
	制定通过数	暂无数据
	修改通过数	暂无数据
	废止数	暂无数据
	征求意见数（1）	《清远市户外广告设施和招牌设置管理办法》

20. 梅州市政府立法状况

梅州市政府修改通过了《梅州市城市地下管线管理办法》《梅州市房屋使用安全管理办法》《梅州市电力设施管理办法》；《梅州市临时救助实施办法》已向社会征求意见。

表 2－21　　　　**梅州市政府立法状况**

梅州市政府立法状况	计划数	计划年内完成规章制定项目 1 件，预备规章项目 1 件
	制定通过数	暂无数据
	修改通过数（3）	《梅州市城市地下管线管理办法》 《梅州市房屋使用安全管理办法》 《梅州市电力设施管理办法》
	废止数	暂无数据
	征求意见数（1）	《梅州市临时救助实施办法》

21. 河源市政府立法状况

河源市政府制定了《河源市户外广告和招牌设置管理办法》；《河源市临时救助办法》已向社会征求意见。

表 2 – 22 **河源市政府立法状况**

河源市政府立法状况	计划数	计划年内完成规章制定项目 1 件，预备规章项目 2 件
	制定通过数（1）	《河源市户外广告和招牌设置管理办法》
	修改通过数	暂无数据
	废止数	暂无数据
	征求意见数（1）	《河源市临时救助办法》

二　广东政府立法的特色与亮点

（一）出台公共数据管理规则，指引公共数据规范利用

数据安全事关公民个人权益、产业健康发展甚至国家安全。2021 年 9 月 1 日，《中华人民共和国数据安全法》正式施行，数据安全步入法治化轨道。2021 年广东省政府根据本省实际情况，制定并通过了《广东省公共数据管理办法》。“作为广东首部省级层面关于公共数据管理的政府规章，《办法》在国内首次明确将公共服务供给方数据纳入公共数据范畴、首次在省级立法层面真正落实‘一数一源’、首次明确数据交易标的等，进一步加强了对涉及国计民生数据的管理。”①

（二）电动车管理有法可依，助力城市交通安全出行

随着经济和社会的发展，电动自行车呈快速增长态势，在民生行业末端配送、解决市民短途出行方面提供了一定的便利，但也存在交通违法乱象突出、交通事故占比居高不下等问题。大部分道路的非机动车道与人行道共同设置，路面上存在大量超标电动自行车，安全隐患突出，电动自行车与机动车、行人之间的交通矛盾日益凸显。同时，大多数电动车管理相关上位法没有涉及电动自行车的定义、停放和充电等具体问题，造成现实中有关主管部门执法困难，容易引发社会矛盾。为适应社

① 马俊贤：《创新提升公共数据管理水平，〈广东省公共数据管理办法〉》，https：//www. gzdaily. cn/amucsite/web/index. html#/detail/1690305，访问时间：2021 年 12 月 29 日。

会发展需要。《深圳市电动自行车管理规定（试行）》《佛山市电动自行车管理规定》《汕尾市电动自行车管理暂行办法》三部地方政府规章相继制定或修订出台。三地在电动自行车的登记上均作出了规定。“电动自行车实行登记制度，经市公安交管部门登记后，方可上道路行驶。具体登记办法由市公安交管部门另行制定，并向社会公布；市公安交管部门对符合国家现行《电动自行车安全技术规范》规定，且具备强制性认证证书及产品合格证的电动自行车予以登记；本市实行电动自行车登记制度；电动自行车未经本市的公安机关交通管理部门注册登记、取得行驶证并悬挂号牌的，不得在本市行政区域内上道路行驶；公安机关交通管理部门应当为符合条件的电动自行车办理注册登记，核发电动自行车号牌和行驶证；电动自行车实行登记制度，应当依法经公安机关交通管理部门登记后，方可上道路行驶；公安机关交通管理部门应当为符合条件的电动自行车办理注册登记，核发电动自行车号牌和行驶证。”①

考虑实际使用中的电动自行车，容易造成严重的交通事故，并且根据数据分析显示，涉及电动自行车交通事故中绝大多数致死原因是头部颅脑损伤。为了维护电动自行车使用人员的生命安全，深圳、佛山、汕尾三地均对电动自行车的通行管理作出明确规定，如其中通行区域、电动自行车驾驶人、佩戴安全头盔等，并对具体通行要求进行了非常全面的规定，例如《深圳市电动自行车管理规定》第26条：在道路上驾驶电动自行车应当遵守下列规定：（一）驾驶人应当年满16周岁，并携带行驶证；（二）不得在机动车道上行驶；（三）不得饮酒驾驶；（四）不得逆向行驶；（五）最高时速不得超过15公里；（六）转弯前应当减速慢行，伸手示意，不得突然猛拐，超越前车时不得妨碍被超越的车辆行驶；（七）不得牵引、攀扶车辆或者被其他车辆牵引，不得双手离把或者手中持物；（八）不得扶身并行、互相追逐或者曲折竞驶；（九）不得在道路上学习驾驶；（十）不得进入城市快速路、高速公路；

① 参见《深圳市电动自行车管理规定》第11条、第12条，《佛山市电动自行车管理规定》第13条、第15条，《汕尾市电动自行车管理暂行规定》第17条、第19条。

（十一）在城市市区道路上不得载人，但安装有固定安全座椅的，可以附载一名身高1.2米以下儿童；（十二）载物高度从地面算起不得超过1.5米，宽度左右各不得超出车把0.15米，长度前端不得超出车轮、后端不得超出车身0.3米；（十三）驾驶人应当佩戴安全头盔；驾驶安装有固定安全座椅附载儿童的，应当确保乘坐人佩戴安全头盔；（十四）法律、法规关于交通安全的其他规定。[①]

（三）有序开展生活垃圾分类，推进生态文明建设

长期以来，生活垃圾分类问题不仅是社会发展面临的难题，也是群众关注的热点，涉及社会治理的方方面面，是一项长期的工作。当前，广大人民群众对于生活垃圾分类处于既支持和关注，又不知如何处置生活垃圾的矛盾中，因此，对于生活垃圾分类问题的解决，必须通过立法的方式给予有法可依，依法处理。2021年广东地级市政府制定通过了《中山市生活垃圾分类管理办法》《江门市生活垃圾分类管理办法》《韶关市生活垃圾分类管理办法（试行）》3部市级生活垃圾分类管理办法。同时，其他地级市政府对垃圾分类问题也开展了立法工作，如《佛山市生活垃圾分类管理办法》《东莞市生活垃圾分类管理规定》《惠州市生活垃圾分类管理办法》已向社会征求意见。生活垃圾分类管理办法的出台标志着城市生活垃圾分类进入了法治化的新阶段，以《中山市生活垃圾分类管理办法》为例，该《办法》对各方权利、义务和责任予以明确，针对我市生活垃圾分类管理的规章制度缺乏系统性设计和硬性约束，导致出现部门职责不清、分类设施不足、分类参与率低、先分后混等问题，进行了有针对性、前瞻性的制度设计，为我市生活垃圾分类工作提供了法治保障。《办法》按照国家和省关于生活垃圾分类工作的要求和标准，在充分吸收北京、上海、广州和深圳等地经验的基础上，结合中山实际，对相关规定进行了创新和优化。《办法》共分为六章四十七条，按照总则、分类管理、规划与建设、监督管理与促进措

① 参见《深圳市电动自行车管理规定》第26条。

施、法律责任、附则的立法思路，涵盖垃圾分类全过程全链条管理，从落实管理主体责任、推动群众习惯养成、加快分类设施建设、完善配套支持政策等方面入手，加快构建以法治为基础、政府推动、全民参与、城乡统筹、因地制宜的垃圾分类长效机制，全方位、多维度推动我市垃圾分类工作的落实。①

三　未来展望

（一）规章制定工作跟进制订计划

根据我国《立法法》的规定，享有规章制定权限的主体应当制订年度立法计划，法制机构应当及时跟踪了解立法计划的落实情况。根据观察，广东省及省内 20 个地级市均制订了年度立法计划（除阳江市暂无数据外）。从实践来看，部分地级市的年度立法计划的动态告知工作不尽合理，使得公众对年度立法计划的落实情况无从知悉。实践中存在如下问题：（1）规章年度制订计划未按时公布，如阳江市。（2）本年度部分地级市年度立法计划并没有很好地贯彻落实，如广东省政府 2021 年度立法计划中计划完成的《广东省科学技术奖励办法》《广东省特困人员救助供养规定》《广东省外国人管理服务暂行规定》等。截至 2021 年 12 月 31 日，在其官方网站上尚未能查询到上述年度立法计划内的立法项目的进展，也未能查询到 2020 年广东省政府年度立法计划的修订信息，立法计划变得仅仅只是“计划”，而在一些重要领域又急需制定法规予以规范，立法制定工作的迟延将直接影响立法的效果。展望未来，各地级市政府应当在保证立法质量的前提下，加快工作步伐，对许多迫切需要立法规范的领域，要抓紧推进起草工作，提高立法工作效率。

（二）加强规章出台后的宣传与解读

法律的生命在于实施，且法律的实施也有助于给立法完善提供方向

① 中山市政府：《〈中山市生活垃圾分类管理办法〉解读》，http：//www. zs. gov. cn/sjz/zcgw/zcjd/content/post_ 1989276. html，访问时间：2021 年 12 月 29 日。

指引。一部新的政府规章出台后，如果得不到有效的实施，那么它的存在将失去意义。在 2021 年，广东省各地级市的立法制定工作明显增加，但在政府规章出台后的宣传与解读工作仍存在较大的改善空间：首先，部分城市在出台政府规章后相关解读宣传力度远远不够，出现立法制定和宣传的不匹配等问题。部分城市在出台政府规章后，并未及时通过官网等途径公布政策解读文件，具有滞后性。另外，各地级市政府规章公布后制作规章的宣传与解读文件形式未形成统一格式，或是以图片形式刊载，或是发布规范性文件，或是二者兼具。因此，有必要探索规范规章出台后宣传与解读的工作制度，明确规章出台后解读说明文件的公布期间、公布渠道、公布形式、责任部门、法律责任承担等问题，提高政府的法治水平。

（三）继续提升立法质量与立法效率

2021 年，广东各地级市政府立法工作总体上都呈现出增加趋势，计划立法项目和实际制定规章数目都较上年度显著增加，反映立法制定工作处在积极开展之中，在积极开展立法工作过程中要不断推进科学立法、民主立法、依法立法，实施多项举措提升立法能力，并进一步地提升立法质量和立法效率。首先，就是要为立法增添智力支撑，进一步地扩充地方立法专家人才库，专家组成涵盖更多法律工作者领域，为地方立法工作提供更加有力的智力支持和保障。其次，要扩宽社会各方参与立法工作的途径，及时获取地方的立法需求，进行针对性的高效立法。再次，要增加基层立法联系纽带，开展广泛的立法项目征集和规章意见征集工作，拓宽民意反映渠道，在立法工作中突出民生关切、突出地方特色，进行精细化立法，更好发挥地方立法的作用，提升地方立法的质量和作用。

第三章　广东省人大常委会规范性文件备案审查工作观察报告（2022）

涂青林*

备案审查是符合中国国情、具有中国特色的一项宪法性制度。2021年，广东省人大常委会坚持以习近平新时代中国特色社会主义思想为指引，践行全过程人民民主重大理念，贯彻落实党中央关于加强备案审查工作的决策部署和全国人大常委会、省委工作要求，扎实工作、开拓创新，大力推进规范性文件备案审查工作数字化信息化智能化发展，认真落实“有件必备、有备必审、有错必纠”要求，持续加强备案审查制度和能力建设，备案审查各项工作取得较好成效。

一　坚持规范有序，备案工作有了新拓展

2021年，全省有关制定机关向省人大常委会报备规范性文件共184件，其中，省政府规章32件，省政府决定、命令15件，省法院规范性文件5件，省检察院规范性文件3件，经济特区法规37件，地级以上市人大常委会决议、决定17件，地级以上市政府规章75件。省人大常委会向全国人大常委会、国务院报备广东省地方性法规共83件，其中，省级法规17件，设区的市法规63件，自治县单行条例3件。

---

* 作者简介：涂青林，法学博士，广东省人大常委会法工委备案审查处处长。

各制定机关通过全省统一的备案审查信息平台进行规范性文件电子报备，基本做到了报送及时、材料齐全、格式规范。省人大常委会办公厅和法工委通过信息平台进行电子备案，办公厅按照职责分工将规范性文件分送有关委员会审查。印发2020年度规范性文件备案工作情况简报及统计表，首次在省人大网站公开，加强工作交流和社会监督。贯彻党中央有关部署，实施新修订的《广东省各级人民代表大会常务委员会规范性文件备案审查条例》（以下简称省备案审查条例），向省监委印发开展监察规范性文件报备工作通知及报备格式标准，指导、推动市县人大常委会将同级监委制定的规范性文件纳入备案审查范围。

二　坚持多措并举，审查工作实现新提高

省人大常委会线上线下相结合，通过备案审查信息平台对有关规范性文件开展在线审查并充分使用其智能辅助审查功能，综合运用依职权审查、依申请审查和移送审查等多种审查方式，有力提高了审查工作的质量和效率。对审查中发现问题的规范性文件，主动与有关方面会商研究，提出审查研究意见，与制定机关加强沟通、督促解决。

（一）强化依职权审查工作

加大依职权审查力度，紧扣中心大局，重点对涉及生态环保、行政处罚、公平竞争等重要内容的规范性文件开展审查。对2021年制定机关报备的规范性文件逐件进行审查，对其中12件存在合法性、适当性问题的规范性文件提出审查研究意见，加强与制定机关的沟通并推动其妥善处理。

（二）做好依申请审查工作

2021年通过备案审查信息平台共收到公民、组织对有关规范性文件提出的审查建议共19件。其中，属于省人大常委会审查范围的有5件，包括省政府规章3件、行政规范性文件1件，省法院规范性文件1

件；不属于省人大常委会审查范围的有 14 件。没有收到有关国家机关提出审查要求。省人大常委会加强与审查建议人联系、规范性文件制定机关的沟通，对职责范围内的审查建议逐一进行研究，提出处理意见，并向审查建议人做了反馈，使备案审查工作成为发展全过程人民民主的鲜活场景和生动实践。

（三）落实移送审查工作

2021 年办理全国人大常委会法工委移送广东省审查的公民审查建议共 3 件。对移送审查涉及的问题征求制定机关的意见，及时进行研究和提出审查意见，将审查研究意见向审查建议人做了反馈，并将研究处理情况报送全国人大常委会法工委。同时，通过备案审查信息平台及时登记和办理公民、组织提出的审查建议，对不属于省人大常委会审查范围的 14 件规范性文件，依照规定分别移送有权审查的机关研究处理。

（四）参与党内规范性文件联动审查工作

按照省委有关衔接联动机制的要求，协助省委开展党内规范性文件审查工作，参与党内规范性文件联动审查共 95 件，对其中 2 件提出审查研究意见，维护党内法规的统一性和权威性。

三　坚持有错必纠，纠正工作取得新成效

省人大常委会在备案审查工作中坚持正确政治方向，发现规范性文件存在合法性、适当性等问题的，协调、督促制定机关予以纠正、妥善处理，增强备案审查刚性和实效。

例如，某件地方政府规章规定，禁止在露天场所等焚烧树叶、木柴、垃圾等产生烟尘污染的物质，对违反该规定的，由主管部门责令改正并可以处 500 元以上 2000 元以下的罚款。经审查认为，该规定没有区分单位和个人，对单位的违法行为降低了行政处罚数额，与省固体废物污染环境防治条例中同类行为对单位处 1 万元以上 10 万元以下罚款

的规定相抵触。

某件地方政府规章规定，农贸市场内同一入场经营者一年内连续三次因同类违法行为被处罚的，由市场监督管理部门责令市场开办者予以清退并可对其处以罚款。经审查认为，责令清退涉嫌变相实现责令停产停业或关闭的效果，该规定与《行政处罚法》、《农产品质量安全法》等法律法规相关精神和规定相抵触。

某件地方政府规章规定，海上搜救指挥机构为开展海上搜救行动，可以征用单位和个人财产。经审查认为，《海上交通安全法》规定该类机构负责海上搜救的组织、协调、指挥工作职责，并未赋予其行政征收职权，该规定与海上交通安全法等法律的相关规定不一致。

某件地方政府规章规定，各烟花爆竹零售单位所销售的烟花爆竹由本市烟花爆竹批发企业统一采购和配送。经审查认为，国务院《烟花爆竹安全管理条例》规定烟花爆竹零售经营者应向批发企业采购烟花爆竹，并未将批发企业限制在本市企业。该规定与反垄断法关于行政机关不得滥用行政权力制定含有排除、限制竞争内容的规定相抵触。

某件行政规范性文件规定，企业职工基本养老保险过渡性养老金按视同缴费账户及相关标准的方法计发。有公民对此提出审查建议，认为计发方法不合理，减损了其合法权益。经审查认为，该规定按视同缴费账户及相关标准的方法计发的规定符合当时相关法律法规和国家政策规定，但与修改后的《社会保险法》的原则不一致，且滞后于新出台的国家政策和广东省经济社会发展实际，存在适当性问题。

对上述问题，省人大常委会加强与制定机关的沟通，制定机关已对相关规范性文件作出修改或承诺研究修改。

四　坚持落实落细，专项清理取得新进展

开展地方性法规、规范性文件专项清理是备案审查工作的重要内容。为贯彻党中央重大决策部署和保障重要法律实施，全国人大常委会作出多项部署，要求地方人大常委会就有关领域的法规规范性文件开展

专项清理，对不符合不衔接不适应法律规定、中央精神、时代要求的，予以废止或修改。省人大常委会认真贯彻落实，及时制定工作方案及清理标准，加强工作部署、明确职责分工，组织做好广东省有关法规规范性文件专项清理工作。

一是深化与民法典相关的法规专项清理工作。深入贯彻落实习近平总书记关于民法典实施的重要讲话精神，在2020年6月启动并开展广东省与民法典相关的法规专项清理基础上，2021年继续深入推进该项工作。经全面梳理，广东省列入清理范围的民法典涉及地方性法规共417件。其中，省级法规193件，设区的市法规162件，经济特区法规47件；自治县自治条例和单行条例15件。经清理，广东省地方性法规需废止12件，修改65件，两项合计77件。其中，省级地方性法规需废止8件，修改39件；设区的市地方性法规需废止2件，修改15件；经济特区法规需废止2件，修改11件。截至2021年底，广东省已基本完成上述需废止、修改法规的工作任务。

二是开展涉及长江流域保护的法规规范性文件专项清理。贯彻落实栗战书委员长在长江保护法实施座谈会上的讲话精神要求，组织相关单位和涉及的3个市县开展专项清理。经清理，广东省涉及长江流域保护的地方性法规和自治县单行条例共5件，需修改的省级法规2件，其中，1件已于去年完成修改，另1件拟于2022年内完成修改。

三是开展涉及计划生育内容的法规规范性文件专项清理工作。贯彻实施党中央有关决策部署和新修改的人口与计生法，组织相关单位和各地开展专项清理。经清理，广东省涉及计划生育内容需修改的法规有1件（广东省人口与计划生育条例，已完成修改）。需废止或修改的地方政府规章、行政规范性文件共274件，其中，拟废止230件、修改44件。已组织有关单位落实工作计划，拟于2022年内完成后续废止、修改工作。

四是开展涉及行政处罚内容的法规规范性文件专项清理工作。贯彻实施新修改的行政处罚法，组织相关单位和各地开展专项清理。经清理，广东省需废止或修改的法规共有27件，其中，省级法规12件，拟废止1件、修改11件；设区的市法规10件，经济特区法规5件，均拟修改。需废止或修改的规章、行政规范性文件共196件，其中，拟废止43件、修改153件。已组织有关单位落实工作计划，拟于2022年内完成后续废止、修改工作。

五 坚持创新发展，制度建设获得新成果

省人大常委会深入贯彻落实党中央关于加强备案审查制度和能力建设的决策部署，着力加强和创新备案审查制度建设，推动制度建设优势更好转化为工作效能。

（一）修订省备案审查条例

贯彻落实党中央有关决策部署和全国人大常委会工作要求，2021年7月完成省备案审查条例修订工作，在将各级“一府两院”和下级人大常委会制定的规范性文件纳入备案审查范围的基础上，将广东省各级监委制定的规范性文件纳入，从制度层面实现了备案审查全覆盖，同时完善了审查标准和程序。加强组织协调，积极推动条例贯彻实施。

（二）推进备案审查年度报告工作制度化常态化

省人大常委会在连续5年听取审议备案审查工作情况报告的同时，大力指导市县人大常委会落实该项工作。截至2021年底，全省21个地级以上市连续4年和122个县级人大常委会连续2年全部听取和审议了本地备案审查工作情况报告，在备案审查信息平台展示三级报告文本，促进学习交流。该项重点工作在全国率先实现了省市县全覆盖和制度化常态化，并为新修改的地方组织法增加关于地方各级人大常委会听取和审议备案审查工作情况报告制度提供了工作实践和立法建议，全国人大常委会法工委对此多次给予充分肯定。

（三）健全备案审查衔接联动机制

认真贯彻落实党中央关于建立健全备案审查衔接联动机制的要

求，在全国率先通过地方立法形式实现该机制入法，省备案审查条例对在地方党委、人大、政府等地方国家机关的备案审查工作机构之间建立备案审查衔接联动工作机制作出专门规定。省人大常委法工委与省司法厅联合印发相关实施意见，就规范备案文件、工作信息共享、协调审查标准、开展培训交流等方面作出具体的配套规定，细化衔接联动机制。

（四）建立备案审查案例交流和发布机制

2021 年 12 月在全国首次采取召开新闻发布会形式集中公开发布一批广东省规范性文件备案审查案例。向全国人大常委会法工委报送 18 例广东省三级人大新增案例，并全部入选为全国性备案审查交流案例。将案例印发省人大各专工委和市县人大，为各级人大“怎么审”提供指导示范，促进社会公众有序参与备案审查工作。

六　坚持统筹推进，能力建设上了新台阶

省人大常委加强统筹协调，将备案审查信息平台升级建设作为加强备案审查能力建设的重要载体和手段，同时强化备案审查工作部署、交流和培训，为广东省备案审查工作高质量发展提供支撑保障。

（一）推进全省统一的备案审查信息平台 2.0 版有效使用

在 2016 年 11 月组织开发和完成信息平台一期建设的基础上，于 2019 年 11 月启动二期建设、2020 年底全面完成建设任务，打造了功能更加智能、使用更加便捷的信息平台 2.0 版。信息平台扩展延伸至省市县镇四级人大和“一府一委两院”使用，构建了全省“一张网”。运用大数据、人工智能新技术，优化了电子备案、监测预警、智能审查、意见征集和统计分析等备案审查主要功能及场景，实现了备案审查工作流程重塑和全过程信息化，在全国率先实现了全省备案审查工作数字化信息化智能化发展。

（二）完善全省法规规章规范性文件数据库建设

为加快国家法律法规数据库建设，全国人大常委会法工委去年选定广东、浙江等4个省级人大常委会作为全国示范单位，开展地方人大规范性文件数据库建设并作为国家法律法规数据库子库的试点工作。广东省人大常委会就完善全省规范性文件数据库工作召开专题座谈会，加强交流协作、明确职责分工，督促省政府办公厅、省监委、省法院、省检察院和各市人大常委会组织做好本系统规范性文件报送入库工作。依托备案审查信息平台，完善数据库的查询、检索、下载、统计等功能，建成全省法规规章规范性文件数据库。截至2021年底，广东省各级各类规范性文件共入库1.5万件。2021年6月在省人大网站和微信公众号先行发布全省地方性法规数据库，广东省现行有效法规共978件可供社会公众查询、下载。借助备案审查信息平台的规范性文件数据库功能，制定和发布《广东省新型冠状病毒肺炎疫情防控工作法律法规汇编》（第4版），收录有关法律、法规等共189件，助力疫情防控法治保障工作。

（三）强化备案审查部署和培训工作

全国人大常委会法工委去年在广西南宁召开备案审查工作座谈会，安排广东就推进备案审查工作的新进展和经验做法作了交流发言，得到会议和与会同志们的充分肯定。省人大常委会将体现会议精神、情况和要求的《会议综述》，及时转发各市人大常委会并提出贯彻落实工作要求。在茂名市召开备案审查工作交流会，传达贯彻南宁座谈会精神和提出工作要求，有关市人大常委会参加了会议并作了工作交流发言。坚持每年举办一次专题培训，实现制度化常态化。2021年11月首次采用网络直播方式举办全省备案审查工作培训班，并邀请全国人大常委会办公厅、法工委有关同志就贯彻落实中央人大工作会议精神和做好新时代备案审查工作分别作辅导报告。全省有关同志共350人在线参加培训，并首次将县级人大同志纳入培训范围，提高全省备案审查工作队伍政治素养和专业能力。

（四）推动成立备案审查研究中心

推动和支持华南师范大学于 2021 年 4 月成立了华南地区首家规范性文件备案审查研究中心，力争打造全国一流的实务与理论互促平台和备案审查智库，并委托该中心完成“规范性文件备案审查标准研究”等两项研究课题。

七　2022 年备案审查工作设想和安排

省人大常委会坚持以习近平法治思想为指导，全面贯彻落实党的十九大和十九届历次全会精神和中央、省委人大工作会议精神，不断发展全过程人民民主，围绕中心、服务大局、突出重点，抓好工作落实，推动全省备案审查工作继续走在全国前列。2022 年备案审查工作设想和安排如下：

（一）进一步推进新修订的广东省备案审查条例实施

严格执行条例关于备案审查工作的原则、范围、方式、标准和程序等规定，深入推进广东省备案审查工作制度化规范化。

（二）进一步巩固备案审查报告工作

贯彻实施新修改的地方组织法，继续做好省人大常委会听取和审议备案审查报告的服务保障工作，指导市县人大常委会落实该项工作，推进报告工作在全省范围落实的制度化常态化。

（三）进一步提高备案审查工作质量

严把备案、审查和纠正关，加大重点领域、新兴领域规范性文件审查力度，及时办理公民、组织对有关规范性文件提出的审查建议，发现与宪法法律法规相抵触的规范性文件，坚决依法予以纠正。继续开展广东省备案审查案例汇编和发布工作。推动建立备案审查专家委员会，借助外脑提升工作质量。继续做好参与省委党内规范性文件联动审查工作。

（四）进一步做好法规规范性文件专项清理工作

按照全国人大常委会法工委工作部署，继续做好涉及行政处罚、计划生育内容等法规规章规范性文件专项清理及后续废止、修改工作。

（五）进一步加强备案审查能力建设和交流指导工作

持续加强全省统一的备案审查信息平台 2.0 版的使用，以信息化赋能备案审查、提升工作质效。落实数据库建设示范省工作，完善广东省法规规章规范性文件数据库并适时向社会公开。强化备案审查工作指导、交流和培训，举办一期全省备案审查工作培训班，提升工作队伍政治、业务能力。

（六）进一步推进广东省备案审查工作宣传和理论研究工作

发挥新闻媒体重要作用，紧扣重点工作推进，讲好备案审查故事。发挥华南师大备案审查研究中心平台作用，按照规定继续委托其进行相关课题研究，支持该中心召开一次高水平的备案审查理论研讨会，推出一批高质量的理论研究成果，并促进其转化。

（审定：广东外语外贸大学法学院　余彦副教授）

第四章　广东省政府规章、规范性文件备案审查工作观察报告（2022）

刘　浩　陈锦珊*

备案审查制度是中国特色的宪法监督制度，是为保障宪法法律实施、维护国家法治统一而确立的一项宪法性制度。规范性文件备案审查制度是保障规范性文件与国家宪法法律一致、保持中央政令畅通的重要方式，是规范规章、行政规范性文件等制度建设活动、保护公民权益的重要法律制度。规范性文件备案审查制度的建立和备案审查工作的全面开展，是依法治国的必然要求，是改革开放日益深入、民主政治建设和法治建设日益完善的必然结果。党的十八届四中全会《决定》要求，“加强备案审查制度和能力建设，把所有规范性文件纳入备案审查范围”。党的十九届四中全会要求，“加强备案审查制度和能力建设，依法撤销和纠正违宪违法的规范性文件”。2021 年 10 月，中央人大工作会议首次召开，会议要求“加强对宪法法律实施情况的监督检查，提高合宪性审查、备案审查工作质量，坚决纠正违宪违法行为”。2021 年 12 月，全国党内法规工作会议强调，备案审查工作要坚持“有件必备、有备必审、有错必纠”的工作要求，彰显监督功能、发挥纠错作用。其中，对规章、规范性文件的备案审查，体现了上级人民政府对下级人

---

* 作者简介：刘浩，男，广东省司法厅立法一处副处长，研究方向：法理学、地方立法；陈锦珊，女，广东外语外贸大学法学院 2020 级法律硕士。

民政府规章立法和行政规范性文件制定活动的监督，严肃认真地开展备案审查工作，对于监督下级人民政府提高规章、规范性文件的制定质量起着重要作用，有利于推进依法行政和法治政府建设。

一　规章、规范性文件备案审查工作情况

根据《国务院办公厅关于加强行政规范性文件制定和监督管理工作的通知》《广东省行政规范性文件管理办法》的规定，广东省 21 个地级以上市人民政府制定的市政府本级行政规范性文件应当报广东省人民政府备案，具体的备案审查工作由广东省司法厅承担；此外，根据《广东省行政规范性文件管理办法》，广东省政府对省政府部门的行政规范性文件采取前置合法性审核的方式进行监督，承担合法性审核工作职能的部门为广东省司法厅。2021 年，广东省司法厅紧跟党中央决策部署和社会建设发展需要，作为具体承担备案审查工作和合法性审核的机关，坚持“有件必备、有备必审、有错必纠”的工作要求，严肃认真地开展政府规章、各地级以上市人民政府行政规范性文件的备案审查工作和省政府各部门行政规范性文件的合法性审查工作，按照要求将省级政府规章向国务院和省人大常委会备案，切实保证党中央令行禁止，坚决维护国家法治统一，维护人民合法权益，保障全过程人民民主落到实处。

（一）做好备案审查，加强事后监督

1. 坚持“有件必备”，夯实监督基础。按照“有件必备”的要求，各地级以上市人民政府应当将出台的政府规章、行政规范性文件及时报送省人民政府进行备案。2021 年，广东省各地级以上市人民政府深入学习贯彻习近平法治思想，认真贯彻全面依法治国的要求，依法制定有关政府规章和行政规范性文件，从备案审查工作情况来看，各项规章和规范性文件总体上是符合实际需要、符合法律法规规定的。2021 年，广东省司法厅不断加强监督管理，采用多措并举方式全面抓好备案审查

工作：一是全省21个地市政府共制定规章59件，行政规范性文件327件，全部向省政府报送备案，报备率100%，报备及时率98.4%。二是组织有关处室完成地市政府规章备案审查并向司法部报送审查报告52件。

2. 强化“有备必审”，进行全面审查。强化“有备必审”，防止监督流于形式，对各地级市人民政府报备的政府规章、规范性文件，既要进行“政治性审查”和“合法合规性审查”，又要进行“合理性审查”。规范性文件是各级党委和政府施政理政和推进改革的重要工具，为了更好地开展规范性文件审查工作，广东省司法厅于2021年成立了规范性文件审查工作专班（以下简称“专班”），将规范性文件审查工作职能集中，围绕省委省政府中心工作，主动对接主管部门，在依法监管有关行政措施合法性的基础上，为我省各项改革探索以及疫情防控常态化措施认真做好法治保障，确保有关改革与管控措施与法律法规相衔接。2021年，专班共计审查办理各类文件969件，其中包括：审核省政府文件96件，审查部门规范性文件171件，审查备案的市政府规章、规范性文件350件，联动审查向省委备案的党内规范性文件65件。此外，广东省司法厅还积极探索“以点带面”的监督方式，对在事后监督中发现可能存在的共性问题，专班举一反三，对其他单位制定的相关文件开展主动审查。如在审查处理《××市既有住宅增设电梯暂行办法》时，发现存在以物权法为依据设定表决机制，与民法典不衔接的问题，遂主动对全省各市相关文件作出梳理审查，并发现若干其他文件存在合法性问题，会同省有关主管部门做进一步研究提出处理意见。

3. 做到“有错必纠”，发挥监督功能实效。广东省司法厅始终坚持以人民为中心，以保障人民群众合法权益为审查底线，认真做好政府规章、规范性文件的备案审查工作，做到“有错必纠”，切实发挥监督功能实效。2021年，对350件各市政府制定的政府规章、行政规范性文件做备案审查后，对审查发现存在违法设定行政强制、行政许可以及增设行政相对人义务或者妨碍相对人合法权益情况的文件提出备案审查意见，要求相关部门及时纠正处理。同时，广东省司法厅还主动加强与社会监督的联动，通过办理行政复议附带审查、文件审查建议以及涉规范性文件信访事项，强化社会监督实效发挥，如审查发现《××市建设工程使用预拌混凝土管理规定》等行政规范性文件存在合法性问题，已与相关制定部门沟通，并作出纠正处理。

4. 加强备案审查能力建设，构建长效工作机制。一是进一步完善备案审查工作机制，针对《广东省行政规范性文件管理规定》未对乡镇一级行政规范性文件管理做具体规定的情况，广东省司法厅起草了《关于推进乡镇政府行政规范性文件制定和监督管理工作的指导意见》，力争建立起一套适合我省省情、适合乡镇社会经济生态、接地气的乡镇规范性文件管理体系。二是加强协助审查，切实形成工作合力，形成高效率高质量的备案审查协调机制，广东省司法厅起草了《关于建立备案审查衔接联动工作机制的意见》，拟推动建立与省人大常委会法工委备案审查协调联动机制。三是加强对各市及省直部门的业务指导工作，通过统一要求和个别指导相结合的方式，加强对地市司法局的业务指导，对省直部门开展业务培训会，梳理各单位在文件制定工作存在的共计8大类与民法典不衔接的典型问题，草拟相关通报稿，指导各单位以案为鉴，认真做好民法典贯彻工作。四是推进备案审查信息化建设，广东省司法厅初步完成省政府规章规范性文件备案审查系统的建设并开始试运行，真正实现备案审查全流程在线办理，提升备案审查效率。

（二）开展备案审查层级监督试点的有关情况

根据司法部的工作部署，自2020年6月1日至2021年12月31日，广东省开展了为期一年半的地方政府规章备案审查层级监督试点工作，即要求广东省司法厅对各地级市报送备案的政府规章进行严格审查，形成审查报告后报送司法部。2021年，广东省司法厅继续推进省备案审查层级监督试点工作，探索建立地方政府规章一级审一级、一级抓一级的备案审查层级监督机制，总结试点工作经验。

1. 试点工作基本情况。试点工作开展以来，广东省司法厅坚持以习近平新时代中国特色社会主义思想为指导，学习贯彻习近平法治思想，认真落实试点工作要求，积极行动，全面谋划，按照“有件必备，有备必审，有错必纠”的要求，有序有力、稳妥有效地推进试点工作。试点工作期间，广东省司法厅收到各地级以上市政府向省政府报送备案的政府规章 87 件，按照有备必审的要求逐一进行审查，形成审查报告报送司法部法治督察局。经审查，87 件规章均符合形式审查各项要求，其中 1 件规章存在与上位法不一致的情形，广东省司法厅根据试点工作要求，启动了纠错流程，督促制定机关在规定期限内完成了问题规章修改并重新报备。

2. 主要做法和工作成效。根据《司法部办公厅印发〈关于开展地方政府规章备案审查层级监督试点工作的实施方案〉的通知》，广东省司法厅制定切实可行的试点工作实施方案：一是对备案审查工作机制进行优化，重新梳理、打造工作流程，通过优化报送备案机制、细化工作流程、完善工作机制等方式对备案工作机制进行优化；二为确保审查质量，广东省司法厅多措并举，严把审查关口，通过把牢审查标准，层层把关审核，提升审查质效，确保审查质量、加强自主研判、借力“外脑”“智囊”等方式提升备案审查质量；三为加强纠错刚性，针对纠错环节，广东省司法厅在着力加强制度刚性的同时，积极探索形式多样、审慎稳妥的纠错处理机制，通过宽严相济、细心指导、加强督察考核等方式加强纠错力度。

试点工作的开展，进一步提高了全省各地级以上市政府对备案审查工作重要性的认识，在一定程度上纠正了“重立法轻备案审查”的做法。同时，广东省司法厅通过对地市政府规章的备案审查，也发现了地方立法工作中存在的一些问题：比如，地方立法特色不足，能充分结合地市实际设定具有创新性、特殊性制度的比例较低，趋同问题严重；为了照顾立法体例、制度完整性，“大而全”的立法项目较多，“小切口”“小快灵”立法项目较少；对国家、省级立法、兄弟城市立法进行较多移植，规章内容重复率高等。通过梳理总结试点工作中发现的问题，可以为我们下一步改进立法工作，提高立法质效提供明确的工作思路。

二　存在问题和进一步完善规章、规范性文件备案审查工作的建议

（一）存在的问题

2021 年，广东省司法厅适应新形势新任务新要求，深入推进规章、规范性文件备案审查工作，备案审查工作取得了一定的成效。但与此同时也必须看到，规范性文件的备案审查工作目前还面临一定的挑战，比如备案审查工作机制还有待进一步完善，加强建章立制的效率；备案审查标准的尺度把握，仍是工作中的重点和难点，需进一步研究细化，加强案例指导；纠错机制亟待健全完善，纠错方式和程序需要进一步明确，增强操作性；备案审查能力还有待进一步加强，比如广东省司法厅备案审查工作专班同时承担规章备案审查和政府行政规范性文件的前置审核、备案审查工作，人少事多，难以负荷年均六七百件的工作量。

（二）下一步工作建议

从对广东省 2021 年政府规章和规范性文件备案审查工作情况的观察来看，建议 2022 年做好以下几个方面的工作：

1. 加强备案审查工作机制建设，稳步推进备案审查工作。一是建议根据《广东省行政规范性文件管理规定》，进一步加强文件发布事前审查机制的建设和完善。广东省自 2004 年对规范性文件备案审查制度作出改革，在全国率先实行统一审查机制，即明确了由政府法制机构进行统一前置审查下一级政府行政规范性文件和审核本级政府部门出台的行政规范性问题，通过前置审查的程序，破解规范性文件“制定不规范、监督不给力”的困局。该制度的实施多年以来，倒逼规范性文件依法按程序制定出台，有力助推了各级政府依法行政和法治政府建设。但实施多年以来，尤其近年来突发公共卫生事件应急状态下，仍有部分细节需要结合实际情况作进一步完善。比如，做好有关疫情防控措施文件的合法性审查工作，确保有关措施及时、依法出台，防止激发后续纠

纷，在突发公共卫生事件应急状态下的文件制定和审查程序需要进一步明确。二是建议认真总结备案审查试点工作情况。按照司法部政府规章备案审查层级监督试点工作部署，对各地级市政府规章备案审查工作情况进行梳理，总结经验做法，形成长效工作机制。

2. 准确把握审查标准尺度，加强备案审查制度纠错刚性。审查标准是备案审查工作中的核心和关键，是做好备案审查工作的重要前提，直接关系着备案审查工作能否得到有效开展。如何准确理解审查标准，把握审查尺度，既维护国家法制统一，又充分尊重地方立法权限，是备案审查工作中的重点和难点。对规范性文件的审查，应当以合法性审查为主，要以上位法为依据，审查规范性文件是否与宪法、法律、法规相抵触，制定的主体是否超越权限，内容和程序是否违法。在备案审查工作中，要着重在备案审查“尺度”上下功夫，处理好“大”与“小”的关系，确保提出的审查意见让规章制定机关心服口服。既不能“大事化小”，对于突破职责权限等合法性问题不能轻易放过，必须坚持有错必纠、强化制度刚性，这是确保备案审查工作落地见效的必要途径；也不能“小题大做”，避免对一些文字表述等细节问题“上纲上线”，注意维护备案审查的严肃性、权威性和地方立法和制度建设改革创新的积极性。此外，结合现今存在的文件“合法但不合理”时有发生的情况，有必要从“实质法治”的角度，进一步推进合理性审查的展开，因此有必要适当地考量是否将合理性审查标准引入规范性文件的前置审查，即审查规范性文件是否与党的大政方针相一致，是否成熟可行，是否符合本地的实际情况，规定的权利义务是否对应，是否违法减损公民、法人和其他组织的合法权益或者增加其义务。此外，建议制定备案审查标准指引，对备案审查工作中较为常见、有争议的问题进行系统梳理，提出更加明确、细化、可操作性强的审查标准指引，供地方开展规章备案审查工作参考，同时建议加大对地方政府备案审查工作的培训和指导力度。

3. 推动备案审查队伍规范化建设，提升备案审查能力。备案审查工作是一项政治性、法律性、专业性很强的工作，遇到的许多问题可能涉及党的领导、历史遗留问题、立法体制、行政管理体制、改革发展稳定大局、人民群众切身利益或者社会普遍关注的重大问题，需要具有高度的政治敏锐性，谨慎稳妥处理。因此，加强备案审查能力建设极其重要。一是由于行政规范性文件备案审查工作业务量大、专业性强、审查难度高，为了紧跟形势，建议通过专业培训和配齐配强审查队伍建设，进一步提升备案审查队伍的专业能力水平，确保规范性文件备案审查工作高效开展；同时要注重备案审查队伍的能力建设，全面提升规范性文件备案审查队伍的工作水平，针对规范性文件审查队伍建设存在的问题，特别是机构、人员配置与工作要求严重不相匹配的问题开展有针对性的调研推进工作，进一步健全广东省行政规范性文件审查队伍建设。二是建议拓展备案审查的方式。一方面，建议通过引入第三方辅助审查等方式，拓展备案审查工作思路，提高审查质量和效率，继续推进备案审查信息化建设；另一方面，建议进一步修改完善省政府规章规范性文件备案审查系统，推动系统应用，真正实现备案审查业务一体化、全流程电子化，实现一键报备。

（审定：广东外语外贸大学广东省地方立法研究
评估与咨询服务基地主任朱最新教授）

下编　经验分享编

第五章　深圳市立法机制、效能及借鉴研究*

朱最新　李　杰　胡淑月**

深圳市立法是中国特色社会主义法治发展的法治先锋。深圳市自获得立法权以来，在立法方面取得了诸多成绩，从改革开放初期的市场经济试验到近几年的国家自主创新示范区建设、前海自贸区实验、社会主义法治示范区建设、国家生态文明示范区建设等离不开经济特区立法的保驾护航。① 在深圳经济特区建立40周年庆祝大会上，习近平总书记强调："党中央对深圳改革开放、创新发展寄予厚望。""深圳要建设好中国特色社会主义先行示范区，创建社会主义现代化强国的城市范例，提高贯彻落实新发展理念能力和水平，形成全面深化改革、全面扩大开放新格局，推进粤港澳大湾区建设，丰富'一国两制'事业发展新实践，率先实现社会主义现代化。这是新时代党中央赋予深圳的历史使命。"为全面贯彻落实习近平总书记讲话精神，科学总结深圳市立法经验，为中国特色社会主义先行示范区建设背景下完善深圳立法提供理论

---

* 【基金项目】本报告系广东省法学会2021年法学研究课题"深圳市立法机制、效能及借鉴研究"［课题编号GDLS（2021）B02］的最终成果。课题组成员有朱最新、李杰、刘云甫、康骁、胡淑月。

** 作者简介：朱最新，广东外语外贸大学广东省地方立法研究评估与咨询服务基地主任，教授，主要研究方向：行政法、区域法治与地方立法；李杰，广东外语外贸大学法学院讲师、法学博士，主要研究方向：立法学；胡淑月，广东外语外贸大学法学院2020级法律硕士研究生。

① 何家华：《特区立法权的实践状况和社会效果——以深圳为例》，《南海法学》2017年第1期。

指导，为推动全面依法治省工作提供可借鉴、可复制的成功经验，广东外语外贸大学广东省地方立法研究评估与咨询服务基地接受广东省法学会委托对“深圳市立法机制、效能及借鉴研究”课题展开研究。课题组系统地收集和整理了国内外有关深圳立法的相关理论成果，广泛听取了深圳市相关立法机构的经验介绍[①]。在充分调研的基础上，课题组广泛深入研讨，多次修改完善，形成了本报告。

一　深圳市立法实践的历史考察

深圳市立法权体系的形成是伴随着深圳改革开放不断深入，国家立法体制相应变革而产生的。因而，科学总结深圳立法经验，有必要对深圳市立法的历史渊源进行梳理。

（一）深圳市立法的初步探索（1980—2000）

1979 年国家最初设立深圳市时，深圳市作为一般地级市并无立法权[②]。1980 年 8 月，全国人大常委会批准试办深圳经济特区，拉开了深圳在中国改革开放伟大实践中“先行一步”的序幕。1981 年 11 月 26 日，全国人大常委会通过了《全国人大常委会关于授权广东省、福建省人大及其常委会制定所属经济特区的各项单行经济法规的决议》，“授权广东省、福建省人民代表大会及其常务委员会，根据有关的法律、法令、政策规定的原则，按照各该省经济特区的具体情况和实际需要，制定经济特区的各项单行经济法规，并报全国人民代表大会常务委员会和国务院备案。”由此，广东省人大及其常委会获得了制定经济特区法规的授权。在这其中，深圳市根据经济特区发展需要通过提案等方式积极推动广东省制定深圳经济特区立法。1981—1991 年间，广东省

① 本文中的数据资料除另有注明外，皆来自调研活动中深圳市相关立法机构提供的相关资料。

② 1979 年 3 月，国务院批复同意广东省宝安县改设为深圳市，受广东省和惠阳地区双重领导。1979 年 11 月，中共广东省委决定，将深圳市改为地区一级的省辖市。

人民代表大会通过 18 件适用于深圳经济特区的法规（包括具有法规效力的规范性文件）。但这远远不能满足深圳特区社会经济发展的立法需求。1992 年 7 月 1 日，七届全国人大常委会第 26 次会议通过了《关于授权深圳市人大及其常委会和深圳市人民政府分别制定法规和规章在深圳经济特区实施的决定》，深圳市获得经济特区立法权。1992 年 10 月 15 日，深圳市一届人大审议并通过了《深圳市人大常委会制定深圳经济特区法规规则》。这标志着深圳经济特区立法工作的开端。之后，深圳市为深圳经济特区制定了《深圳经济特区企业破产条例》《深圳经济特区企业清算条例》等一系列经济特区法规，为深圳经济特区发展提供了法治保障。深圳市立法权的初步探索肩负着完成党和国家使命的责任。改革开放是摸着石头过河，需要在实践中摸索尝试、发展，在改革开放初期，邓小平同志支持创办经济特区，强调要“杀出一条血路来”①，说明了经济特区建设使命重大、任务艰巨。特区是改革开放的先锋，特区立法是保障经济特区发展的重要手段，因此也具有保障完成党和国家使命的先锋地位。

（二）深圳市立法的规范构建（2000—2015）

根据 2000 年颁布的《立法法》的规定，经济特区所在的深圳市作为“较大的市”获得了较大的市地方立法权。同时，经济特区立法权也首次被规定在《立法法》中，以正式法律条文的形式固定下来。由此形成了深圳“一市两法”问题，即 1992 年全国人大授权决定规定的经济特区立法权仅限于 1980 年正式成立经济特区时划定的地域范围（即东起大鹏湾边的梅沙，西至深圳湾畔的蛇口工业区，总面积 327.5 平方公里的区域），2000 年《立法法》规定的较大的市立法权则适用于深圳全市。“一市两法”造成了深圳行政区划范围内管理上的矛盾和冲突，不利于在对外开放中提供全市统一的法律适用环境和国民待遇。

---

① 厉有为：《世纪伟业历史碑》，http：//cpc. people. com. cn/GB/33839/34943/34982/2638996. html，访问时间：2021 年 8 月 6 日。

2010年7月1日，深圳经济特区正式扩容，范围从原来的罗湖、福田、南山、盐田四区扩大到全市。这有效解决了深圳“一市两法”问题，形成了深圳市全市范围内经济特区立法权与较大的市立法权并存，共同推动深圳法治建设发展的局面。

（三）深圳市立法的规范发展（2015年至今）

2015年全国人大对《立法法》进行了修订。根据修订后的《立法法》的规定，地方立法权扩展至全国所有设区的市。因此，深圳市立法权也随之转变为经济特区立法权与设区的市立法权并存的局面。同时，深圳市立法权的范围也有变化，根据《立法法（2015年修正）》，设区的市立法权范围仅限于“城乡建设与管理、环境保护、历史文化保护”，深圳市设区的市立法权范围比之前较大的市立法权范围有所限缩。

进入新时代以来，深圳市立法获得了前所未有的发展。《中共中央国务院关于支持深圳建设中国特色社会主义先行示范区的意见》明确提出，“用足用好经济特区立法权，在遵循宪法和法律、行政法规基本原则前提下，允许深圳立足改革创新实践需要，根据授权对法律、行政法规、地方性法规作变通规定”。广东省人民代表大会常务委员会2019年工作报告中明确提出：“支持深圳用足用好经济特区立法权和变通规定”。2020年10月14日，习近平总书记在深圳经济特区建立40周年庆祝大会上的讲话中宣布：“决定以经济特区建立40周年为契机，支持深圳实施综合改革试点，以清单批量授权方式赋予深圳在重要领域和关键环节改革上更多自主权，一揽子推出27条改革举措和40条首批授权事项”。在此背景下，深圳市立法不断突破创新、先行先试，率先制定了《深圳经济特区个人破产条例》《深圳经济特区数据条例》《深圳经济特区优化营商环境条例》《深圳经济特区科技创新条例》《深圳经济特区互联网租赁自行车管理若干规定》等一系列符合新时代要求，体现新时代精神风貌的立法。

二 深圳市立法机制的创新

科学完备的立法机制是立法质量和效率的保障。深圳市立法取得巨大成效，其重要原因在于相关立法机制的创新。

（一）立法立项坚持科学性、人民性和实效性相统一

立项是立法的开端。深圳市人大及其常委会、市政府高度重视地方立法立项工作，采取多种方式和措施不断完善立项工作机制，推动立法立项始终坚持科学性、人民性和实效性相统一。

1. 党委把关、科学立项。深圳市在地方立法立项工作中采用多种方式，加强党的领导，在保障立法项目科学性的同时把关立法项目的方向。深圳市人大常委会年度立法计划均按照相关规定报市委审核。深圳市政府在研究政府立法中的重大事项、起草重大规章项目时均按照相关规定及时向市委请示报告。对于一些重大立法项目，市委领导高度重视，在市委会议进行多次讨论，提出修改意见。例如《深圳经济特区数据条例》在市人大常委会立项初期拟定为《深圳经济特区数据安全条例》，市委领导在市委会议讨论中强调要深入学习贯彻习近平总书记关于统筹发展和安全的重要论述精神，提出数据治理范围更加广泛，数据立法不应局限于数据安全，应当将视野扩展至更大范围。在市委高度重视和正确领导下，《深圳经济特区数据安全条例》改为《深圳经济特区数据条例》，立法项目名称获得合理修改，立法调整的范围从侧重信息安全、数据技术安全等领域扩展至更超前、完善、全面的数据全域治理，推动了地方立法立项工作的高质量发展。

2. 多方参与、密切配合。深圳市地方立法立项工作中不断创新工作机制，鼓励多方参与、保障密切配合，实现地方立法立项工作的科学性、民主性。深圳市地方立法立项工作有两个方面：一个是深圳市人大常委会组织的地方性法规立法立项工作，另一个是深圳市政府组织的地方政府规章立法立项工作。人大和政府在立法立项工作中密切配合。在

人大立法立项中，深圳市人大法制委员会与市法制办联合发文，向政府部门征集立法项目选题；在政府立法立项中，负责立法立项计划的市司法局密切跟市人大常委会沟通，及时将立法项目计划草案报于人大进行协调。同时，深圳市地方立法立项计划的制订工作中采取多种措施保障广泛参与。每年市人大常委会在立法立项工作中都会专门发文，向六区人大常委会、市人大代表、市中级人民法院、市检察院、主要人民团体和市人大常委会不驻会常委等单位征集立法项目选题和意见。其中的亮点之一就是政协立法协商机制。2016 年 6 月 7 日，深圳市委办公厅正式印发《关于在市政协开展立法协商工作的意见的通知》，明确市政协在立法协商中的工作内容、基本程序和工作机制，确立由党委领导、政协参与的立法协商工作机制，要求市政协以年度立法计划和事关人民群众切身利益的立法项目为重点开展立法协商工作。2016 年起，人大法规立法计划和政府规章立法计划均通过市委转交市政协开展立法协商，采取政协专题协商会等方式开展立法协商工作。当前，这已成为深圳市地方立法立项的常态化工作机制。

3. 注重民生、关注实效。立法注重民生是立法人民性的重要体现。深圳市人大及其常委会、深圳市政府在地方立法立项工作中贯彻新发展理念，注重经济社会协调发展，关注社会民生，维护社会公平，在继续抓好经济立法的同时，加强社会建设、社会管理、社会服务方面的立法，从立法上体现人文关怀，将解决人民群众切身利益问题放在首位。从“再开先河”的《深圳经济特区个人破产条例》《深圳经济特区城市更新条例》，到“聚焦民生”的《深圳经济特区食品安全监督条例》《深圳经济特区物业管理条例》等，法规中对弱势群体给予了充分的关注和法制保障。立法的目的在于实施。立法的实效是立法的生命线。深圳市地方立法立项工作不追求大而全，而追求实效。“小切口”“小快灵”立法层出不穷，如《深圳经济特区互联网租赁自行车管理若干规定》《深圳市建筑废弃物减排与利用条例》《深圳经济特区电梯使用安全若干规定》等，将视角聚焦于城市生活中的具体事项，针对民生中的痛点、难点，有针对性地制定立法。

4. 与时俱进、勇于创新。深圳市地方立法立项工作充分发挥特区立法权，紧贴现实问题、紧跟时代要求，不断与时俱进，勇于创新。一方面，深圳市根据经济社会发展需要，率先将一系列制度创新方面的先行法规纳入立法项目，如《深圳经济特区个人破产条例》等。另一方面，深圳市立法项目立项工作对于新技术、新业态反应敏锐。例如，深圳市人大常委会对无人智能汽车产业的出现迅速反应，已经将《深圳经济特区智能网联汽车管理条例》纳入 2021 年立法工作计划，作为重点项目研究。2021 年 9 月，深圳新兴领域重要立法《深圳经济特区细胞和基因产业促进条例（草案修改一稿）》已经提请深圳市人大常委会会议审议。这一条例将细胞和基因全产业发展纳入促进范围，并为行业的发展划定“红线”，明确禁止以生殖为目的对人体生殖细胞进行基因编辑。

（二）立法起草坚持人大主导、政府支撑和社会参与相结合，坚持为我所用

立法起草是整个立法工作中最基础、最重要的一环。“一部被立法机关列入立法计划的法案，很多基本的内容在立法起草过程中，即已伴随着持续开展的论证工作定型了。一旦法律草案起草完成，在立法审议与表决程序中，法案的通过是极为容易的。”① 深圳市在立法起草中始终坚持人大主导、政府支撑和社会参与相结合，确保立法起草的质量和效益。

1. 人大主导、主动担当。深圳市人大为建立开放的地方立法草案起草工作格局，改变“谁管理谁起草”的情况，注意发挥市人大在立法工作中的主导作用，从三个方面积极探索创新立法起草工作机制，掌握法规起草的主动权：（1）对于一些带有全局性、关键性和事关经济发展大局的重要法规，市人大法制委员会主动担当，自己组织起草，扩大人大起草法规的数量，防止法规起草中的部门利益法制化现象。如

---

① 李小红：《法学学者的法治参与》，中国政法大学出版社 2016 年版，第 94 页。

《深圳经济特区改革创新促进条例》《深圳经济特区知识产权保护条例》《深圳经济特区执法检查条例》等。（2）对涉及多个部门职责的法规，市人大法制委员会牵头组织相关部门联合起草，如《深圳经济特区金融创新促进条例》，在起草过程中，发挥主导作用，协同各个部门之间的立法起草工作。（3）对于政府部门组织的立法起草工作中，提前介入，积极参与，对立法起草涉及的内容、主体、需要调整的利益关系和设计的各项制度及时提出意见，对法规起草工作加以引导。

2. 政府支撑、意见互换。在深圳市立法起草工作中，政府在一些重要立法领域的支撑作用十分重要。例如，《深圳经济特区优化营商环境条例》立法工作内容庞杂、创新性强，而且立法起草时间紧、任务重，深圳市司法局在局党委的坚强领导下，勇于担当，主动承担了立法起草任务。在立法起草过程中，市司法局与市人大保持密切沟通，就立法草案中的诸多重要问题进行了意见互换，共同研究讨论各方面意见和建议。在立法草案的整体设计上，经过市司法局与市人大沟通研讨，最终借鉴世界银行营商环境评价指标体系，从市场主体全生命周期的角度出发形成草案修改意见，推动草案内容新增加50多条。对于立法调研中中小企业营商环境改善呼声较大的政府采购公平竞争问题，司法局与人大共同研究，完善了与之相关的草案条文。

3. 积极沟通、多方征询。深圳市地方立法起草过程中，尤其是先行探索的创新立法，深圳市人大积极行动，保持与上级相关部门的汇报联系，保持与省内、市内相关部门的沟通，多方征询意见，保障立法的科学合理性。例如，在《深圳经济特区个人破产条例》起草过程中，为了更好落实这一先行立法起草工作，深圳市人大常委会主任亲自带队赴全国人大请示沟通，进一步详细了解中央政策和态度，保障立法科学性。在《深圳经济特区信访条例》起草过程中，深圳市人大法制委员会组织成立起草工作组，赴延吉、哈尔滨、长春等省、市信访工作部门学习考察。在总结北京、江苏、辽宁、湖北等地信访工作立法经验的基础上，结合深圳市信访工作实际，起草了征求意见稿并发市人大常委会组成人员、六区人大、市中院、市检察院等二十几个单位征求意见，还组织召开了全市信访工作座谈会。在《深圳经济特区社会建设促进条例》这一创新性立法的起草过程中，深圳市人大法制委员会组织成立起草工作组，专程赴京，拜会全国人大常委会有关领导，就条例起草的有关事项进行汇报，并邀请全国人大常委会法工委、国务院法制办有关领导和部分专家学者召开座谈会，就深圳市开展社会建设立法的相关情况进行了交流和座谈。

4. 公众参与、群策群力。深圳市在立法起草工作中坚持科学立法、民主立法，探索完善法规多元起草模式，创新人大代表和公众有序参与立法的方式，不断提高立法质量。在法规起草阶段，通过采取召开座谈会、听证会、论证会等形式公开立法草案内容，让社会各界充分反映意见和诉求，群策群力提升立法草案的质量。

5. 全面吸收、广泛借鉴，实现立法为我所用。深圳市在地方立法起草工作中保持广阔视野，注重结合实践、有取有舍地吸收国际经验，实现了立法内容的乘数效应和化学反应。例如，《2019 年深圳市人民代表大会常务委员会工作报告》中特别强调了“着力建设国际惯例相衔接的知识产权保护综合管理体系”，在修订《深圳经济特区知识产权保护条例》的具体工作中，立法机关相应地借鉴国际先进经验，大幅提高知识产权损害赔偿额上限，引入惩罚性赔偿制度。又如，《深圳经济特区控制吸烟条例》制定时参考了 2014 年 10 月 18 日世界卫生组织烟草控制框架公约第六届缔约方会议关于电子尼古丁传送系统和电子非尼古丁传送系统（即电子烟）的决定［FCTC/COP6（9）］，明确将使用电子烟纳入吸烟的范畴，并增加规定了烟草制品和电子烟的定义。

（三）立法审议坚持规范性、民主性和灵活性相结合

立法审议是整个立法程序的核心和关键，关系到立法质量和效率的高低。深圳市在立法审议中始终坚持规范性、灵活性和民主性相结合，确保高质量立法。

1. 制定规则、规范程序。立法审议规则直接关系到法规审议质量。结合立法工作的实践，深圳市制定了详细的立法审议规则。市人大法制

委员会先后起草了《深圳市人大常委会法规审议工作指引》《深圳市人大专门委员会常委会工作委员会法规审查工作规则》《关于制定法规若干问题的指导意见》三个法规审议规则，并提交主任会议讨论通过，为提高审议质量做了制度上的完善。对不同类型的法规，在审议的不同阶段分别做了具体细致的规范，对立法技术做了详细明确的要求，明确了立法计划编制时间与实施步骤，界定了立法范围及特区立法与设区的市立法的形式选择，立法程序更为规范、缜密，分工更为明确。

2. 民主审议、依规辩论。深圳市立法审议工作建立起了合理的辩论制度，保障立法审议过程的各方意见的充分表达。2008 年深圳市政府在立法听证制度的基础上，首次试行了立法辩论制度。在立法草案审议过程中，召集部分市人大代表、有关专家、业界人士和公众代表等，就条例草案涉及的一些重大问题进行公开辩论。2014 年深圳市人大常委会制定了《深圳市人大常委会立法辩论规则》，立法辩论的程序主要包括立论陈词、相互提问、自由辩论、旁听人提问和主持人总结五个阶段。该立法辩论规则明确了言论免责原则，即参加辩论的人员在辩论过程中发表的言论受法律保护，不得事后追究法律责任。2016 年制定的《深圳市制定法规条例》明确规定，常委会会议期间，可以根据需要就法规案中存在重大意见分歧的问题，组织常委会组成人员在联组会议上进行辩论。

3. 缓急区分、灵活应对。在立法审议工作中，深圳市人大和深圳市政府根据立法需求的紧急情况差异，灵活采取多种形式开展立法审议，实现了立法审议的高效率。例如，2018 年 6 月 27 日，为支持深圳行政审批制度改革、优化营商环境，解决审批事项繁多、流程繁琐、多头重复审查等问题，推动压缩审批时间、提高审批效率，实现“深圳 90”改革目标，深圳市人大采用了一次审议通过的模式，作出《深圳市人民代表大会常务委员会关于暂时调整适用〈深圳经济特区政府投资项目管理条例〉有关规定的决定》《关于暂时调整适用和暂时停止适用〈深圳经济特区道路交通安全管理条例〉等法规有关规定的决定》等一系列决定，为改革提供了法制支持。同时市政府快速反应，配合市人大的立法决定，2018 年 7 月 3 日，市政府六届一百二十九次常务会议审议通过了《深圳市政府投资建设项目施工许可管理规定》和《深圳市社会投资建设项目报建登记实施办法》，7 月 12 日，深圳市政府办公厅发布《关于印发〈深圳市政府投资建设项目审批事项目录〉的通知》（深府办函〔2018〕189 号）和《关于印发〈深圳市社会投资建设项目审批事项目录〉的通知》（深府办函〔2018〕190 号）。各区和各审批部门的相关配套改革文件都在年底前逐步出台，体现了深圳速度、深圳效率。

（四）立法评估、清理强化公开与社会参与

“随着中国特色社会主义法律体系已经形成，我们立法工作的重点就要从‘有没有法’到‘法管不管用’转变。”① 为此，深圳市于 2014 年制定了《深圳市人大常委会法规即时清理办法》，率先在全国建立起法规随时“体检”制度，强化立法评估、清理的公开与社会参与。

1. 强调立法评估的及时性与社会参与。深圳市地方立法注重及时评估，不局限于立法工作计划。法规在实施过程中发现问题，不用等年度计划，随时可以对法规进行“体检”（即立法后评估），并根据情况提出“立、改、废”的意见。同时，深圳市立法评估可委托第三方机构对法规的立法质量和实施效果进行调查，使评估效果更加客观公正。其中一个亮点就是深圳开全国先河，开展了由律师参与、律师协会作为第三方独立进行的立法后评估工作。2016 年 3 月，设立在深圳市律师协会的市人大常委会立法调研基地向社会公布了《深圳经济特区环境保护条例》立法后评估报告，实现立法评估工作的创新。深圳实施的法规随时“体检”、社会参与评估等制度，其意义远远超出了立法质量本身，具有重要的法治意义：一是通过“体检”，及时发现法规的瑕疵并促进其修改完善，可以预防和减少纠纷和摩擦，节约执法和司法的成

① 白天：《深圳市人大常委会建立立法后评估机制提高立法质量》，http：//www. npc. gov. cn/zgrdw/npc/xinwen/dfrd/guangdong/2014 - 10/22/content_ 1881939. htm，访问时间：2021 年 9 月 10 日。

本。二是有利于在立法机构和社会之间形成良性互动，进而增强公民对法制的信任和信心，提升法制权威，推进一流法治城市建设。

2. 注重开门清理、及时反馈。《深圳市人大常委会法规即时清理办法》明确规定公民、法人和其他组织认为上位法可能影响本市特区法规、较大市法规适用的，可以向深圳市人大常委会法工委提出书面审查申请；法工委应当在十日内将申请交由法规实施部门、机构进行对照检查，并要求其提出法规即时清理报告；法工委在接到法规即时清理报告后，十日内应当将审查结果告知申请人。深圳在立法清理中允许公民、法人和其他组织申请清理“过时”法规，将开门立法这扇“门”开得更大，让立法的实际效能得到及时反馈，促进立法清理工作的及时高效。

（五）立法监督形式多样、注重实效

立法监督是整个立法活动的重要环节。立法监督是否到位关系着立法质量和立法权能否正确行使，对提高立法质量和效益、保障权利和自由、防止权力滥用具有重要意义。深圳市在立法监督中注重创新与实效，形式多样，为确保法规公正提供了良好的制度保障。

1. 注重监督创新、形式多样。深圳市立法监督除一般的立法后评估监督外，还采取多种形式创新立法监督。2011 年 10 月 31 日深圳市第五届人民代表大会常务委员会第十一次会议通过《深圳市人民代表大会常务委员会听取和审议专项工作报告满意度测评工作规则》，专门规定了市人大常委会对法规实施情况的专项报告监督机制。这一监督机制在实践中被广泛运用。例如《深圳经济特区知识产权保护条例》第 8 条明确规定：“市人民代表大会常务委员会应当加强对知识产权保护工作的监督，听取市人民政府有关知识产权保护工作的专项报告”。另外，深圳市相关部门还采取立法执行效果评估报告的监督形式对立法效能进行评估监督，例如《深圳经济特区控制吸烟条例》自 2014 年 3 月 1 日起实施，自 2014 年起，深圳市控烟办每年委托深圳市慢性病防治中心对《控烟条例》执行情况进行评估。最近一次开展的执行评估工

作为《〈深圳经济特区控制吸烟条例〉2019—2020 年度执行效果评估报告》，共调查深圳市 10 个区 19 类共计 1285 个禁烟场所，涵盖 1405 名场所管理者和 3254 名公众。结果显示，94.4% 的被调查者支持无烟法律，创历史新高；新冠疫情期间，67.8% 的吸烟者吸烟量减少，2.3% 的吸烟者戒烟。对相关问题分析基础上，《〈深圳经济特区控制吸烟条例〉2019—2020 年度执行效果评估报告》提出了提高场所管理者控烟能力，规范履行控烟职责，及时更新含电子烟的控烟标识，维护场所无烟环境等完善立法执行效果措施建议。

2. 强化实施报告、推动法规执行。深圳市在 2008 年制定了《深圳市市、区人民代表大会常务委员会执法检查条例》，并于 2009 年启动了由这一条例确立的法规实施情况报告制度，通过政府部门和机构提供的法规实施情况报告来检查执法效果、提高立法实施效能。深圳市人大法制委员会牵头实施了这项工作，在与市政府法制办协商的前提下，确定了负责法规实施的 18 个政府部门每年必须向市人大常委会报告上一年度的法规实施情况，法规实施单位负责人任期内还需参加常委会组织的法规考试等制度。同时各部门的法规实施情况报告还有转发给市人大各个分工对口的委员会，由各委员会对实施报告进行审查。最终，由市人大法制委员会向常委会提交法规实施情况的审查报告。而且，为进一步规范法规实施情况报告制度的有关程序和要求，市人大常委会总结实施此制度的经验，审议通过了《法规实施情况报告制度具体实施办法》，以保证该制度的进一步完善和执行。

3. 注重代表督办、保障法规实施。深圳在人大代表立法实施监督方面也不断创新，例如深圳市人大积极组织“深圳人大代表活动月”，举办十大主题活动，广泛听取群众意见，通过人大代表深入群众，了解法规规章具体实施情况，及时发现问题，向上反馈。同时，按照“内容高质量、办理高质量”的要求，深圳市人大建立了代表议案建议办理、反馈、督办和考评机制，以及常委会听取和审议重点建议办理情况报告制度，认真研究分析人大代表反馈的意见，对一批已办结的代表议案建议开展“回头看”，推动代表建议答复和落实“双满意”。这样，通过多种渠道实现人大代表对立法实施情况的监督反馈，推动立法效能的提升。

三 深圳市先行立法项目的效能

进入新时代以来，深圳市地方立法以贯彻新发展理念，服务经济社会大局，推动高质量发展为宗旨，制定了一批具有创新性的先行立法，形成了良好的立法效能，有力地推动深圳社会主义先行示范区建设。在此，我们仅对《深圳经济特区优化营商环境条例》（以下简称《营商环境条例》）、《深圳经济特区知识产权保护条例》（以下简称《知识产权条例》）、《深圳经济特区科技创新条例》（以下简称《科技创新条例》）、《深圳经济特区个人破产条例》（以下简称《个人破产条例》）的立法效能及其保障展开研究，以点带面揭示深圳先行立法项目的效能及其保障的内在规律。

（一）《营商环境条例》奠定优化营商环境的制度基础

深圳坚决贯彻落实党中央、国务院营商环境改革工作部署，将营商环境改革作为“一号改革工程”，结合深圳经济发展的实践需求，借鉴国际经验，于2020年制定了《营商环境条例》，回应和解决市场主体遇到的诸多问题，巩固了深圳市近年来优化营商环境的改革成果，建立健全了相关工作机制，构建了完善的营商环境法规体系。

1. 注重立法满足市场主体全生命周期重点环节的具体需求。《营商环境条例》以市场主体全生命周期为标准，从准入、运行、推出等多个环节对营商环境提供了制度保障，包括明确深圳市实施市场准入负面清单制度，保障各类市场主体依法平等进入；不断深化商事登记制度改革，探索推行商事登记行政确认制；推动市场主体年度报告“多报合一”制度，减轻市场主体的行政负担；推行简易注销程序，建立市场主体注销网上服务平台，完善市场主体除名和依职权注销制度。尤其是针对企业关注的政府采购公平竞争问题，专门规定了政府采购和政府投资工程招标不得实施事先确定供应商名单、设立预选供应商名录、采取随机方式确定供应商以及设置超出采购目的的资质、规模、注册地等非必要条件的行为排斥潜在投标人。

2. 立法明确打造高效便民政务服务体系具体措施。为市场主体提供高效便民的政府服务体系是营商环境的重要内容，《营商环境条例》将深圳市行政许可制度改革等方面的措施升级为立法，推动政务服务体系的完善。具体包括：明确规定深圳市原则上不再新设行政许可事项；取消没有法定依据的证明事项；全面推行告知承诺制；推进电子印章和电子证照在政务服务、公用事业服务领域的全面应用；实行惠企政策集成服务模式，编制优惠政策清单，并在企业办理相关业务时主动告知；实施工程建设项目区域评估，简化环境影响评估，市场主体已经完成区域评估的区域建设工程项目的，可以不再单独开展评估；建立项目前期策划生成机制，实行技术审查和行政审批分离以及实现审批流程、信息数据平台、审批管理体系和监管方式四个“统一”。

3. 立法降低市场主体获得生产要素的制度交易成本。针对市场主体关心的重点问题，《营商环境条例》设计了一系列措施保障各类市场主体平等、便捷获得生产要素，降低市场主体用水、用电、用气及用工成本。具体包括：进一步优化不动产登记相关制度，要求不动产登记机关加强与税务、公安、民政、社保等部门和金融机构等单位信息共享，实行不动产登记、交易和缴税并行办理，联动办理水、电、气变更；鼓励探索灵活用工制度，规定人力资源保障部门应当引导有需求的市场主体开展“共享用工”，通过用工余缺调剂提高人力资源配置效率；对于用人单位符合特殊工时制度适用范围，经协商实施不定时或者综合计算工时，可以实行告知承诺制；规定公用事业单位不得将工程规划审批和施工审批作为办理水电气的前置条件，降低市场主体获得生产要素的制度交易成本。

4. 立法推动市场主体融资模式创新。《营商环境条例》专门设置一章规定了提高市场主体融资便利度和贷款获得率，降低民营企业、中小微企业融资成本的具体措施。具体包括：加强税务、银保监部门与银行业金融机构的合作，将市场主体纳税信用转化为融资信用；规定商业银行等金融机构开展贷款业务时不得设置不合理的授信条件，不得强制约定将市场主体的部分贷款转为存款，不得以存款作为审批和发放贷款的前提条件等；建立中小微企业服务绿色通道，提高中小微企业融资服务水平；健全地方财政支持市场主体发展机制，采用银行贷款风险补偿、融资担保风险分担等方式加强对中小微企业融资支持。

5. 立法注重提高行政监管执法效能、推动多元共治。《营商环境条例》对新技术、新产业、新业态、新模式实行包容审慎监管，区分不同情况制定相应的监管规则和标准；开展“双随机、一公开”的监管模式、实行信用分类分级监管、推动执法部门协调监管；运用合同示范文本等非强制性手段指导、提示市场主体依法合规经营。《营商环境条例》鼓励行业协会、商会设立专业调解组织、推进海外法律服务平台建设，为市场主体提供涉外法律服务；支持涉外商事调解组织发展，吸收外籍和港澳地区专业人士担任调解员；加强粤港澳大湾区商事调解业务联系与交流，为市场主体解决商事纠纷提供调解服务。

6. 多措并举，推动《营商环境条例》实施。为提升《营商环境条例》的立法效能，深圳市多措并举，推动《营商环境条例》实施：（1）及时出台《营商环境条例》配套制度。《营商环境条例》通过后，深圳市政府制定了一系列配套制度，保障立法实施效能，如《深圳市贯彻〈深圳经济特区优化营商环境条例〉实施方案》《深圳市 2021 年深化“放管服”改革优化营商环境重点任务清单》《深圳市财政局关于进一步优化政府采购营商环境的通知》（深财购〔2021〕31 号）等。其中，《深圳市贯彻〈深圳经济特区优化营商环境条例〉实施方案》对《深圳经济特区优化营商环境条例》涉及的相关工作进行了更为细化的分工，从 6 个方面 30 个领域确定了 130 余项具体工作任务和相关责任单位，推动《深圳经济特区优化营商环境条例》落地落细，为持续优化营商环境提供有力支撑。（2）运用数字技术推动立法贯彻实施。深圳市政府各部门积极贯彻落实《营商环境条例》，运用数字技术推动立法贯彻实施。在这一立法通过公布后，在“一网通办”的基础上，强化数据共享和业务协同，全力推进智慧政务服务建设，实现线上线下业务紧密融合，进一步完善建设“i 深圳” App，大力推广“掌上办”，进一步推广“秒批”“秒报”及“秒报秒批一体化”政务服务模式，大力推进“一件事一次办”“免证办”“一机通办”“跨域通办”，让市民和企业办事更方便，运用技术手段加快立法内容的实施。（3）强化《营商环境条例》实施的社会监督。立法的高效实施要靠广泛的社会监督，形成包括新闻媒体、商会行会等多方力量共同形成监督力量，推动《深圳经济特区优化营商环境条例》落地实施。在这方面，深圳市较为突出的亮点是成立了深圳市优化营商环境咨询监督委员会。深圳市优化营商环境咨询监督委员会经市委、市政府决定成立，在深圳市优化营商环境改革工作领导小组指导下工作，其主要职能是为全市优化营商环境改革工作提供决策咨询并进行监督。深圳市优化营商环境咨询监督委员会聘任了一批来自各行业的中小企业代表、行业协会代表和专业人士，会聚了一批热心企业家，由企业家们直接监督《深圳经济特区优化营商环境条例》的实施，确保立法实施的效果，体现了“咨询 + 监督”职能。

（二）《知识产权条例》构建了行政保护、司法保护与社会共治相结合的知识产权保护机制

2019 年 11 月，中共中央办公厅、国务院办公厅印发的《关于强化知识产权保护的意见》以及 2020 年 5 月中共中央、国务院《关于新时代加快完善社会主义市场经济体制的意见》明确提出，要健全以公平为原则的产权保护制度，完善和细化知识产权保护制度规则，加快建立知识产权侵权惩罚性赔偿制度，加大侵权行为惩戒力度，确立知识产权严保护政策导向。深圳作为首批国家知识产权示范城市，肩负着改革创新的重任。为深入贯彻落实党中央、国务院决策部署，用足用好经济特区立法权，深圳市于 2019 年制定、2020 年修订了被称为史上最严知识产权保护条例——《知识产权条例》，构建了行政保护、司法保护与社会共治相结合的知识产权保护机制，全面加强了知识产权保护，有力激

发了市场主体的创新活力。

1. 立法完善了知识产权行政保护制度。行政保护是一种中国特色的知识产权保护制度。《知识产权条例》从多个方面完善了知识产权行政保护制度：（1）构建了行政技术调查官制度。《知识产权条例》参照《最高人民法院关于知识产权法院技术调查官参与诉讼活动若干问题的暂行规定》的相关内容，规定在市知识产权保护行政主管部门可以配备技术调查官，明确其工作职责，发挥其专业性作用，支持技术调查官全流程参与协助知识产权行政执法和司法审判工作，为解决知识产权案件取证难、周期长、侵权代价小、重复侵权多、公共信用体系不足等问题提供了技术支持。（2）立法明确行政处罚违法经营额计算标准。《中华人民共和国专利法》《中华人民共和国商标法》《广东省专利条例》等法律法规中都有以违法经营所得额为基数对侵犯知识产权行为进行处罚的规定，但是这些上位法均未对违法经营所得额的计算标准进行规定。《知识产权条例》在参考相关司法解释和国家部委规定基础上，结合深圳知识产权相关工作实际和经验，具体明确了违法经营所得额的定义，细化了计算标准，厘定了侵权人法律责任的边界。（3）完善行政禁令制度。为及时制止侵犯他人知识产权的违法行为，贯彻落实知识产权"快保护"的要求，《知识产权条例》在国家上位法有关规定的基础上，根据国家立法精神并参照国际立法经验，创新性地设立了"行政禁令"制度，变通了国家知识产权相关立法有关直接责令停止侵权的适用条件和范围，并明确了行政禁令的救济途径，加大了拒不执行行政禁令的惩处力度，规定了电子商务平台经营者在行政禁令执行中的配合义务，进一步落实知识产权"快保护"的要求，为知识产权维权铺就较为便捷化的道路。

2. 立法健全知识产权司法保护制度。为充分发挥知识产权司法保护主导作用，《知识产权条例》增设"司法保护"专章，从立法层面有效解决知识产权司法保护可能存在的问题：（1）加强司法机关协同保护。《知识产权条例》要求人民法院、人民检察院、公安机关加强相互协作，互相配合，依照有关规定协商统一知识产权刑事案件的立案、追溯和裁判标准并向社会公开。（2）健全知识产权行政执法工作与司法工作衔接机制。《知识产权条例》建立了行政机关和司法机关信息共享、案件移送、协调配合、监督制约、责任追究等工作机制。（3）立法深化审判机制改革。《知识产权条例》明确人民法院深入推进知识产权民事、刑事、行政案件“三合一”审判机制改革，建立健全全领域知识产权保护案例指导机制和重大案件公开审理机制。（4）强化证据披露义务。《知识产权条例》规定被告方无正当理由拒不提供其所掌握的相关证据或者提供虚假证据的，人民法院可以推定主张权利方关于该证据的主张成立。（5）支持律师协助调查。《知识产权条例》规定，代理诉讼的律师可以申请人民法院签发调查令，向接受调查的调查对象收集相关证据，调查对象应当予以配合，并明确了其拒不配合的法律责任。（6）明确规定故意侵权的惩罚性赔偿制度。《知识产权条例》在国内率先建立知识产权侵权惩罚性赔偿制度，结合司法实践明确了故意侵犯知识产权情节严重，可以在法定幅度内从重处罚的六种具体情形，强化了法规针对性和可执行性。

3. 立法构建了知识产权社会共治制度。为了共同推进深圳知识产权保护工作，《知识产权条例》确立了知识产权保护社会共建、共治、共享的体制机制：（1）明晰政府部门相关职责。《知识产权条例》要求政府相关部门积极履行公共管理服务职能，为知识产权的保护提供政策指导、技术咨询、信息情报、预警引导、跨境维权、人才培养、法律服务等公共服务，并制订发展规划鼓励和支持知识产权服务业的发展。（2）强化了自律管理。《知识产权条例》设专章规定知识产权自律管理问题，具体内容包括鼓励知识产权相关行业协会、产业联盟制定知识产权保护公约，规范会员、联盟会员的行为；建立知识产权合规性程度制度，鼓励和引导法人和非法人组织在涉及知识产权的民事合同中约定知识产权合规性承诺条款和相应的违约责任，要求参与政府投资采购和招投标的活动，应当向有关主管部门提交资产的合规性书面承诺；电子商务平台经营者建立知识产权侵权投诉处理机制；展会单位与仲裁机构、行业协会、知识产权服务机构等设立知识产权纠纷处理机构，并在展会显著位置公示等。《知识产权条例》制定后，深圳市各部门通过推动政府协调下的知识产权多元共治，保障和提高《知识产权条例》立法效能：一是深圳市司法局依托中国深圳知识产权保护中心，成立知识产权一站式协同保护平台，整合行政司法仲裁、调解技术社会组织的资源。深圳市市场监督管理局、深圳市公安局、深圳海关等签署知识产权协同保护合作备忘录，推动行政执法机构进驻市知识产权“一站式”协同保护平台，聚合全市11家核心知识产权保护部门，建成行政执法、司法保护、调解仲裁、技术支撑、行业自律“五位一体”的知识产权快速协同保护机制。二是深圳市推动行业协会、产业联盟建立知识产权保护服务站点，强化市知识产权保护工作站联盟建设，推动建立产业知识产权自律管理机制，形成聚焦产业的社会治理知识产权保护网。例如深圳服装行业协会就设立了“深服协知识产权工作站”，制定了服装设计知识产权纠纷的调解、仲裁规范。这些调解、仲裁规范中结合人工智能识别、数字证书等新技术手段强化规范认可度，形成行业内部的规范共识，促进了行业内尊重和保护知识产权的氛围，进一步激发了行业发展的活力。（3）注重运用信用惩戒。《知识产权条例》设专章规定信用惩戒问题，内容包括：立法要求构建知识产权信用评价、诚信公示和失信联合惩戒机制；明确纳入公共信用信息系统的知识产权失信违法信息类型；建立知识产权失信违法重点监管名单制度；政府开展与知识产权相关项目审批、政府采购和招标投标、政府资金扶持、表彰奖励等行政管理活动时应当查询相关主体知识产权公共信用情况，明确了不得承接政府项目、参与政府采购和招标投标、申请政府资金扶持和表彰奖励的具体知识产权失信行为类型。

4. 立法强化境外维权服务，有效应对境外知识产权风险。近年来，随着境外经贸摩擦的升级，深圳企业在境外面对的知识产权纠纷愈加频繁，企业发展受到的影响愈加严重，境外维权的需求愈加强烈。为解决企业境外维权的迫切需求，《知识产权条例》细化了国家有关加强境外知识产权维权的规定，完善了市人民政府加强境外知识产权保护协助工作的具体内容，明确要求通过建立境外维权援助服务信息化平台，发挥国家知识产权海外维权应对指导中心深圳分中心作用，提供境外知识产权纠纷应对指导，健全境外知识产权纠纷预警防范机制，跟踪境外知识产权法律修改变化动态，及时发布风险预警提示信息等方式，为深圳企业“走出去”提供更加高效、便捷的境外知识产权风险防范和纠纷应对服务。此外，《知识产权条例》还鼓励保险机构开展知识产权境外侵权责任险、专利执行险、专利被侵权损失险等保险业务，支持企业防范知识产权风险。

（三）《科技创新条例》优化了科技创新的法治保障

为落实《中共中央国务院关于支持深圳建设中国特色社会主义先行示范区的意见》，深圳市制定了《科技创新条例》，对近年来深圳市确立的科技创新政策措施、体制机制、产业布局、载体建设等进行法规化，部分制度设计变通国家法律规定，部分制度设计为国内率先规定，涵盖基础研究和应用基础研究、技术创新、成果转化、科技金融、知识产权、空间保障、创新环境等方面，是一项全面系统促进和保护科技创新的全链条法规。《科技创新条例》在科技创新法治保障方面充分发挥经济特区地方立法权优势，为全国科技创新法治建设作出了先行示范①。

1. 立法明确基础研究与应用研究投入机制。《科技创新条例》在全国率先规定“市人民政府投入基础研究和应用基础研究的资金应当不低于市级科技研发资金的百分之三十”，保证财政持续稳定支持。立法明确国家重大科技创新平台法律地位，保持其长期稳定发展。立法明确建立高等院校基础研究和应用基础研究财政保障制度。立法还明确支持企业及其他社会力量通过设立基金、捐赠等方式投入基础研究和应用基础研究，同时将企业用于资助基础研究和应用基础研究的捐赠支出视为

---

① 2021 年国家发改委发布了《关于推广借鉴深圳经济特区创新举措和经验做法的通知》，向全国推介深圳经验，其中第一条创新举措和经验做法就是制定《深圳经济特区科技创新条例》，以立法形式促进科技创新，https：//www. ndrc. gov. cn/xwdt/tzgg/202107/t20210729_ 1292066. html?code = &state = 123，访问时间：2021 年 9 月 20 日。

“公益捐赠”，创设性地规定该捐赠支出享受有关优惠待遇。

2. 立法鼓励和支持科技创新。为了保障科技创新活力和动力，《科技创新条例》创新相关制度，鼓励和支持科技创新：（1）明确技术创新的行政支持。《科技创新条例》总结了新冠疫情科技攻关经验，首次以立法形式规定政府主导的重大科技攻关模式，其中规定“对于涉及国家利益和社会公共利益的重大科技攻关项目，市政府可以通过下达指令性任务等方式，组织关键核心技术攻关”。立法明确企业技术创新的主体地位，明确规定“鼓励企业与高等院校、科研机构共同开展科技研发，共建科技创新平台”。根据科技部《关于促进新型研发机构发展的指导意见》明确新型研发机构法律地位并给予相关优惠政策。（2）明确科技创新的金融支持。《科技创新条例》在科技金融方面积极先行先试，通过立法推动科技创新金融支持机制的发展：一是通过政府引导、市场培育等方式，建立覆盖种子期投资、天使投资、风险投资、并购重组投资的基金体系，引导社会资本投资高新技术产业、战略性新兴产业、未来产业等科技创新项目，并对完善科技创新基金风险防范化解和分级分类监管机制、完善科技创新基金退出机制等问题进行了细化规定。二是参照财政部《关于创业投资企业和天使投资个人有关税收政策的通知》有关规定，明确建立投资科技型中小微企业和早期项目的支出制度，规定“投资科技型中小微企业或者早期科技项目的企业和个人，按照有关规定享受税收优惠待遇及专项资金补贴”。三是立法支持创新型金融机构设立并开展科技金融租赁、科技保险等业务，鼓励商业银行、保险、地方金融机构等开展多元化科技金融产品和业务，建立融资担保风险分担机制，为科技企业提供融资便利、资金支持，并首创性地将为科技企业提供金融服务的地方金融机构纳入财政奖励补贴、风险补偿、风险代偿等范围。

3. 立法鼓励和保障科研成果转化。《科技创新条例》在科技成果转化方面有很多重大突破和创新：（1）明确赋予科技人员科技成果所有权或长期使用权，在全国首次以立法形式明确“全部或者主要利用财政性资金取得职务科技成果的，高等院校、科研机构应当赋予科技成果完成人或者团队科技成果所有权或者长期使用权”。（2）将对科技人员的激励由“先转化后奖励”调整为“先赋权后转化”，并明确规定“按份共有的，科技成果完成人或者团队持有的份额不低于百分之七十”。（3）为了解决高等院校、科研机构科技成果决策的后顾之忧，立法确立科技成果决策尽职免责机制，规定“高等院校、科研机构有关负责人履行勤勉尽职义务，严格执行决策、公示等管理制度，没有牟取非法利益或者恶意串通的，可以免予追究其在科技成果定价、自主决定资产评估以及职务科技成果赋权中的决策失误责任”。（4）为加快科技成果向生产力转化，借鉴美国等发达国家和地区，以及国内的西安交通大学建立概念验证中心的做法，首次在立法中规定概念验证中心建设，为实验阶段的科技成果提供技术概念验证、商业化开发等服务支撑。（5）根据《中共中央国务院关于构建更加完善的要素市场化配置体制机制的意见》，立法明确支持培育发展技术转移机构和技术经理人，鼓励高校、科研机构和企业设立技术转移部门，引入技术经理人全程参与发明披露、价值评估、专利申请与维护、技术推广、对接谈判等科技成果转化活动。

4. 立法设立同股不同权制度。《科技创新条例》借鉴美国、我国香港等地做法，变通了《公司法》关于“一股一权”“同股同权”的规定，在国内立法中首次确立“同股不同权”的制度，保障科技企业原始股东以及其他对公司科技创新具有重大影响的股东在多次股权融资后，仍然可以以较小的持股比例对公司享有控制权。这一立法有利于保护公司创始股东权益，激发资本参与科技创新的积极性，吸引全球创新人才赴深圳创业。

5. 立法明确科技创新企业知识产权质押融资和证券化。《科技创新条例》规定市、区政府可以建立知识产权质押融资风险补偿机制，设立知识产权质押融资坏账补偿和贴息专项资金，支持金融机构开展知识产权职业融资业务，同时立法明确企业以知识产权开展质押融资，符合条件的，可以由财政性资金给予贴息贴保。为落实《中共中央国务院关于支持深圳建设中国特色社会主义先行示范区的意见》中关于“探索知识产权证券化”要求，专门规定推动以知识产权运营未来收益权为底层资产发行知识产权证券化产品，明确企业成功发行知识产权证券化产品的，市、区政府可以给予适当补贴。

6. 立法优化科技创新环境。《科技创新条例》从多个方面入手优化科技创新环境：（1）在科技人才自由流动方面，《科技创新条例》将人力资源和社会保障部《关于进一步支持和鼓励事业单位科研人员创新创业的指导意见》固化为立法，规定建立科技人员双向流动机制。一方面立法明确高等院校、科研机构专业技术岗位人员可以到企业兼职、挂职或参与项目合作并取得合法报酬，在职创办企业或者离岗创新创业；另一方面立法明确高等院校、科研机构可以聘请有创新实践经验的管理人才、科技创新人才担任兼职教师或者兼职研究员。（2）在科技创新企业用房空间方面，《科技创新条例》对科技创新产业用房保障和管理方面做了完善。在科技创新产业用地用房保障方面，明确规定编制用地供应计划时，应对保障高新技术产业、战略性新兴产业、未来产业等用地需求；实行用地弹性年期供应制度，采用长期租赁、先租后让方式供地；规定政府可以通过配套建设、提高容积率、整治统租、回购以及合作开发等方式筹集创新型产业用房。在科技创新类产业用地用房管理方面，坚持“限对象、限租金”原则，确保科技创新类产业用地用房真正高效用于科技创新活动。（3）在科技创新服务平台方面，《科技创新条例》明确规定市、区人民政府推动建立科技创新资源共享平台职责，为科技创新活动提供仪器设施开放共享服务；明确规定市、区司法行政部门应当会同有关部门建立公共法律服务平台的职责，为高等院校、科研机构、企业以及科技人员的科技创新活动提供公共法律服务。（4）在科研伦理和科研诚信建设方面，《科技创新条例》明确规定了科技伦理承诺书、设立相应的科技伦理委员会等科研伦理监督保障制度，明确规定了科研失信行为的七种具体类型以及处理科失信行为责任部门等内容。

7. 立法促进粤港澳大湾区科技合作。《科技创新条例》勇于打破地域壁垒，促进湾区科技力量的融合发展。《科技创新条例》首次通过经济特区法规规定，允许香港、澳门符合条件的高等院校、科研机构申请内地科技项目，允许相关资金在大湾区跨境使用，从而将港澳的科研力量引入到深圳经济特区的发展中，更加保障立法促进科技创新目的的实现，保障《科技创新条例》立法效能。同时《科技创新条例》对深圳市与大湾区其他城市的科技合作作出规定，明确“加强与粤港澳大湾区其他城市的科技创新合作，支持开展跨行政区科学技术攻关、共建科技创新平台、知识产权保护等工作，支持发起或者参与国际大科学计划和大科学工程建设”，保障大湾区科技创新力量的融合发展。

（四）《个人破产条例》建立了宽容失败机制，健全了市场退出机制

世界各国的实践表明，个人破产在市场经济中具有一定的积极作用，可以保护“诚实但不幸”的市场主体，提高个人参与市场经济的积极性，对繁荣市场经济具有正面作用。我国《企业破产法》由于缺少个人破产的相关制度设计，被称为“半部破产法”。为弥补缺陷，深圳率先制定了《个人破产条例》。《个人破产条例》是我国首部个人破产立法，建立了宽容失败机制，健全了市场退出机制，给“诚实而不幸”的债务人提供一种可期待、可信赖的保障。

1. 立法首创债务人权利限制、豁免财产、破产考察期、免责复权等制度。《个人破产条例》首创债务人权利限制、豁免财产、破产考察期、免责复权等制度：（1）债务人权利限制，即从法院作出限制债务人行为决定之日起到解除限制之日止，债务人不得出现高消费行为。其中具体限制内容参考《最高人民法院关于限制被执行人高消费的若干规定》具体明确了八种禁止消费行为。（2）豁免财产，即债务人从破产申请到破产程序终结，允许豁免财产累计总价值不超过二十万元作为“自由财产”，以保障债务人及其家庭在破产程序中基本生活需要，包括租房费用、基本生活费用和基本生活资料。具体内容参照美国、英国等通行做法，采取规定财产类别加封顶数额的模式，列举了七种豁免财产类别。（3）破产考察期，即债务人经过法定程序宣告破产后，鼓励

债务人努力偿还债务，对于三年考察期内积极履行债务人义务，但仍无法足额偿还债务的“诚信”债务人，法院可以裁定免除部分或全部债务；对于债务人积极履行义务并偿还债务余额达到法定比例的，可以经申请提前免除未清偿的债务；对于违反相关规定的债务人，法院可以延长不超过二年的考察期。（4）免责复权，即债务人考察期满后，法院可以根据债务人的表现作出免除或者不免除未清偿债务的裁定。人民法院裁定免除债务人未清偿债务的，债务人恢复正常权利；人民法院裁定不免除债务人未清偿债务的，债权人可以向债务人继续追偿债务。

2. 立法首创个人破产事务管理制度。《个人破产条例》分别对个人破产事务管理部门、个人破产管理人的职责进行了规定，实现了个人破产案件审判权与破产事务管理权相分离：（1）明确规定个人破产事务的行政管理职责由市人民政府确定的工作部门或者机构行使，负责确定破产管理人资质、监督管理破产管理人、个人破产信息登记与公开、建立完善政府各相关部门办理破产事务的协调机制、提供破产事务咨询和援助服务等。（2）明确规定个人破产管理人的选任条件、享有权利、基本职责等内容。在选任方面，自人民法院公开破产申请之日起十五日内，债权人可以单独或共同向人民法院推荐管理人；债权人未推荐管理人人选或者人民法院认为债权人推荐的人选不宜担任管理人的，由破产事务管理部门提出管理人人选；律师、注册会计师以及其他具有法律、会计、金融等专业资质的个人或者相关中介服务机构，经破产事务管理部门认可，可以担任管理人。在权利和职责方面，破产管理人可以调查核实债务人所扶养人、雇用人员基本情况；接管与债务人财产状况相关的财产清单、凭证以及债权债务清册等资料；管理人可以持人民法院的指定管理人决定书，向公安、民政、社会保障、税务、市场监管等部门和金融、征信机构等查询调取债务人、债权人相关信息资料，有关部门和机构应当予以协助，必要时，管理人可以申请人民法院签发调查令等。

3. 立法首创个人破产清算、重整、和解以及简易程序。在个人破产程序方面，《个人破产条例》规定个人破产程序分为破产清算、破产重整、破产和解三种。在重整程序中，深圳立法创新性地提出了管理人可以独立向法院提交重整计划草案。在和解程序中，立法明确了庭外和解制度，提供多元化调解机制，并明确规定法院可以认可和解协议。立法还明确了个人破产办理的简易程序，有效实施繁简分流，减轻诉累。

4. 立法首创个人破产欺诈责任追究制度。《个人破产条例》在破产欺诈处理方面设立了一系列的创新性制度。首先，建立债务人按时登记财产信息制度，明确了破产管理机构、管理人、债权人、债务人、利害关系人在破产信息公开中的法律责任。例如明确法院、破产管理机构为破产信息公开责任主体，明确债权人有权查询的权利。其次，明确债务人破产欺诈的法律责任，包括裁定不予免责、追究刑事责任等。

5. 个人破产其他方面的创新。《个人破产条例》还在以下几方面实现了立法创新：（1）立法明确个人破产程序中债务人死亡的，根据遗产继承人的意志决定个人破产程序继续或者终结；（2）立法明确个人破产申请主体范围，债务人申请的主体条件以其是否在深圳缴纳社会保险为依据；（3）立法明确夫妻可以共同申请破产；（4）立法明确债权人会议可以通过书面或网络形式表决；（5）立法明确不得免除债务的具体形式和类型。

6. 多措并举，推动《个人破产条例》的有效实施。《个人破产条例》制定后，深圳采取了各种措施，推动《个人破产条例》的有效实施：（1）及时建立健全相关配套制度。《个人破产条例》制定后，深圳市各部门及时制定了相关配套制度，完善配套设施，快速建立起“法院裁判、机构管理、管理人执行、公众监督”四位一体的破产办理体系，为提升《个人破产条例》立法效能提供了极强的保障。2021 年 3 月 1 日《个人破产条例》施行，同日内地首家个人破产事务管理机构——深圳市破产事务管理署挂牌成立。深圳还准备建立个人破产的申请辅导机制，提高申请质量和审查效率，继续通过典型个案明确裁判规则，充分发挥个人破产制度在市场主体拯救、退出和再生方面的保护作用。深圳还成立我国内地首个破产行政管理机构“深圳市破产事务管理署”，海量的个人破产事务性工作有专门机构负责。可以说，在推进个人破产制度实施上，深圳在立法、司法、行政等各领域陆续推出配套性举措，共同推动个人破产制度对经济社会生活切实发挥作用。（2）注重广泛宣传。《个人破产条例》颁布后，深圳市司法局采取了新闻发布会、访谈等形式推广宣传个人破产相关规定。深圳市中院制作了《个人破产便民服务指南》《申请个人破产材料清单》等各种宣传品，以简明扼要、通俗易懂的方式宣传新立法，推动个人破产领域的落实，促使立法内容成为人人熟知、自觉遵守的行为依据。（3）强化信息技术的充分运用。《个人破产条例》立法效能的提升离不开运用信息化手段。伴随《个人破产条例》的实施，专业化的个人破产业务办理系统“深·破茧”也很快上线运行，推动破产的法律业务效率和透明度大大提升。

四 深圳市立法的经验与借鉴

深圳市立法从实际出发，积极探索，服务深圳经济社会发展大局，为深圳建设社会主义先行示范区提供了良好的法治保障，也为全国地方立法工作提供了良好示范。深圳市立法经验可以概括为“四个坚持”“五个重视”。

（一）坚持党对立法工作的领导

加强党对立法工作的领导，保障党的领导贯穿体现在地方立法工作的全过程、各方面，是地方立法工作完善的前提和基础。深圳市在这一方面有诸多经验值得我们学习借鉴，具体来说主要有以下几个方面。

1. 形成稳定的党委立法审查机制。深圳市立法工作形成了党委立法审查常规、稳定的工作机制。深圳市委高度重视地方立法工作，深圳市人大、深圳市政府每年的年度立法计划均按照相关规定交由市委审核；立法起草部门在研究立法中的重大事项、起草重大规章项目时均按照相关规定及时向市委请示报告；重点立法项目三审通过后表决前按规定提交市委常委会研究，并根据党委意见通过表决和公布。

2. 党委参与实质讨论、引领方向。深圳市立法工作中党对立法工作的领导还体现在党委实质参与立法内容讨论，引领立法工作大方向。例如《深圳经济特区数据条例》在立项初期原名称为《深圳经济特区数据安全条例》，市委领导在市委会议讨论中强调要深入学习贯彻习近平总书记关于统筹发展和安全的重要论述精神，提出数据治理范围更加广泛，数据立法不应局限于数据安全，应当将视野扩展至更大范围。由此，《深圳经济特区数据安全条例》改为《深圳经济特区数据条例》，立法项目名称获得合理修改，立法调整的范围从侧重信息安全、数据技术安全等领域扩展至更超前、完善、全面的数据全域治理。这为立法机关指明了工作方向，推动了地方立法立项工作的高质量发展。

3. 党委研究、支持创制性立法中的创新内容。创制性立法中的创新内容往往是对一些重大事项的改革，因此，在立法过程中需要党委研究和支持。例如在《个人破产条例》制定过程中，市委高度重视其中设立破产事务管理机构问题，深圳市委领导研究后决定接受立法起草者的建议，增加了相关条文，最终设立了专门的破产行政管理机构。市委的高度重视和坚强领导是《个人破产条例》立法高质量的重要保障，有了市委的支持，立法才能得以在结构设计上积极突破创新，在立法内容上勇于先行先试。

4. 党委关注与支持重点立法项目。重点立法项目关系到经济社会发展重大问题，其中一些内容涉及方方面面，需要党委的特别关注和支持，发挥党委总揽全局、协调四方的工作，推动立法工作的高质量高效率推进。例如《优化营商环境条例》涉及融资、税务、公安、民政、社保等方方面面，在深圳市委高度重视和协调保障下，实现了立法在提高融资贷款便利度、降低市场主体水电气及用工成本、完善动产登记制度等方面的突破创新，保障了立法效能的提高。

（二）坚持立法以人民为中心，保障全过程人民民主

以人民为中心是地方立法工作的根本出发点，保障全过程民主是社会主义法治的根本要求，我们可以借鉴深圳的相关经验，进一步完善立

法参与机制，推动立法以人民为中心，保障全过程民主。

1. 完善立法的公众参与机制。深圳地方立法工作保障全过程民主，从法规的立项、起草到审议各阶段完善公众参与机制，通过采取网络公开征求意见、召开座谈会、听证会、论证会等形式让社会各界充分反映意见和诉求，用法治保障人民安居乐业，不断增强人民群众对法治的信仰。例如，在《知识产权保护条例》起草过程中，深圳市司法局邀请了有关的法律专家召开了知识产权立法专家座谈会，广泛听取意见和建议，形成了符合实际需求的立法；在起草《营商环境条例》过程中，深圳市司法局通过网络公开征求社会各界意见，在意见征集中发现行政执法检查频率过高、干扰企业经营等问题呼声极高，为解决此问题，深圳市司法局在立法中明确了相关规范，对执法行为尤其是监督检查行为的规定进行细化和规范化，实现执法方式、执法频率的合理化。

2. 强化立法的社会调研。深圳市立法工作高度重视立法调研工作，从调研中寻找问题，完善立法内容，保障立法科学性。例如《优化营商环境条例》起草过程中，深圳市司法局联合市发改委，根据企业所有制的不同形式分类召集国有企业、民营企业、外资企业，大中小微等不同规模企业，传统企业、新兴产业，以及各类行业协会、商会、立法联系点等覆盖各领域各层级的市场主体相关代表，先后召开了 6 场立法调研系列座谈会，广泛听取意见和建议。在《知识产权保护条例》修订工作中，深圳市人大常委会主任骆文智多次率队赴中国（深圳）知识产权保护中心、深圳知识产权法庭等地开展调研，针对条例修订工作听取各方面意见，通过多种形式的广泛调研，获得知识产权相关企业、行政执法、司法审判等多方面的意见，实现了立法以问题为导向，保障了立法的科学性。

3. 引导人民群众参与立法监督。地方立法以人民为中心、保障全过程民主还体现在人民群众参与立法监督中。例如，深圳市优化营商环境咨询监督委员会聘任了一批来自各行业的中小企业代表、行业协会代表和专业人士，会聚了一批热心企业家，由企业家们直接监督《优化营商环境条例》的实施，确保立法实施的效果，体现了“咨询＋监督”职能。

（三）坚持立法统筹发展与安全

习近平总书记多次强调要贯彻新发展理念，统筹发展与安全。深圳市地方立法工作坚持贯彻习近平总书记指示，在立法各个环节实践这一理念。对于我们来说，可以借鉴一些具体做法，强化立法效能。

1. 立法计划制订中统筹发展与安全。近年来，深圳立法计划统筹发展与安全，既有推动经济社会发展的《深圳经济特区个人破产条例》《深圳经济特区城市更新条例》等立法，也有聚焦安全的《深圳市地下空间开发利用管理办法》《深圳经济特区食品安全监督条例》等立法。深圳市已经制订立法计划，推动建设应急管理“1 +4”立法整体框架。其中“1”为研究制定《深圳经济特区城市安全发展条例》，涵盖自然灾害应对、事故灾难防范、城市生命线安全稳定运行等问题，构建地方城市安全立法体系。目前该条例处于立法调研阶段，现已形成立法研究报告。“4”分别为制定《深圳经济特区安全生产监督管理条例》、制定《深圳经济特区自然灾害防治条例》、制定《深圳经济特区应急救援条例》和修订《深圳经济特区消防条例》。我们可以借鉴深圳相关经验，贯彻统筹发展与安全的理念，更加注重城市安全、城市管理等方面立法，形成更加合理的立法计划，进一步提高立法科学性。

2. 立法草案起草中统筹发展与安全。深圳市人大及其常委会、深圳市政府在地方立法草案起草中贯彻新发展理念，坚持立法服务经济社会发展大局的同时注重统筹发展与安全。如《深圳市地下空间开发利用管理办法》明确地下空间开发利用应当遵循统一规划、科学利用、公益优先、安全环保的原则，地下空间优先用于建设交通、市政工程、防空防灾、环境保护等城市基础设施和公共服务设施。又如《深圳经济特区数据条例》在立项初期拟定为《深圳经济特区数据安全条例》，在市委高度重视和正确领导下，全面贯彻习近平总书记关于统筹发展和安全的重要论述精神，《深圳经济特区数据安全条例》改为《深圳经济特区数据条例》，立法调整的范围从侧重信息安全、数据技术安全等领域扩展至更超前、完善、全面的数据全域治理，有效地统筹了数据发展和安全。

（四）坚持立法的全域沟通协调

在课题调研中，深圳市司法局的同志总结，深圳市很多立法并不是变通上位法，而是在上位法尚未制定的领域先行创新。为了既实现立法创新，又不违反抵触上位法，深圳市立法机关积极向全国人大常委会、最高院、省人大常委会等上级单位请示沟通，将可能存在的问题发现和解决在地方立法出台之前，保障先行创新立法的合法性、合理性。

1. 强化与上级机关的请示沟通。深圳市地方立法机关注重与上级机关的请示沟通，例如《个人破产条例》立法过程中深圳市人大常委会多次征求全国人大法工委和最高人民法院意见。在《深圳经济特区社会建设促进条例》等立法过程中，深圳市人大常委会主任多次亲自带队专程赴京，拜会全国人大常委会有关领导，就条例起草的有关事项进行汇报，进一步详细了解中央政策和态度，并邀请全国人大常委会法工委、国务院法制办有关领导和部分专家学者召开座谈会，就深圳市开展社会建设立法的相关情况进行了交流和座谈。

2. 加强与其他省市相关部门的了解沟通。深圳市立法过程中保持全国视野，充分学习借鉴其他省市立法经验，在具体立法项目中与其他省市立法相关部门保持联系，及时沟通了解，虚心求教，确保自身立法质量。例如在《深圳经济特区信访条例》起草过程中，由于立法内容敏感，社会关注度高，深圳市人大法制委员会组织成立起草工作组，赴延吉、哈尔滨、长春等省、市信访工作部门学习考察。在总结北京、江苏、辽宁、湖北等地信访工作立法经验的基础上，结合深圳市信访工作实际，起草了征求意见稿。我们在地方立法工作中，尤其是创新性、先行性立法工作中，可以借鉴深圳经验，通过积极沟通，获得更多有用信息，保障立法科学性。

3. 注重人大与政府的无缝沟通。在深圳地方立法工作中，深圳市人大和深圳市政府相关部门保持长期稳定的沟通机制，在立项、起草、审议、宣传等各个环节全过程沟通，保持密切配合：（1）立法计划研究中互相沟通。在制订年度立法计划时及时沟通，深圳市人大与深圳市政府保持配合，避免法规与规章立法计划的重叠，在统筹协调基础上确定哪些适宜制定地方性法规，哪些适宜制定政府规章。在一些具体立法项目上，人大与政府相关部门能够及时沟通、及时反馈，例如政府部门对于一些“小快灵”“小切口”立法的提议能够得到人大的重视，及时起草、审议并表决通过。例如《深圳经济特区互联网租赁自行车管理若干规定》就是相关主管部门提出后，市人大常委会迅速反应，及时起草并审议通过了这一法规。（2）立法起草中密切合作。在立法遇到难题、关键问题时人大和政府相关部门能够迅速协调一致，互相为对方出点子、想主意，优势互补，保障立法内容科学。例如在《优化营商环境条例》起草过程中，深圳市司法局牵头负责草案的起草工作，在起草中始终保持与市人大的沟通，市人大则主动提前介入，积极参与立法草案研究，在司法局初步确定的100多条基础上增加了50多条，其中主要从借鉴世界银行营商环境指标体系角度对条文来进行一些梳理、补充和创新，保障立法起草工作的高质量、科学性。

4. 保持与司法的有效沟通。深圳市立法能够从整体视角宏观把握立法与司法的关系，实现二者的高度契合，保障立法效能：（1）立法工作机制中的协调。在深圳市地方立法过程中，立法机关与司法机关保持密切配合，形成了稳定有效的合作机制。在起草过程中，市人大、市司法局与市中院保持常态沟通机制，对于立法条文设计的看法及时交换意见，及时研究讨论，《个人破产条例》甚至由市人大常委会监察司法工委牵头，深圳市中院破产庭法官参与起草。这一方式，保障了立法的多角度分析，保障了立法质量的多维度提升，提高了立法科学性。（2）立法内容的全面统筹整体考虑。通过立法机关与司法机关的合作，深圳立法工作充分考虑立法实施过程中多种因素，将司法过程可能遇到的问题纳入立法内容考量中，体现了问题导向，提高立法科学性。例如《个人破产条例》立法过程中，法官参与全文起草，从司法者角度深入分析、预测个人破产实践中可能存在的问题，合理设计相关规则，例如重视破产重整，兼顾债权人、债务人和其他利害关系人的合法权益，将破产公众监督三位一体扩充为四位一体即破产事务管理部门、管理人、法院、公众四方面的监督等。例如在《知识产权保护条例》的技术调查官制度设计中，充分考虑立法与司法的协同，立法明确将技术调查官贯穿行政执法和司法审判。这样，在立法设计上保障行政执法与司法审判协同，在实践中立法内容就能高效运行，从而提高和保障立法效能。

5. 加强同政协的民主沟通。深圳市地方立法重视政协立法协商，通过向政协征求立法计划、立法草案等修改意见，提高立法工作质量，保障立法效能。2016 年 6 月 7 日，深圳市委办公厅正式印发《关于在市政协开展立法协商工作的意见的通知》，明确市政协在立法协商中的工作内容、基本程序和工作机制，确立由党委领导、政协参与的立法协商工作机制，要求市政协以年度立法计划和事关人民群众切身利益的立法项目为重点开展立法协商工作。实践中，市人大法工委在每部立法草案审议前将草案全文向市政协发函征求意见，市政协将立法草案转发相关专业委员会研究讨论，提出修改意见后及时反馈给市人大，实现了立法工作的集思广益。

6. 加强同社会的广泛沟通。深圳市立法过程中注重完善立法调研、征求意见等公众参与立法的各项机制，加强与立法可能涉及的相关组织和个人进行沟通协商，强化与相关社会组织、专业组织的沟通协调，确保立法始终体现民意、关注民生、维护民益。例如，在《知识产权保护条例》起草过程中，深圳市司法局邀请了有关的法律专家召开了知识产权立法专家座谈会，广泛听取意见和建议，形成了符合实际需求的立法。

（五）重视境外法治经验的吸取和转化

习近平总书记指出："坚持中国特色社会主义法治道路，不意味着固步自封，而需要在立足基本国情、坚持基本原则前提下，积极吸收借鉴世界上的优秀法治文明成果，同时加以甄别，有选择地吸收和转化。"深圳市地方立法工作坚持贯彻习近平法治思想，广泛借鉴世界各国、各地区经验，积极研究完善国内立法与国外规则的对接，提高立法科学性。我们可以吸收深圳市相关经验，在立法工作中加强世界各地经验的研究总结，取其精华去其糟粕，提高立法科学性，提高和保障立法效能。

1. 注重对境外法治经验的广泛研究、提炼总结。深圳市在立法工作中，尤其是一些创制性立法、先行性立法中保持开阔的视野，广泛借鉴世界各国各地区经验，并且充分提炼总结，活学活用，提高立法治理，保障立法效能。例如在《个人破产条例》中，经过对世界各国各地如美国、德国等个人破产免责期的立法经验，提炼出免责考察期逐渐缩短的规律和趋势，最终将个人破产免责考察期确定为3到5年。在《科技创新条例》中，借鉴美国、香港等发达国家和地区以及我国科创板的做法，变通了《公司法》关于“一股一权”“同股同权”制度的规定，在国内立法中首次确立公司“同股不同权”制度保护创始股东，以此激发科技创新积极性。

2. 注重甄别，结合实践，有选择地吸取和转化。深圳市地方立法对国际法治经验的吸取并非照搬照抄，而是有所选择。例如《个人破产条例》中充分考察和借鉴了世界各国的个人破产制度，但是也否定了美国等国家重破产清算和破产欺诈监督、轻破产重整的思路，对个人破产重整的内容结合我国国情和深圳具体实践需求进行了创新设计，在立法中体现了中国特色社会主义法治的性质。

（六）重视保障、引导、规制社会组织

深圳市地方立法能够保证运行的重要手段之一是充分运用商会、行会等社会组织力量来实现立法效果，提高立法效能。我们可以借鉴深圳市相关经验，在立法中明确相关行业组织、行业协会的法律地位，鼓励社会组织力量参与社会治理，将社会组织力量转化为提高和保障立法效能的积极推动力。

1. 注重立法确立社会组织法律地位。《知识产权条例》专章规定了自律管理问题，其中明确规定“鼓励建立知识产权相关行业协会和产业联盟”，并明确鼓励“知识产权相关行业协会、产业联盟可以根据章程或者公约对侵犯他人知识产权的会员、联盟成员进行规劝惩戒，并将

规劝惩戒情况通报市主管部门”。通过明确法律地位的方式提高社会组织参与知识产权保护的积极性，让社会组织成为了自觉自愿遵守立法并监督社会守法的力量。

2. 注重立法引导社会组织参与纠纷调解。《优化营商环境条例》第121条明确规定：“鼓励行业协会、商会设立专业调解组织，在投资、金融、证券期货、保险、房地产、知识产权、国际贸易等领域提供调解服务。”《知识产权条例》第44条明确规定：“鼓励行业协会、知识产权服务机构等建立知识产权纠纷解决机制，为当事人提供便捷、高效的知识产权纠纷处理服务。”在立法推动下，社会组织的纠纷调解功能得到了发展。例如深圳市服装行业从业者、服装行业协会以及其他相关主体充分发挥自身积极性，搭建协商平台，设立了“深服协知识产权工作站”，自行形成规范共识，从行业调解角度在行业内部解决了服装设计权利人在正式司法程序中面临的维权举证难、周期长、成本高、赔偿低的问题，满足了深圳市服装行业从业者知识产权保护的迫切需要。

3. 注重对商会等社会组织的规制。深圳市立法在鼓励、支持社会组织力量发展的同时加强对社会组织的规制。例如《知识产权条例》第58条、《优化营商环境条例》第127条等都明确了行业协会、商会的法律责任，从立法上为社会组织的行为划定边界，实现对社会组织的规制。

（七）重视运用现代网络技术推进法规实施

深圳市立法效能保障的重要手段之一是紧跟时代需求，充分运用信息技术推动立法内容科学化，立法实施高效化。我们可以吸收深圳市相关经验，充分运用数字科技手段，开发运营相关软件，保障立法实施效果，保障立法效能。

1. 开发专门软件，提升立法实施的效率。深圳市立法工作中，相关部门针对具体立法开发专门软件来提高立法效能。例如，在《个人破产条例》实施中，深圳市中院开发运营了“深·破茧”个人破产综合应用系统，并根据立法实施需求设计了相关内容，运用大数据智能化办案系统，实现全程留痕，提高立法实施的效率。

2. 完善现有软件运用，提高立法实施效能。在一些立法中，有关部门采取在原有软件基础上增加立法运用模块的办法提高立法实施效能。例如，《知识产权条例》的实施中，深圳相关部门及时在“i深圳”App软件中增加知识产权服务模块，提高使用便捷性。

3. 搭建共享平台，提升立法实施效能。深圳市立法实施过程中，有关部门还运用网络信息技术搭建共享平台，提高立法效能。例如，在《知识产权条例》实施过程中，深圳市相关部门在“云上稽查”软件基础上，构建多环节网络知识产权高效联动保护“鸿蒙协同云平台”，打通权益单位、专业机构、数据公司、电商平台、鉴定机构、审判机关等，形成集维权鉴权、监测处置、联合打击及司法认定为一体的知识产权线上联动保护机制。

（八）重视立法宣传

立法后的多种形式广泛宣传是深圳市立法效能保障的重要手段。我们可以吸收深圳市相关经验，加强立法宣传，从加强普法、推动全民守法的角度提高立法效能。

1. 采取多种方式开展立法宣传。深圳在立法宣传方式方面值得我们学习。例如《个人破产条例》颁布后，深圳市司法局采取了新闻发布会、访谈等形式推广宣传个人破产相关规定；深圳市中院制作了《个人破产便民服务指南》等各种宣传品，以简明扼要、通俗易懂的方式宣传新立法，推动个人破产领域的落实，促使立法内容成为人人熟知、自觉遵守的行为依据，实现全民守法。

2. 设立相关机构，形成稳定宣传机制、常态宣传窗口。深圳在立法宣传工作机制方面值得我们学习。例如在《知识产权条例》实施中，深圳市龙华区基层法院在全国基层法院中首创设立集审判、调解、宣传、交流于一体的知识产权司法保护中心，向社会公众宣传立法内容，让群众充分了解这一立法。

（九）重视及时跟进立法后配套制度措施

立法后配套制度措施及时跟进是深圳市立法工作效能保障的关键因素之一。我们可以充分吸收深圳市相关经验，在立法工作中通盘考虑，预先谋划，及时制定出台相关配套制度措施，以提高和保障地方立法效能。

1. 及时制定相关配套文件。深圳市立法中，深圳市各相关部门及时制定相应规范性文件，与正式立法形成配合，提高地方立法的实施效能。例如，针对《个人破产条例》中第 90 条设定的债务人信息公开制度，深圳市市场监督管理局快速反应，及时拟定了债务人信息公开的具体实施规定；针对《知识产权保护条例》的实施工作，深圳市司法局制定了《深圳经济特区知识产权条例实施指导规范》；针对《知识产权保护条例》确立的技术调查官制度，深圳市市场监督管理局（深圳市知识产权局）迅速出台了技术调查官制度的相关内部规范，组织了技术调查官的队伍。通过这些配套制度的完善，保障了立法实施的高效高质。

2. 及时依法成立相关机构。深圳市立法实施中，相关部门积极配合，对于立法规定实施中需要成立机构的，相关部门及时成立新机构；对于需要在原有机构中增设相关职能的，相关部门也迅速落实增设。例如，《个人破产条例》中规定了设立破产管理人以及破产行政管理机构，深圳司法局快速行动，成立了破产管理署，并及时制定配套的破产管理人管理办法，对个人破产管理人的职责进行规定，确立具体行为标准，实现了立法效能的快速提升。

3. 及时依法配备相关设施。深圳市立法实施需要的具体硬件措施，相关部门能够及时配备，实现立法效能的快速提升。例如，《科技创新条例》对科技创新产业用房保障和管理方面做了完善。相应地，深圳市人民政府办公厅快速采取措施，印发了《深圳市创新型产业用房管理办法（修订版）》，保障创新型产业用房，在硬件上保障科技创新条件，推动立法实施效能的提升。

4. 强化政府部门、司法机关等单位的有效配合支持。深圳市立法效能的保障还离不开政府部门在立法实施中的配合支持。例如市人大制定相关法规后，市司法行政部门迅速组织相关人力物力配合实施。在《个人破产条例》中，深圳市司法局迅速成立深圳市破产事务管理署，承担起《个人破产条例》中确立的确定破产管理人资质、监督管理破产管理人、个人破产信息登记与公开等行政职责，推动这一立法的迅速实施。又如，为配合《知识产权保护条例》中技术调查官相关制度，深圳市中院出台了知识产权法庭技术调查官工作规则，首创适用技术调查官全流程参与协助技术类案件审判工作。龙华区基层法院在全国基层法院中首创设立集审判、调解、宣传、交流于一体的知识产权司法保护中心。这些配合措施都有效保障了立法迅速落地生根，提高了立法实施效能。

【专家点评：广东财经大学科研处处长 邓世豹 教授】

在选题方面，该文围绕深圳经济特区立法经验开展研究，为全国地方立法工作提供了高质量借鉴标准。作为改革开放的先锋，中国特色社会主义法治建设的先行者，深圳市自1992年全国人大常委会授权获得立法权以来，从实际出发，服务大局，积极探索，创新立法，为深圳经济特区建设提供了良好的法治保障，也为全国地方立法工作提供了良好示范。该文选择深圳经济特区立法工作机制创新经验和效能作为研究对象，体现了作者对地方立法前沿动态和地方立法工作机制完善的关注，具有创新价值。

在内容方面，该文有体系地总结了深圳经济特区立法的优秀经验，为全国地方立法工作提供可借鉴、可复制的成功经验。首先，从贯彻党领导立法方面归纳总结了深圳市党委立法审查的常态化、制度化经验，如市委的立法计划审核制度、重大立法事项报告制度、重点立法项目表决前研究制度等，为进一步强化党对立法工作领导提供了基础。其次，总结了深圳经济特区在立法工作中广泛借鉴法治文明成果的方法路径，具体分析了对域外经验的甄别、吸取和转化方法。最后，从全过程人民民主角度总结了深圳经济特区立法部门向上及时请示沟通，向下及时吸收民意，注重与同级相关部门的合作等全域沟通协调工作方法，详细介绍了人大、司法行政部门、政协、法院等机关之间立法合作协调的工作机制。总之，该文通过系统论述为读者提供了深圳经济特区先进立法经验的宏观立体图景，构建了深圳经济特区立法工作机制创新的基本框架，为读者提供了较为全面的信息。

在形式方面，该文以有限的篇幅较为全面地梳理了深圳经济特区立法工作经验，体现了作者对该问题的整体把握和系统认识。同时，该文行文流畅，结构合理，符合学术规范要求，能够让读者迅速理解文章内容，把握知识信息，具有较好的可读性。

第六章　法治政府建设率先突破的有益探索

——《广东省法治政府建设与监督办法》立法问题研究

方学勇*

目前，顶层设计更多是以规划纲要（如《全面推进依法行政实施纲要》，《法治政府建设实施纲要》）等政策文件方式推进法治政府建设。以政策文件方式推进的进路有利于及时动态调整法治政府建设的手段方式，但缺少以立法方式就如何推进法治政府建设进行规定也导致其预期性和稳定性不高。《广东省法治政府建设与监督办法》是国内首部法治政府建设领域的综合性规章，探索以法治方式推进法治政府建设。

一　立法缘起与立法指向：困境与问题

正如习近平同志指出的那样，法治政府建设是法治国家建设的主体，对法治社会的建设具有示范引领作用，需要率先取得突破。毋庸置疑，我国法治政府建设成绩前所未有。但肯定成绩的同时也无须回避问题：法治普适性与本土化张力带来了中国法治政府建设所特有的本土场域问题、法治建设的阶段性特征也必然伴随着从器物、制度到观念的一

* 作者简介：方学勇，广东省司法厅公务员（副处长），吉林大学法学博士，研究方向：行政法、法理学。

系列问题。这些问题，从微观方面体现为诸如规范性文件违法、行政执法不公、决策程序虚置、监督行政无力等。从宏观层面比较典型地包括法治政府建设状况的区域差异和层级差异；在区域差异方面，我国当前地方法治现象构成自东向西、由南至北，带有明显区域性和梯度式的地方法治现象图景；这一方面表征发达的经济基础是法治先行发展的前提，也表明相对发达地区对推进地方法治更具有积极性和主观能动性。[①] 在层级差异方面的研究表明，法治政府建设的落实状况与一级行政机关的行政层级呈现正相关。[②] 从以上研究出发，显然法治政府建设的重点和主攻方向应当在基层和经济相对落后地区。

法治政府建设面临的共性问题，在广东有着更为集中的呈现。从宏观上看，广东法治政府建设的区域差异和层级差异都比较突出。一方面，珠三角与粤东西北地区的经济差异非常大。统计显示，不同于东部其他省份，广东省域内部经济差距明显；如 2019 年，广东 21 个地市中只有 7 个地市的人均 GDP 高于全国平均水平，且全部都在珠三角地区；2/3 的地级市人均 GDP 低于全国平均水平。广东省从 2013 年开始，每年开展依法行政考评，通过考评相对精准地测量各地各部门法治政府状况，考评情况显示：与经济差距相对应，珠三角与粤东西北法治政府的差距也较大，珠三角明显好于粤东西北。[③] 另一方面，广东法治政府建设的层级差距也比较大。同样是从 2013 年开始的连续 8 年的依法行政考评显示，越到基层，依法行政水平越有待加强。从微观上看，依法行政考评显示广东法治政府建设主要存在如下问题：一是重大行政决策法定要求未得到严格落实，公众参与演化为公众不参与、专家论证成为专家证成、风险评估成为形式。二是基层行政执法乱象多发，如选择性执法、逐利执法、运动式执法。三是制度建设不规范情况依然存在。如个

---

① 付子堂、张善根：《地方法治建设及其评估机制探析》，《中国社会科学》2014 年第 11 期。

② 方学勇：《法治政府建设年度报告制度：生成逻辑、实践图景与未来展望——基于 324 个地方政府年度报告样本的实证考察》，《理论与改革》2021 年第 6 期。

③ 周馨怡：《东部 5 省均衡度比较：广东 2/3 地市人均 GDP 低于全国》，https://www.163.com/news/article/ELPOURHR0001875N.html，访问时间：2021 年 12 月 12 日。

别地方存在以红头文件设定行政许可情况、个别地方以红头文件架空上位法、个别地方的文件重复、文件冲突情况依然存在。四是信息化、数字化对法治政府建设提出了新的诉求，即数字法治政府建设。五是政府内部行政行为有待规制。现行行政法治更多强调的对外部行政行为的规制，强调对行政相对人权益的保障，强调外部行政程序，但对内部行政程序、行政主体间的内部协调研究不多，行政主体内部间不依法行政行为仍然存在。六是领导干部关键少数法治意识有待加强，不带头守法、不依法决策情况仍然时有发生。七是法治政府建设存在层级、地域不均衡情况。从我省依法行政考评情况看，法治政府建设状况存在层级和地域不均衡情况。从层级看，省市县乡镇四级法治政府状况逐级递减；从地域看，粤东西北与珠三角差异明显。八是行政机关工作人员法治意识有待加强，更多是习惯于听从上级领导要求和行政机关的行政惯例而非依法行事。

可以说，基于广东经济总量最高、人口最多、设地级市最多、省内经济差异最大（珠三角与粤东西北）的特征，广东法治政府建设存在的区域差异与层级差异、存在的问题和弱项都有非常强的典型性，也在一定意义上是全国法治政府建设状况的真实反映。法治政府建设要率先突破，肯定是建立在对现存法治政府建设弱项和问题的突破基础上，广东责无旁贷应当承担率先探路和突破，这也是《办法》立法的原意和指向。

二　《办法》的立法理念与制定过程

（一）立法理念

理念引领实践。在宏观层面，《办法》在立法中体现深入学习贯彻习近平法治思想、加强党的领导等重要内容；在微观层面，主要遵循以下立法理路：

一是以行政自制理念统率立法全过程。行政自制是吉大崔卓兰等教授提出的，意指行政主体自发地约束其所实施的行政行为，使其行政权在合法合理的范围内运行的一种自主行为，即行政主体对自身违法或不当行为的自我控制，包括自我预防、自我发现、自我遏止、自我纠错等一系列下设机制。自制的主体是政府自身、对象是行政权、基本动力来源于政府及其公务员的道德意识。① 之所以在立法中直接以学界的行政自制概念涵涉整个立法，是因为：一方面是行政自制更符合行政权相对强大的社会现实，政党权以外的其他权力（权利）制约监督行政权的现实效果与监督机制都有待进一步完善；另一方面，行政自制有强大实践基础，比如从中央到地方以五年为周期出台的法治政府建设的纲要、年度法治政府建设工作要点、权责清单、证明事项清单、各个部门都普遍制定并出台的自由裁量权量化清单、省域普遍开展的法治政府考评、法治政府示范创建等都是行政自制的现实呈现。基于以上事实，《办法》在尊重现实的基础上更加突出行政自我控制的实现。

二是以系统性思维推进法治政府建设。钱学森院士提出“法治系统工程”这一跨学科、跨领域、跨时代的科学概念，通过系统科学向法学界传递了应采用系统方法和现代科学技术的信息。生态系统学认为系统内部诸要素之间应当保持动态平衡与协调。如果借鉴系统学的观点和方法，将法治政府建设放到行政运作乃至体制运作这一更为广阔的背景下予以整体性考察，显然法治政府建设也是在一定的生态和系统中运行，受一定系统所制约；要使法治政府建设真正得以有效推进，必须尊重法治政府建设的各个环节、各个部分，整体推进，而不能简单地偏重某一部分。目前，广东省行政法治建设还更多是以单兵推进的方式，如制定行政检查办法、行政执法监督条例、法律顾问办法、重大行政决策程序规定等都侧重解决某一问题；单兵推进的方式适合法治初创阶段，但当法治政府建设到了一定阶段之后，就应当更加强调法治政府建设的整体性与协同性。因此，在立法的过程中，我们借鉴系统论的观点，从法治政府建设的全生命周期出发，既考虑行政运作中存在的行政决策、行政

① 崔卓兰、刘福元：《行政自制——探索行政法理论视野之拓展》，《法制与社会发展》2008 年第 3 期。

执行、行政监督、行政主体、行政行为、行政救济全领域；也审视法治政府建设涉及的行政立法、行政执法、行政司法、普法与依法治理全链条；既在行政系统内部的行政自制上发力、也在行政系统外部监督发力；既注重对外部行政行为的规制也探索推进对内部行政行为的规制。

三是为制定全国行政法典（总则）探路。我国现有的行政法律规范相对分散，对行政行为通用规则缺乏法律的统一且明确的规定。碎片化的行政立法，是导致行政机关各自为政乱象的主要原因之一。面对进一步深入推进依法行政，加快建设法治政府，如期实现法治政府基本建成的奋斗目标，行政立法的碎片化急需体系化探索。从 2018 年开始，理论界便提出行政立法法典化是避免各自为政的治本良药。相较于单行法律创制，法典化的立法逻辑更具系统性、完整性和复杂性；行政立法法典化，可以减少法律规范之间的冲突，从源头上防止行政管理中因职权不清、相互推诿或者争权夺利导致的各种行政争议发生。就行政立法法典化，学界提出两条路径：一条路是问题性立法，即为了解决某种现实问题而制定专门的法律。如面对“乱处罚、乱罚款”的现实制定行政处罚法；在“行政许可过多、过滥”时制定行政许可法；鉴于“既存在对某些严重违法行为因缺乏强制手段处理不力的情况，也存在行政强制手段滥用的情况”制定行政强制法。在行为法上制定行政的共通法已经成为中国行政法的一大特色。同时，对于今后的法典化方向，《法治中国建设规划（2020—2025 年）》具体指出：“健全规范共同行政行为的法律法规，研究制定行政程序法。”即行政法法典化的方向之一是先行制定行政程序法。对于行政程序法进路，目前已经比较成熟；成熟的典型标志之一便是已经有不少省份先行制定了省域范围的行政程序规定，如湖南省行政程序规定等。另一条路是体系化立法，即按照行政法学的体系设想，将行政法方方面面的规范统合起来，形成门类齐全、体系完整的统一法典。① 行政立法法典化是一项浩大的工程，行政

① 郭修江、杨科雄、王佶腾：《新时代行政立法的法典化》，《人民法院报》2021 年 2 月 5 日第 5 版。

法规范既有一般行政法律规范，又有部门行政法律规范，一般可以分为总则编和分则编两部分；在目前条件尚不成熟时，宜先行制定行政法总则。而对于行政法总则，则目前尚无相关省份制定出台过，也无先行试点；《办法》是法治政府建设领域的综合性立法，某种程度具有行政法总则的性质，因此制定《办法》，也是对全国制定行政法典（总则）的探路之举。

（二）制定《办法》的过程

《办法》是广东省政府 2019 年的规章预备计划，是 2020 年和 2021 年省政府规章立法正式计划。为科学、合理地制定《办法》，广东省政府成立了研究起草小组并着手开展相关工作。

一是开展《办法》的前期论证和起草工作。通过各种渠道广泛收集第一手资料，理清研究思路，不断完善办法的框架，以中共中央、国务院一规划两纲要及相关法律、法规和省委、省政府有关文件为基础，认真总结我省依法行政工作经验，参考广州等省市已经制定出台的相关法规、规章如依法行政条例等，对法治政府建设涉及的行政决策、行政执法、依法行政的保障、依法行政的监督、法律责任等做了具体明确，并形成《办法》初稿。

二是广泛征求各方面意见。《办法》的初稿形成后，即书面征求了全省 21 个地级以上市人民政府，以及省直部门等的意见，并向社会公开征求了意见。根据各方面反馈的意见和建议，起草小组对《办法》进行认真修改。

三是组织开展专题调研。为全面了解、学习、借鉴兄弟省市在推进法治政府建设立法工作方面的成功经验，派员赴湖南、珠海等省市进行了学习考察，并参考借鉴了相关省市的做法。

四是组织召开专题座谈会。为广泛听取基层各方面的意见和建议，组织召开了专题座谈会，现场听取意见和建议。通过召开座谈会、征求意见会等多个环节，对《办法》做了进一步修改完善。

三　《办法》的创新点

《办法》以行政自制理念和系统观念主导，围绕法治政府的建设与监督两个方面展开，法治政府建设强调正面激励引导、奖励促进各地各部门推进依法行政、激发法治政府建设的内生动力；法治政府监督强调从反面鞭策各地各部门依法行政，对可能的违法行政予以监督；《办法》主要有如下创新点。

1. 探索开展对政府内部行政行为的治理。目前行政法治注重对外部行政行为的制约监督，如对红头文件的治理注重对规范性文件的管理、对政府重大行政决策的治理侧重对外部决策行为的监督、对行政执法行为的监督更是如此。这一方面是由于外部行政行为同行政相对人利益紧密相关，确实应当给予更大的关注；另一方面也同行政法治深入人心的“特别权力关系”理论紧密相连；同时，也同追求“不出事”的超稳定施政理念紧密相关。毫无疑问这种倾向有利于保障行政相对人的合法权利，也符合行政法治推进初期的现实需要；但在行政法治日趋完善的当下，在注重对外部行政行为规制的同时，也应当花更多精力推进对内部行政行为的规制。鉴此，在《办法》中，探索开展了对内部行政执法权限争议、跨部门联合执法、跨区域协调立法执法、行政司法争议、联合印发规范性文件、容错机制等原则性规制。

2. 对行政法治前沿问题作出原则性规定。从出生到死亡，现代社会公民都在同行政法治打交道；社会的日新月异，对行政法治提出了新的更高要求；自动化行政、数字法治、大数据等新兴领域也是政府规制必须面临的全新挑战。《办法》对相关行政法治新兴领域作出原则性规定，明确数字法治与深入推动法治政府建设的衔接，为将来进一步立法预留接口。一是明确以大数据画像方式推动法治政府考评。要求健全数据共享机制，将行政系统内部掌握的依法行政相关数据如法院系统掌握的行政机关败诉数据、相关媒体掌握的依法行政相关数据、第三方机构数据予以整合，形成各地各部门法治政府建设状况的大数据画像，真实呈现各地各部门法治政府样貌，更好倒逼推进法治政府建设。二是要求形成法治政府建设的量化标准。黄仁宇将数目字管理视为治理现代化转型的重要抓手；《办法》借鉴企业标准化流程管理，提出将法治政府建设的具体要求如决策法定程序等形成标准化流程，以标准化流程指南指引形成刚性约束机制，倒逼依法行政。三是探索推进政府信息公开的容错机制。

3. 系统总结广东法治政府建设的实践探索经验。广东法治政府建设位于全国第一梯队，这种既有社会公众的主观感受，也有社会第三方的客观评价，如在中国政法大学法治政府研究院法治评估中、法治政府奖获奖名单中都位列前茅；取得的历史成就有目共睹，这些成绩的取得既有来自顶层的制度设计，也有很多来自基层一线的实践探索，积累了不少实践经验；如广州在全国最早出台依法行政条例，广东在全国率先开展法治政府建设示范创建工作，在全国率先以政府规章形式出台依法行政考评的相关办法，在政务公开、数字法治政府、内部行政法治等方面也有一些可圈可点的内容，对这些法治政府建设的实践探索，有必要通过地方立法将相关制度成果和实践经验进行总结提升，并以规章形式形成制度化设计后予以推广。这种法治政府建设的广东地方性知识将为全国法治政府建设提供可借鉴的经验。

4. 问题导向，推进法治政府建设率先突破。习近平总书记在中央全面依法治国工作会议、依法治国委员会会议上强调，要推动法治政府建设率先突破；同时强调指出，一些地方运动式执法、“一刀切执法”仍时有发生，执法不作为问题突出。目前，我省法治政府建设也还存在着比较多的问题，如少数地方和少数领导干部依法行政意识不强；不同地区、不同部门推进依法行政的进展不够平衡；个别地方和部门依法行政工作重点不突出、措施不得力；依法行政工作力度自上而下逐级递减的状况还比较明显；基层依法行政能力建设与行政机关工作人员的法律素质和依法办事能力有待提高。这些问题都表明我省法治政府建设仍不能完全适应新发展阶段进一步优化法治化营商环境，推进高质量发展的新要求。因此，必须切实贯彻落实习近平法治思想和重要指示批示精神，继续在推进法治政府建设率先突破、深入推进综合行政执法改革、加强行政执法规范化建设，打造法治化营商环境上有新思路、新作为、新成效，通过法治政府建设领域的综合性立法在新时代新阶段着力破解依法行政的顽瘴痼疾。

5. 着力破解法治政府建设层级和区域不均衡问题。法治政府建设的重点和难点都在基层。就层级而言，核心是推进县域和乡镇（街道）基层依法行政水平；就区域而言，核心是提升粤东西北法治政府建设水平。为破解层级不均衡问题，一方面全力推进基层司法所建设，将司法所打造成基层法治政府建设的堡垒；另一方面全力推进数字法治政府建设，通过数字法治最大限度控制基层权力特别是基层执法权滥用。为破解区域法治政府建设不均衡问题，尝试不用同样的法治标准和制度执行标准要求经济体量和经济水准不同的地市，而应尽可能尝试根据不同层次的经济状况划分不一样的制度执行标准，尊重法治的区域性知识。另一方面，基于珠三角、粤东西北区域经济标准大体相对不均衡现实，划分珠三角和粤东西北两类地区分类推进法治政府建设。

【专家点评：广东外语外贸大学广东省地方立法研究评估与咨询服务基地 古小东 教授】

在选题意义方面，该文站在法治国家建设的高度，关注了《广东省法治政府建设与监督办法》的立法实践，指出其为国内首部法治政府建设领域的综合性规章，探索以系统性思维和法治方式推进法治政府建设，对推动广东省法治政府建设率先突破具有重要的意义。该文选题有一定的高度、新颖性和创新性，具有很好的理论和实践指导意义。在内容结构方面，该文首先结合广东省区域发展不平衡、法治政府建设存在区域差异与层级差异等现状与问题，阐述了《办法》的立法缘起与立法指向；进而分析了《办法》的行政自制统率立法全过程、系统性思维推进法治政府建设、为制定全国行政法典（总则）探路等立法理念，以及制定的过程；最后研究认为《办法》的创新点主要包括探索开展对政府内部行政行为的治理，对行政法治前沿问题作出原则性规定，系统总结广东法治政府建设的实践探索经验，以问题导向推进法治政府建设率先突破，以及着力破解法治政府建设层级和区域不均衡问题。该文内容丰富，既有理论指引，同时能结合广东省的实际。结构合理，逻辑自洽。在论证表达方面，该文论证严谨，参考文献引注规范，数据翔实，资料可靠，语言表达清楚流畅。

总体而言，该文选题有一定的高度、新颖性和创新性，内容丰富，结构合理，论证严谨，表达流畅，对推动广东省法治政府建设以及法治国家建设具有很好的理论意义和实践指导意义。

第七章 《中国（广东）自由贸易试验区条例》立法创新的成效研究

——基于对前海、南沙、横琴三大片区的调研

贺亚宜　叶洁双[*]

广东自由贸易试验区于2014年12月31日经国务院正式批准设立，涵盖广州南沙新区、深圳前海蛇口、珠海横琴新区三大片区。广东自贸试验区的主要战略定位是“在新形势下推进改革开放和促进内地与港澳深度合作，加快政府职能转变、积极探索管理模式创新、促进贸易和投资便利化，为全面深化改革和扩大开放探索新途径、积累新经验”①。广东省第十二届人民代表大会常务委员会第二十六次会议于2016年5月25日通过并公布《中国（广东）自由贸易试验区条例》（以下简称《自贸区条例》）。该条例自2016年7月1日起施行，在2019年11月29日得到修订。

一　《自贸区条例》的主要立法创新

《自贸区条例》属于地方性法规的范畴。根据《立法法》第73条，地方性法规的主要任务是执行法律、行政法规的规定，根据本行政区域

＊ 作者简介：贺亚宜，广东外语外贸大学讲师、北京大学法学博士，研究方向：宪法学；叶洁双，广东外语外贸大学法学院19级本科生。

① 参见《国务院关于印发中国（广东）自由贸易试验区总体方案的通知》（国发〔2015〕18号）第1条。

的实际情况作出具体规定，以及对地方性事务作出规定。[①] 在我国的法律体系中，地方性法规主要扮演“承上启下”的角色，“承上”意味着要适应而不得背离上位立法，除法律、行政法规外，从国家机构的组成和运行原理看，地方性法规的内容也不得与国务院决定相左。“启下”则对其规则的明确性、可操作性提出较高要求。广东省人大常委会从这一定位出发，所制定的《自贸区条例》有以下主要立法创新。

（一）政府职能转变方面

《自贸区条例》将政府职能从“管理”转变为“服务”方面的最大创新在税收领域。

就强化服务意识而言，其代表性举措是广泛推行税收事先裁定制度，使纳税人对自身的税收负担形成稳定预期，从而激发交易活力和创新动力。基于税收法定原则，纳税人就一项交易所应承担的纳税义务系由税法所决定，但由于纳税人通常不是税法专家，其在交易之前很难准确知晓自身应尽纳税义务，这便影响其对交易成本乃至成本收益比的判断。税收事先裁定便是为了缓释这方面风险而得以产生的一项制度，概括来讲，其是这样一套机制：纳税人就其未来交易安排如何适用税法，向税务机关提出申请，税务机关审查后向其发布解释性文件。究其实质，税收事先裁定是税务机关向纳税人提供的个性化服务。《国家税务总局广州市南沙区税务局复杂涉税事项税收事先裁定暂行办法（试行）》于2020年7月开始施行，为在该片区广泛推行税收事先裁定提供了制度支持。

（二）管理模式方面

就打造广东自贸试验区成为“新一轮改革开放先行地”而言，首先，《自贸区条例》在第二章“管理体制”的部分提出要积极向中央层面争取先行先试的机会，同时在省内的部分，赋予自贸试验区片区管理

---

① 参见《立法法》第73条。

机构相对较大的制定、实施创新措施的权限①。

其次，《自贸区条例》在第五章“金融创新与风险监管”的部分，强调在风险可控、加强监管的条件下，着力推进包括人民币跨境使用、本外币账户管理、外汇资本项目可兑换、人民币双向融资等在内的一系列金融创新。

最后，《自贸区条例》在第七章“综合管理与服务”的部分，通过多项制度安排理顺政府与市场的关系，为市场化改革举措的推行营造了有利的制度环境，如《自贸区条例》第63条提出“实行以事中事后监管为主的动态市场监管方式，法律、行政法规未规定检查的，有关主管部门不得擅自开展检查”，这在很大程度上避免了各级部门对市场活动干预过多的状况，有利于激发市场主体的活力。

（三）贸易和投资便利化方面

在“一带一路”倡议中，广东有着不可替代的地位，而《自贸区条例》在助力“一带一路”建设中发挥了重要作用。就打造广东自贸试验区成为“21世纪海上丝绸之路重要枢纽”而言，《自贸区条例》采取了双管齐下的做法。一方面，《自贸区条例》在第三章“投资开放与贸易便利”中，明确提出要在现代服务业和先进制造业领域扩大开放，逐步减少或者取消对国内外投资的准入限制，为此，该章多个条文立足于扩大开放，如第21条明确自贸试验区对外商投资实行准入前国民待遇加负面清单管理模式，第23条要求实行一点接入、一次申报、一次办结的国际贸易单一窗口服务模式，第23条确立了海关监管一线放开、二线安全高效管住的原则，等等。另一方面，《自贸区条例》在第六章也以较多条文凸显自贸试验区与“一带一路”沿线国家的合作。总体上看，第三章的规定旨在提高自身的开放水平，第六章的相关内容则定向加强与“一带一路”沿线国家的合作，二者可视为“一般和特殊”“面和点”“内部和外部”等辩证统一关系的制度实践。两相结合，

---

① 参见《中国（广东）自由贸易试验区条例》第6—19条。

能更为扎实地推动自贸试验区成为21世纪海上丝绸之路重要枢纽。《自贸区条例》在第六章以多个条文凸显深化粤港澳合作的意旨，如第47条明确，自贸试验区应当在国家确定的框架下，推进粤港澳服务贸易自由化，在金融服务、交通航运服务、商贸服务、专业服务、科技文化服务和社会服务等领域，取消或者放宽对港澳投资者资质要求、股比限制、经营范围等准入限制措施。①

总而言之，根据《粤港澳大湾区发展规划纲要》，粤港澳大湾区的战略地位之一就是内地与港澳深度合作示范区。这些举措为粤港澳大湾区建设提供有力的制度支撑。

二　《自贸区条例》对自贸区片区的积极影响

《自贸区条例》实施以来，前海、南沙、横琴三大片区均得到了较明显发展。

（一）政府的“服务性”增强

“政府职能转变”是贯穿《自贸区条例》的重要追求，三大片区也分别在这方面有所作为。

首先，管理机构本身探索纳入市场化因素。如前海片区建立了一种“机构法定化＋运行机制企业化”的模式，设立管理局。一方面，深圳本身是经济特区，根据《立法法》规定享有地方立法权，其通过行使地方立法权设立的管理局因而属于法定机构，在法律定位和职权方面均较稳定；另一方面，其推行企业化的组织运行机制，从而将体制内的强大动员能力与市场化的活力效率有机结合，能更好地服务于市场主体。

其次，在政务服务中大量应用新技术。各片区的政务App已普遍推行，极大地便利了市场主体及时、高效地享受各项政务服务。在此基础上，各片区纷纷将大数据、人工智能、区块链、数字货币等新技术应用

---

① 参见《中国（广东）自由贸易试验区条例》第47条。

于政务服务，如前海片区推行前海的 VR 办税、横琴片区建立基于区块链技术的新冠肺炎疫情防控平台等皆是这方面的典型表现。

（二）营商环境得到优化

一是投资和服务环境不断优化，广东自贸试验区在全国范围内推出首份“专业服务负面清单指引”，推动实施跨境服务贸易“负面清单”，在全国率先实现“二十证六章联办”，将商事登记窗口延伸到港澳等境外国家和地区，实现外商投资商事登记离岸办理远程注册，自挂牌设立以来，广东自贸试验区注册市场主体居全国自贸试验区首位，集聚了全省 1/6 的进出口和 1/3 的实际外资，成为全国全省开放型经济发展的新高地。

二是跨境贸易便利化程度显著提升，实施了全国最短的外商投资负面清单（30 项），超过 99% 的外资项目以备案方式准入，基本实现外资准入前国民待遇，同时，在一些具体领域还有不少创新举措，如启动“粤港澳大湾区冷链配送”业务，为国内、香港、澳门的进出口冷链食品提供接货、关务、保税仓储和港澳配送服务。

三是涉外综合服务平台初步搭建起来，如南沙片区已搭建“一带一路、粤港澳大湾区、国际营商通”涉外综合服务平台，为境外人员提供在南沙居住、就业、发展等主题内容咨询、政务服务指引及业务受理等“一站式”服务。

四是亮点举措免除市场主体的后顾之忧，这主要指深圳推出个人破产制度，使“诚实而不幸”的市场主体得以相对平稳地“着陆”，这种兜底保障的思路有助于激发市场活力。

（三）法治更健全

立法、执法并重，境内、境外共举，整体改进和亮点凸显兼顾。

其一，既重视规范制定，如前海片区大力推进建章立制的工作，《深圳经济特区前海蛇口自由贸易试验片区条例（送审稿）》《深圳经济特区前海深港现代服务业合作区条例（修订送审稿）》等起草工作持续推进；又强调执法效能的提升，建立新型综合治理体系，各片区统筹整合工商、税务、质监、司法、城市管理等执法职能成立综合执法局，构建了“一支队伍管执法，一个标准走流程，一个平台办案件”的集中统一执法体系，如南沙片区通过“1+1+9+N”的部门配合，提高行政复议与调解工作效能。

其二，国际化法律服务水平不断提升，借鉴港澳经验开展审判、检察制度创新，组建一批行业专业性民间商事调解机构。

其三，在知识产权等重点领域，在法律保障和法律风控等方面的创新力度较大，如南沙片区出台全国自贸区首部知识产权促进和保护办法——《广州南沙新区（自贸片区）知识产权促进和保护办法》。

其四，打造多元化纠纷解决机制，积极推进综合性司法改革，实行港籍专家陪审员制度，前海法院还探索适用域外法审理涉外商事案件。同时，自贸区成立了全国国际化程度最高的国际仲裁院，来自港澳台和国外的仲裁员超过40%，并相继设立知识产权法庭、海事物流仲裁中心、金融仲裁中心等专业性审判和仲裁机构，最高人民法院在前海设立全国唯一的法律查明中心，填补了国内域外法律查明机制的空白。

（四）金融创新更明显

在推动金融创新方面，广东自贸区在引进重点持牌机构落户方面成效显著，这离不开有力的制度支撑，如南沙片区在2020年2月、8月分别制定《关于落实“三区一中心”战略部署优化提升广州南沙新区（自贸片区）“1+1+10”产业政策体系文件的通知》《关于优化提升广州南沙新区（自贸片区“1+1+10”产业政策体系文件之金融服务业发展扶持办法的实施细则）》，对重点持牌法人金融机构、重点发展金融企业、特色金融企业给予奖励，奖励范围涵盖35个金融业态，极大地鼓励了金融创新。此外，深圳在数字货币的研究和落地应用方面走在全国前列，商务部于2020年8月印发《全面深化服务贸易创新发展试点总体方案》，粤港澳大湾区等地率先开展数字人民币试点，由此可见相关地区在这方面的工作确实居于全国领先地位。进言之，广东自贸试验区在推动金融创新方面将重心置于打造金融对外开放试验示范窗口，这方面的成效十分突出。广东自贸试验区制定跨境人民币、外汇管理改革实施细则，率先开展跨境人民币贷款、全口径跨境融资宏观审慎管理、跨境人民币资金池、跨境资产转让等重大改革试点，复制 FT 账户体系，建立“一线宏观审慎二线有限渗透”资金管理，广州、深圳、珠海开展 QFLP 业务，全国重要的资本项目改革创新试点几乎都在广东自贸试验区先行先试。促进贸易和投资便利化，实行外债资金意愿结汇、资本项目收入支付便利化、更高水平贸易投资便利化以及简化经常项目外汇收支手续、优化贸易外汇登记等改革，2016—2019 年南沙、横琴片区企业涉外收支年均增长率 18.4%，人民币占本外币跨境收支的八成。

三 《自贸区条例》的不足之处

虽然《自贸区条例》的立法者有意将自贸试验区作为争取先行先试政策的依托，这合乎“改革开放先行地”的战略定位。然而，囿于《自贸区条例》只是一部地方性法规的客观实际，其没有也不可能对到底如何争取先行先试政策作出明确的制度安排，故而部分规定更多停留在宣示层面。最主要的不足在各级政府沟通协调机制设计上不够健全。

首先是自贸区各层级政府与中央驻粤单位的沟通协调机制存在两方面问题：第一，其所列举的单位有海关、海事、海警、港务、金融监管等部门，该范围略有偏窄之嫌，如税务机关便未被纳入其中，在 2018 年以前，税务机关有国税、地税两套体制，在 2018 年的机构改革中，国税地税机构合并，实行以国家税务总局为主与省（区、市）人民政府双重领导管理体制，通常还是认为其属于垂直管辖的部门。第二，推进投资开放、贸易便利和金融创新等方面的改革创新措施，主要是须同有关的国家部委乃至国务院进行沟通，能否借自贸试验区的设立和运行与之建立相对稳定的沟通管道，值得认真考量，但这在《自贸区条例》层面的可着墨之处十分有限。

其次，省、市和片区管理机构的职权划分尚未完全捋顺。自贸试验区在常规的省市政府的架构之外，另设有片区管理机构，其履行职能时需要有一定的省级、市级管理权限，这便产生了省市政府和自贸试验区片区管理机构权限划分的问题。条例对该问题的规定较为原则，其第11条和第12条分别站在省市政府和片区管理机构的角度，提出了基本的处理原则。也即，一方面，除法律、行政法规明确规定不能委托行使的以外，省、市人民政府可以委托自贸试验区片区管理机构行使属于省、市人民政府的管理权限；另一方面，自贸试验区片区管理机构可以根据发展需要，提出行使省级、市级管理权限的目录，依照法定程序报有权机关批准后实施，并向社会公布，同时，其在职权范围内制定、实施的重大创新措施，报片区所在市人民政府、省自贸试验区工作办公室备案。但诚如本报告前文已述及，相关规定过于模糊，不具有可操作性。实践中，除《自贸区条例》中出现的机构外，还存在“省大湾区办”和“粤港澳合作联席会议”等工作机制，此二者的角色是什么、有哪些职责、与其他机构间的关系怎样，都应当在《自贸区条例》中予以明确。

【专家点评：广东外语外贸大学广东省地方立法研究评估与咨询服务基地 谢宇 博士】

《中国（广东）自由贸易试验区条例》的制定和实施为打造“新一轮改革开放先行地”提供了制度支持；通过将广东自贸试验区打造为“21世纪海上丝绸之路重要枢纽”，有力推动了“一带一路”建设；通过将广东自贸试验区打造为“粤港澳深度合作示范区”，有效推动了粤港澳大湾区建设。文章基于对前海、南沙、横琴三大片区的调研，探讨了《中国（广东）自由贸易试验区条例》的主要立法创新、对自贸区片区的积极影响，并指出了该条例存在的不足。文章选题具有较强的理论和实践意义，结构较为合理，逻辑较为清晰，论证相对充分，为地方立法机关完善该条例提供了有益的参考借鉴。

第八章　走在全国前列具有广东特色的行政检查制度

——《广东省行政检查办法》立法实践研究

张　裕*

为了贯彻党中央、国务院规范执法监管行为、营造平等保护法治环境的相关部署，规范行政检查行为，营造法治化营商环境，提升对行政执法的社会满意度，2020 年 4 月 9 日，广东省在全国率先出台了《广东省行政检查办法》（省政府令 272 号，以下简称《办法》），于 2020 年 6 月 1 日起施行。《办法》制定的目的是规范行政检查行为，促进严格规范公正文明执法，保护公民、法人和其他组织的合法权益，维护公共利益和社会秩序，营造法治化营商环境。

一　行政检查的立法意义

在我国，行政检查是行政执法的一种重要方式。作为一项重要的法律制度，没有像行政处罚、行政强制、行政许可那样有《行政处罚法》《行政强制法》《行政许可法》提供专门的制度支撑，《行政处罚法》《行政强制法》《行政许可法》《行政复议法》《行政诉讼法》为行政机关实施行政检查、行政处罚、行政强制行为提供了共同的法律规范，仅

* 作者简介：张裕，广东省司法厅行政执法协调监督处工作人员，公职律师，《广东法治研究》编辑委员。

可作为行政检查的法律渊源。党的十八届四中全会通过的《中共中央关于全面推进依法治国若干重大问题的决定》明确"坚持严格规范公正文明执法。完善执法程序，建立执法全过程记录制度。明确具体操作流程，重点规范行政许可、行政处罚、行政强制、行政征收、行政收费、行政检查等执法行为"。《法治政府建设实施纲要（2015—2020年）》和《广东省法治政府建设实施纲要（2016—2020年）》均明确要"完善行政执法程序，制定行政执法程序规范，明确具体操作流程，重点规范行政许可、行政处罚、行政强制、行政征收、行政收费、行政检查等执法行为"。为此《中共广东省委贯彻落实〈中共中央关于全面推进依法治国若干重大问题的决定〉的意见》提出"完善行政执法程序。规范行政许可、行政处罚、行政强制、行政征收、行政收费、行政检查等执法行为。健全行政执法表明身份、调查取证、告知、听取申辩、审查决定、送达等行政执法工作程序"。在中央的顶层制度设计之下，出台《办法》，有如下重要意义。

（一）坚持问题导向，聚焦当前营商环境存在的突出问题。近年来我省在深化"放管服"改革、推进依法行政工作方面虽然取得明显成效，但在一些地方或者领域一定程度上还存在检查任性和检查扰企、执法扰民、执法不公等痛点难点问题，对我省营造公平竞争发展环境带来不利影响。2019 年以来国家层面陆续出台《优化营商环境条例》《加强和规范事中事后监管的指导意见》《关于营造更好发展环境　支持民营企业改革发展的意见》，对坚持严格规范公正文明执法，营造平等保护的法治环境提出新要求。省委也刚刚印发了《关于深化乡镇街道体制改革完善基层治理体系的意见》（粤发〔2019〕27 号）。出台《办法》，严格规范行政检查行为，着力提升政府监管的公平性、规范性和有效性，保护公民、法人和其他组织的合法权益，打造我省法治化营商环境，意义重大。

（二）先行先试，探索完善行政执法规范制度。中央《法治政府建设实施纲要（2015—2020 年）》和《广东省法治政府建设实施纲要（2016—2020 年）》均明确要制定行政执法程序规范，明确具体操作流程，重点规范行政许可、行政处罚、行政强制、行政征收、行政收费、行政检查等执法行为。目前，国家层面对行政检查行为尚未立法，其他省（自治区、直辖市）也尚未出台统一的行政检查规范制度。广东在全国率先出台规范行政检查行为的省级政府规章，依法规范行政检查行为，是贯彻落实中央全面依法治国部署，是推进严格执法、理顺执法体制、完善执法程序的地方立法实践，是在国家《行政许可法》《行政处罚法》《行政诉讼法》《行政复议法》《行政强制法》的基础上，先行开展行政检查地方立法的重要探索，对推动广东法治政府建设走在全国前列，完善我国的行政法律制度体系具有重要意义。

（三）突出广东特色，推进行政执法信息化建设。行政执法信息化必须以行政执法规范化、标准化为前提。根据省委、省政府部署，广东省正依托“数字政府”云平台，以规范行政检查、行政处罚、行政强制三种行政执法行为为重点，抓紧推进建设。《办法》依法明晰行政检查基本流程和行为规范，是推进“广东省行政执法信息平台和行政执法监督网络平台”建设的重要基础和前提条件。

二　行政检查立法的主要亮点

《办法》对广东省行政区域内行政执法主体依照法定职权，对公民、法人、其他组织遵守法律、法规、规章和执行行政命令、行政决定情况进行了解、调查及监督的行为进行规范，共 7 章 45 条，主要有五个亮点。

（一）明确行政检查的启动程序和原则。明确行政主体可依照法定职权开展日常检查，也可根据投诉举报、上级交办、其他机关移送等案件线索或者重点领域治理部署开展专项检查。发生或者预警即将发生突发事件时应当及时采取行政检查应急措施。行政检查遵循依法实施、权利保障、高效便民、廉洁透明的检查原则，防止随意检查、检查扰企、执法扰民。

（二）建立行政检查清单管理制度。着力解决重复检查、检查任性、执法不公等问题，《办法》明确规定行政检查事项清单应当同省政务服务事项目录管理系统记载的权力事项保持一致，推行“综合查一次”制度，对全国信用信息共享平台核查信用优良的可以减少检查频次，明确了合并检查、联合检查、跨区域检查等组织方式。加大关系群众切身利益的重点领域执法力度，明确对直接关系食品安全、药品安全、公共卫生、安全生产、自然资源保护、生态环境保护等重点领域治理的，被多次投诉举报或被列入经营异常名录等情形，实行全覆盖重点检查。

（三）大力推进行政执法信息化建设。根据省委、省政府部署，广东省依托“数字政府”云平台，以规范行政检查、行政处罚、行政强制三种行政执法行为为重点，大力推进“广东省行政执法信息平台和行政执法监督网络平台”建设。《办法》要求推动行政检查全过程网上流传，实现违法线索互联、检查结果互认等信息互通互联、资源共享；明确行政检查可以通过信息共享、“互联网＋监管”等方式进行的，原则上不再进行现场检查；同时规定市场监管领域的行政检查应当通过“双随机”抽查的方式进行。

（四）切实保障检查对象权益。国务院《优化营商环境条例》第59条对规范普遍停产停业措施作出规定，但没有明确有权批准普遍停产停业的具体机关层级。执法“一刀切”是企业反映强烈的痛点问题，部分政府主管部门在清理整顿、专项整治时，采取一些敷衍应付、简单粗暴的处理措施，没有根据实际情况指导企业整改，发现一家企业有问题就要求整个园区或者整个行业整改，不考虑由此可能给企业主体造成的损失。为进一步规范普遍停产停业措施的实施程序，切实保护企业的合法权益，避免干预市场主体正常经营活动，《办法》明确要求行政检查不得妨碍检查对象的正常生活和生产经营活动，不得重复检验、检疫、检测和技术鉴定，禁止检验扰民。坚决排除地方和部门保护主义，明确规定不得以实施行政检查为由，限制或者变相限制其他地区的个人或者企业到本地区从事生产经营和提供服务，或变相限制其他地区的商品进入本地区市场。开展清理整顿、专项整治等活动时应当严格依照法定的权限和程序实施行政检查。除涉及人民群众生命安全、发生重特大事故或者举办国家重大活动并依法报经有权机关批准外，不得在相关区域采取要求相关行业、领域的市场主体普遍停产、停业的措施。

（五）注重行政检查的风险评估。行政执法是国家治理体系的重要内容和组成部分。由于目前行政执法中的不规范、不严格、不公正问题尚未彻底解决，严重损害了党的形象、政府公信力和人民群众切身利益。特别是个别执法单位执法作风简单粗暴，方式方法单一、滞后，极易引发群体性事件甚至政治事件。因此，在行政检查中建立健全行政检查风险预防和处置机制，对行政检查可能对人身自由、生命健康、重大财产权益等方面造成不利影响的情形及时进行风险评估，确保行政执法工作服从服务于防范化解重大风险大局。《办法》明确行政检查可能对人身自由、生命健康、重大财产权益等方面造成不利影响的，应当及时进行风险评估；作出行政处理决定涉及重大公共利益、可能造成重大社会影响或者引发社会风险的，应当按规定进行法制审核；行政检查过程中引起不稳定因素或者造成社会负面舆情等执法风险的，应当及时应对、妥善处理，并按规定程序上报。

三　规范行政检查行为方面的主要亮点

（一）明确行政检查包括日常检查和专项检查两类，遵循依法实施、权利保障、高效便民、廉洁透明的检查原则，防止随意检查、检查扰企、执法扰民。

（二）明确并优化了行政检查程序。按照行政检查的制度设计，明确了行政检查的基本流程，为行政机关提供明晰的执法操作指引。（如图 8－1 所示）

（三）实行执法重心下移。规定行政检查权原则上由法定最低一级行政执法主体行使；上级行政执法主体负责本行政区域有较大影响的或者跨区域的行政检查。

（四）清单管理制度。要求行政检查事项要与省政务服务事项目录

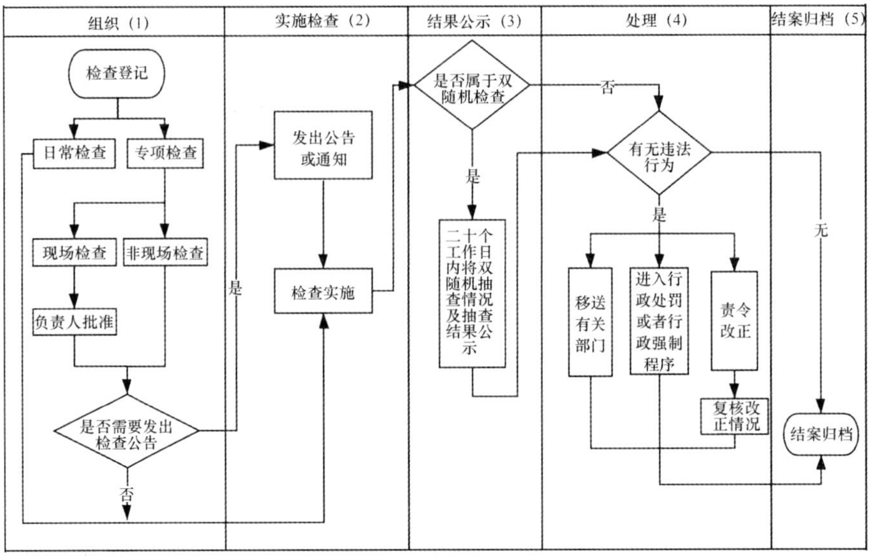

图 8－1　行政检查流程

注：根据《广东省行政检查办法》第 21 条第 2 款规定，日常检查批准程序可以按本单位的管理制度执行。

管理系统记载的权力事项保持一致，既方便社会监督，也确保行政检查工作适应国家关于加快推进全国一体化在线政务服务平台建设和“互联网＋监管”建设有关要求。

（五）信用监管制度。规定对被多次投诉举报的，被列入经营异常名录或者有严重违法违规记录等情况的以及其他在日常监管中发现需要重点检查的检查对象或者执法事项，依法依规实行全覆盖重点检查。对全国信用信息共享平台核查信用优良的检查对象，可以减少检查频次。

（六）“综合查一次制度”。设置“综合查一次”制度，主要目的是要求行政检查做到高效便民，防止多头执法、执法扰民。国务院《优化营商环境条例》明确要建立健全跨部门跨区域行政执法联动和响应机制，在相关领域推行综合行政执法，减少执法主体和执法层级，推动解决困扰市场主体的行政执法检查过多过频问题，实现从监管部门“单打独斗”转变为综合监管，做到“一次检查、全面体检”。为此，浙江省嘉兴市率先探索了“综合查一次”执法检查理念引入“监管执法”中，国务院把它作为优化营商环境的关键实招，以法规的形式加以固化推广。公平公正的监管执法对优化营商环境至关重要，广东省对此也予以借鉴。《办法》要求同一部门需要对同一检查对象实施多项检查的，原则上应当合并进行。不同部门需要对同一检查对象进行多项检查并且内容可以合并完成的，原则上应当组织联合检查。

（七）推进行政检查信息化。《办法》第9条规定要依托国家建立的在线监管系统、广东省行政执法信息平台和行政执法监督网络平台开展检查。《办法》第19条规定可以通过信息共享、“互联网+监管”等方式达到行政检查目的的，原则上不再进行现场检查。

四 立法成效

随着《办法》的深入贯彻实施和行政执法“三项制度”的全面推行，我省行政检查权力运行机制更加完善，行政执法人员的业务能力和法治观念全面提升，严格规范公正文明执法意识进一步增强，执法争议有效减少。据统计，2021年度全省行政执法总量1.1亿多宗，总体呈下降趋势，同比下降30%。其中，行政检查450多万宗，同比下降41%，下降幅度为六类行政执法行为中最大。自2019年5月开展日常行政执法数据公示以来，全省各级行政执法主体通过广东省行政执法公示平台共录入三项“清单”（随机抽查事项清单、重大执法决定法制审核清单、行政执法全过程记录清单）13543份，行政执法行为691.79万宗，累计执法文书403690份。其中行政检查185.5万宗，行政检查执法文书152389份。行政检查未引发行政诉讼案件。2020年8月1日省政府印发《广东省人民政府关于乡镇街道综合行政执法的公告》，就相关领域的县级行政处罚权调整由乡镇街道实施事宜进行依法授权，在基层推行“综合查一次”制度。截至2021年9月15日，实施综合行政执法改革的镇街已全部启动综合行政执法。截至2021年8月底，全省县级行政执法职权下放事项合计为5940项，其中行政检查327项，主要涉及自然资源和规划建设、生态保护、市场监管、卫生健康等领域。截至2021年8月底，已有1016个镇街在广东省行政执法信息平台和行政执法监督网络平台中产生行政执法案件120169宗，其中行政检查案件93645宗，占比78%。同时，各级政府不断强化内部检查监督机制的落实完善，通过内部责任追究、纠错等监督制度，对行政检查中的过错行为依法追究责任，从而使行政执法人员的自律意识不断增强，行政检查行为持续规范。

【专家点评：广东外语外贸大学法学院 李杰 博士】

在选题方面，该文聚焦广东省地方立法实践的最新进展，围绕《广东省行政检查办法》进行了研究分析，体现了选题的创新性和新颖性。行政检查立法是法治政府建设中规范政府行政行为的重要内容之一，目前全国层面的相关立法尚未出台，其他省市相关立法工作也尚未展开，广东省政府积极推进法治政府建设，推动优化营商环境，在全国率先制定《广东省行政检查办法》，在这方面的立法工作走在全国前列。该文聚焦这一立法，体现了作者对立法实践前沿动态的充分把握，同时详细分析呈现了这一立法在出台以来的实践状况，为全国地方其他省市相关立法工作创新提供了有效有用的知识和信息。

在内容方面，该文既分析了《广东省行政检查办法》的主要内容，也分析了其出台以来的实践效果，体现了研究内容的丰富性。该文从行政检查的启动程序和原则、行政检查清单管理制度、行政执法信息化建设、切实保障检查对象权益、行政检查的风险评估五个方面全面地总结了《广东省行政检查办法》的核心内容和亮点，并且运用行政检查流程图的方式详细说明了在这一立法规范之下的行政检查工作流程细节，有点有面地呈现了立法的全貌。同时，《广东省行政检查办法》自2020年6月1日起开始施行，经过2020年、2021年的实践运行，各级政府执行实施行政检查时已经运用这一立法规范相关行为，形成了一系列的案例和经验。该文收集整理分析了《广东省行政检查办法》的运行实践情况，运用最新权威数据说明了这一立法施行以来行政执法总量呈现下降趋势、行政检查总量呈现下降趋势、行政检查执法争议有效减少、尚未引发行政诉讼案件等问题，并对于在广东省县级行政执法职权下放背景下基层推行“综合查一次”制度工作实践情况，乡镇街道实施行政检查的实践情况进行了归纳总结。总之，该文通过全面考察最终得出了较为全面的立法成效评价，体现了立法实践观察的真实性。

在形式方面，该文结构完整，有效针对相关问题，分析逻辑紧密，数据运用严谨，行文语言流畅，能够做到同时满足学术语言和政策语言的要求，让读者在阅读该文的过程中能够迅速抓住关键、聚焦重点，最终有所收获，充分体现了作者对立法实践工作的充分了解掌握以及良好的写作能力。

第九章　广东乡村振兴与法同行，法治护航

——《广东省乡村振兴促进条例》之特色和亮点

王权典　蒋雨薇　万智明*

《广东省乡村振兴促进条例》（以下简称“本条例”）已由广东省第13届人大常委会第43次会议于2022年6月1日通过，自2022年9月1日起施行。本条例自2020年被列为省人大常委会2021年立法计划初审项目后，法工委委托华南农业大学团队先行开展基础研究，2021年由省农业农村厅暨省委农办牵头调研起草，华南农业大学团队全程跟进协助，并邀请省司法厅立法工作人员参与指导，同年9月底完成建议送审稿。司法厅按照立法程序征求各地市、省直有关单位及省府法律顾问的意见，并公开征求社会公众意见。结合各方面意见及补充调研情况，经过多环节的研究修改形成草案，于2021年11月提交省人大常委会初次审议，2022年3月进行二次审议。尔后，省人大法委、法工委会同农村农业委、农业农村厅对常委会组成人员的审议意见进行了认真研究，并征求了在粤全国人大代表和省人大代表、省直有关单位、各地市人大常委会以及基层立法联系点和联络单位、立法咨询专家的意见，同时向社会公众征求意见；法工委又组织了表决前评估，对主要制度规范的可行性、出台时机、实施后的社会效果及实施中可能出现的问题进

* 作者简介：王权典，华南农业大学法学教授、农村法治与社会发展研究中心主任兼新型城镇化法治研究中心主任，省立法咨询专家、省政府法律顾问、广东省地方立法学研究会副会长，主要研究涉农法制等；蒋雨薇、万智明均系华南农业大学法律硕士研究生。

行评估，还就其中特殊问题开展专项论证。经过多轮会商与反复修改，本条例不断完善经过三次审议后如期表决通过。

本文将本条例的立法特色和亮点进行阐述如下：

一　在立法主旨上，将习近平法治思想、新发展理念及对广东改革发展重要指示批示的精神融会贯通于系统创制

本立法坚持以习近平法治思想为指导，深入贯彻习近平关于“三农”工作暨乡村振兴重要论述及讲话精神，在制度设计中，认真领会习近平总书记对广东提出的“四个走在全国前列”“着力破解城乡二元结构难题”等重要指示，结合广东实施乡村振兴战略部署——将广东打造成为农业农村高质量发展先行区、乡村治理示范区、农村综合改革试验区，在全国率先基本实现农业农村现代化，打造乡村振兴“广东样本”，遵循中央政策精神和国家立法宗旨，明确区域乡村振兴实施措施，明确国家战略结合区域实施需要，即将大湾区建设与乡村振兴相结合置于广东“一核一带一区”区域发展战略中，为促进珠三角城乡深度融合发展、全域广东乡村振兴暨城乡一体化梯次推进、欠发达地区加快发展以及农村综合改革等法治保障提供全面指引；统筹推进全省“五大振兴”、城乡融合发展，完善制度保障体系——重在考虑在城乡融合、特色产业发展、乡村治理、基础设施建设、岭南文化保护等方面精准把握调整对象，制度创设体现广东改革发展特色暨实践调整需求。最终审议对粮食安全暨耕地保护、区域特色产业融合发展、乡村治理体系构建等规定进一步完善，细化了人居环境提升、促进共同富裕有广东经验模式的帮扶机制等规定，并增加种质保护、平安乡村建设等规定。

二　立法体例精干适中，调整定位精准对标，强调“务实”与“管用”

乡村振兴战略内涵丰富且涉及面广，不仅强调通过产业振兴促使农

民增收、实现农民富裕的目标，还包括组织振兴、人才振兴、生态振兴和文化振兴等重要范畴。国家立法即以“五大振兴”为抓手，从产业发展、人才支撑、文化传承、生态保护、组织建设等诸方面，将既定方针政策和成功实践经验法定化，完善政策措施和制度体系。国家立法是顶层设计与统筹考量，地方立法应当结合区域实际，因地制宜做好配套规制、实施机制或措施的设计安排。因此，本条例主要发挥承上启下的实施作用，更多关注国家立法如何在地方落地，有针对性地解决省域乡村振兴促进工作中的突出问题；不必苛求跟国家立法框架体系的对应性或完备性，就国家立法已有明确规制的内容事项，本条例不必照抄条文，而重在追求立法内容的精准化，在体例架构上体现精干适中，在调整功能上凸显实操可行。诚如省人大相关负责同志所言：不搞“大而全”重复立法或者“面面俱到”鸿篇巨制；国家上位法颁行不久，不可简单照抄照搬，上位法够用的条文原则上不重复，着重将上位法需要细化补充的内容写入条例。本条例凸显其补充性、针对性和实施性，强调“务实”和“管用”——体例架构不跟国家立法及其他省市同类立法保持形同一致，而主要结合规制创设情况做出相应安排。其调整重点包括乡村产业发展、人居环境提升、乡村治理、城乡融合发展以及帮扶保障等，结合综合性立法技术要求，总体框架安排为：第一章总则；第二章乡村产业发展；第三章乡村人居环境提升；第四章乡村治理；第五章城乡融合发展；第六章帮扶机制；第七章保障措施；第八章附则。在依法统筹促进全省“五大振兴”的前提下，主要就广东发展富民兴村产业、建设生态宜居乡村、繁荣兴盛岭南乡村文化、构建乡村治理体系、完善农村民生保障和促进共同富裕的帮扶机制、强化制度供给和基础支撑等方面进行创制设计。

三　坚持问题导向，针对广东省乡村振兴促进工作要解决的突出问题进行创制规范或指引

鉴于城乡与区域发展不平衡是广东基本省情和突出短板，历届省委

省政府努力解决该难题，任重而道远，故而本立法特别关注并高度重视下列创制保障。

其一，将富裕农民作为乡村振兴的根本，把增加资产性收益作为推动农民持续增收的重点，推动农村综合改革使农民获得持续增收红利保障，构建与农民利益联结机制及农民持续增收保障机制。一是在乡村产业发展方面，结合落实粮食安全责任制，要求各级政府健全农民种粮收益保障机制，建立粮食生产补偿机制①；结合乡村产业发展的系列举措，突出强调："发展具有地域特色的产业强镇、专业村镇"②；"支持渔区小城镇和渔村发展"③；"培育农业社会化服务联合会等社会组织，建立健全农业社会化服务体系。支持家庭农场、农民专业合作社、农民专业合作社服务中心、农业生产托管运营中心和农业产业化联合体发展，促进小农户与现代农业发展有机衔接"④；"各级人民政府应当采取扶持措施，发展壮大农村集体经济，鼓励农村集体经济组织与社会资本合作"⑤；鼓励和支持村集体盘活闲置集体资产发展乡村产业新业态⑥。二是在乡村建设领域，"支持村集体和村民自主实施或者参与直接受益的乡村建设项目"⑦。三是在城乡融合发展方面，支持和引导农民参与"粤菜师傅""广东技工""南粤家政"等工程，促进就业创业；引导各类经营主体与农户建立保底收益、按股分红等利益联结机制，促进农民增收⑧。四是在促进共同富裕的帮扶机制与保障措施方面，首先要求各级政府建立健全欠发达地区帮扶长效机制，持续推进欠发达地区发展，实现巩固拓展脱贫攻坚成果同乡村振兴有效衔接⑨，然后通过低收

① 参见《广东省乡村振兴促进条例》第9条。
② 参见《广东省乡村振兴促进条例》第10条。
③ 参见《广东省乡村振兴促进条例》第11条。
④ 参见《广东省乡村振兴促进条例》第15条。
⑤ 参见《广东省乡村振兴促进条例》第17条。
⑥ 参见《广东省乡村振兴促进条例》第20条。
⑦ 参见《广东省乡村振兴促进条例》第31条。
⑧ 参见《广东省乡村振兴促进条例》第43条。
⑨ 参见《广东省乡村振兴促进条例》第44条。

入人口帮扶[①]、对口帮扶[②]、定点帮扶[③]、社会帮扶[④]等规范措施对帮扶体系加以完善；在“保障措施”专章通过资金保障[⑤]、社会资本[⑥]、金融支持及保险服务[⑦]、规划和用地保障[⑧]等规范设计，明确益农增收的要素保障，其中特别强调：土地整治腾出的用地指标优先满足土地整治项目所在村乡村振兴发展用地需求，其收益优先用于土地整治项目所在村涉及乡村振兴发展项目支出。

其二，协调促进乡村产业发展规范指引——涉及重点发展产业、农业基础建设、粮食及农产品供给保障、农业产业集群及海洋渔业发展、土地利用与撂荒治理、农业品牌建设与标准化、数字化、社会化服务以及盘活闲置资源等重点措施。主要包括：一是明确要求各级政府发挥当地资源优势，培育与融合发展乡村特色产业，以及推动农产品加工业、乡村休闲旅游业、农村电商发展[⑨]；二是结合广东实际，明确落实粮食安全责任制，保障粮食有效供给，建立粮食产业补偿机制，保障重要农产品供给[⑩]；三是引导政府推进农业产业集群，建设广东特色的现代农业产业园及产业强镇、产业强村，推动农业产业升级[⑪]；四是依据广东属于海洋经济大省的省情，引导政府充分利用海洋渔业资源，贯通渔业产业上下游，打造完整的渔业产业链条，提高现代渔业附加值[⑫]；五是协调规范土地利用与撂荒治理，完善土地流转制度，创新流转模式，引导农民复耕撂荒地，充分利用土地资源，加强耕地撂荒治理，落实法律政策措施，按照合同约定的用地要求，细化催告

---

① 参见《广东省乡村振兴促进条例》第45条。
② 参见《广东省乡村振兴促进条例》第46条。
③ 参见《广东省乡村振兴促进条例》第47条。
④ 参见《广东省乡村振兴促进条例》第48条。
⑤ 参见《广东省乡村振兴促进条例》第49条。
⑥ 参见《广东省乡村振兴促进条例》第50条。
⑦ 参见《广东省乡村振兴促进条例》第51条。
⑧ 参见《广东省乡村振兴促进条例》第52条。
⑨ 参见《广东省乡村振兴促进条例》第7条。
⑩ 参见《广东省乡村振兴促进条例》第9条。
⑪ 参见《广东省乡村振兴促进条例》第10条。
⑫ 参见《广东省乡村振兴促进条例》第11条。

复耕期限、复耕方式等机制[①]；六是鼓励和支持培育广东特色的现代农业品牌，提高农产品市场竞争力和产业附加值[②]。另外，分设条款推动建立农产品标准化体系，鼓励和支持相关经营主体协同参与提供农业社会化服务，引导农村基层组织盘活利用闲置的集体资源或资产发展乡村产业等。

其三，将依法补齐短板作为提升农村人居环境品质的主攻点，增强弱项作为改善乡村基本公共服务的优先项。设置“乡村人居环境提升”专章属于广东立法创新之一，基于建设生态宜居乡村的动态目标，要求县级以上政府制定乡村人居环境整治提升实施方案，推动村容村貌整体提升和重点治理，健全长效管护机制[③]，并针对改善村庄公共环境[④]、推进乡村绿化美化和乡村风貌提升[⑤]以及公共设施管护机制、村域管线规范设置、农房管控、生活垃圾与污水治理、厕所改造等关键事项做出规范要求，特别就长效管护要求各级政府保障农村公共设施管护和运行经费的投入，将应由政府承担的农村公共设施管护和运行经费纳入财政预算[⑥]。

其四，将原扶贫开发经验与接续巩固拓展脱贫成果要求融入乡村振兴立法衔接，即转化设计为促进共同富裕的帮扶机制。按照中央政策部署，后续减贫治理置于乡村振兴领域，统筹相关措施并协调推进；开展乡村振兴既要重视精准扶贫经验模式，更要构建持续减贫治理长效机制。本立法结合广东省实际协调创制和统筹安排，要求各级政府建立健全欠发达地区帮扶长效机制[⑦]，特别设计低收入人口帮扶[⑧]、对口帮扶[⑨]、定

---

① 参见《广东省乡村振兴促进条例》第 19 条。
② 参见《广东省乡村振兴促进条例》第 12 条。
③ 参见《广东省乡村振兴促进条例》第 21 条。
④ 参见《广东省乡村振兴促进条例》第 22 条。
⑤ 参见《广东省乡村振兴促进条例》第 23、24 条。
⑥ 参见《广东省乡村振兴促进条例》第 28 条。
⑦ 参见《广东省乡村振兴促进条例》第 44 条。
⑧ 参见《广东省乡村振兴促进条例》第 45 条。
⑨ 参见《广东省乡村振兴促进条例》第 46 条。

点帮扶[①]、社会帮扶[②]等规范机制，通过对欠发达村镇加快发展实施政策扶持（驻镇帮镇扶村），促进镇域经济、农村集体（合作）经济发展，从而促进共同富裕——由此彰显本立法坚持巩固拓展脱贫成果与乡村振兴有效衔接，以法治思维引领后续减贫治理暨精准帮扶与区域发展“双驱动”，着力推进欠发达地区通过乡村振兴加快发展，完善低收入群体稳定增收且有效防止返贫的法律措施。基于此，本条例明确其付诸实施后，原《广东省农村扶贫开发条例》即废止[③]。

四　理顺体制机制并明确主体责任，既以刚性约束压实责任，又以倡导、激励机制发挥促导效应

乡村振兴战略实施的综合性、系统性和长期性，离不开强有力的组织体制及协同机制保障；乡村振兴立法基准性和综合性的定位，当要聚焦问题、放眼长远，着力解决乡村发展的体制机制障碍——明确各级政府及基层组织的基本职责，是全面有序开展工作的组织保障。

首先，需要明确政府层级权限，强化各级政府“三农”投入责任，统筹安排支持性政策，跟进落实工作。本条例要求各级政府将乡村振兴促进工作纳入国民经济和社会发展规划，制定政策措施，组织推进乡村振兴战略实施，协调解决乡村振兴工作中的重大问题（第3条）。由于乡镇是实施乡村振兴的基础阵地，要求乡镇政府明确负责实施乡村振兴促进工作的机构和人员，落实具体措施（第4条）。于是，在乡村产业发展、乡村人居环境提升、乡村治理、城乡融合发展等相关领域——涉及发展重点产业、强化农业基础支撑、保障粮食及重要农产品供给、推动农业产业升级、建立农产品标准体系、发展集体经济、改善村庄公共环境、推动乡村风貌提升、推进法治乡村和平安乡村建设、健全乡村公共文化服务体系与基本公共服务体系、统筹城乡空间布局和基础设施等

---

① 参见《广东省乡村振兴促进条例》第47条。
② 参见《广东省乡村振兴促进条例》第48条。
③ 参见《广东省乡村振兴促进条例》第60条。

方面，有的放矢，强调地方政府担负起相应的主导责任，譬如：各级政府应当全面实施种业振兴行动，建立长期稳定投入机制，加强农业综合生产能力建设①；乡镇政府应当落实农产品质量安全属地管理责任，建立农产品质量安全网格化管理体系②；各级政府应当采取扶持措施，发展壮大农村集体经济③；县级以上政府应当制定乡村人居环境整治提升实施方案，建立健全长效管护机制，建设生态宜居美丽乡村④；各级政府应当健全乡村公共法律服务体系⑤；各级政府应当采取有效措施，传承乡村优秀历史文化⑥；县级以上政府应当统筹县域内城乡融合发展空间布局，健全城乡一体、全民覆盖、均衡发展、普惠共享的基本公共服务体系⑦。另外，有关促进共同富裕的帮扶机制构建，条例要求各级政府建立健全欠发达地区帮扶长效机制，省政府应当完善珠三角地区与粤东西北地区对口帮扶协作机制，结对帮扶双方市、县级政府应当建立协作发展机制。当然，无论怎样明确各级政府的职责，均要有刚性约束，方可压实责任。因此，条例总则要求建立乡村振兴考核评价制度、工作年度报告制度和监督检查制度⑧，进而在“保障措施”一章设立监督检查与报告评估机制⑨，要求省政府建立客观反映乡村振兴进展的指标和统计体系，县级以上政府负责对本区域乡村振兴战略实施工作绩效进行评估和考核；明确政府履行职责不作为、乱作为等法律责任⑩以及针对乡村振兴工作问题的社会监督机制⑪，由此压实各级政府责任，确保政府职责落实到位。

---

① 参见《广东省乡村振兴促进条例》第 8 条。
② 参见《广东省乡村振兴促进条例》第 12 条。
③ 参见《广东省乡村振兴促进条例》第 17 条。
④ 参见《广东省乡村振兴促进条例》第 21 条。
⑤ 参见《广东省乡村振兴促进条例》第 32 条。
⑥ 参见《广东省乡村振兴促进条例》第 34 条。
⑦ 参见《广东省乡村振兴促进条例》第 38、39 条。
⑧ 参见《广东省乡村振兴促进条例》第 3 条。
⑨ 参见《广东省乡村振兴促进条例》第 56 条。
⑩ 参见《广东省乡村振兴促进条例》第 58 条。
⑪ 参见《广东省乡村振兴促进条例》第 57 条。

其次，条例总则明确要求“村民委员会在乡镇政府指导下做好乡村振兴具体工作”之外，在“乡村治理”领域，将村民委员会、农村集体经济组织在乡村振兴工作中的基本职责做出进一步强调：依法办理公共事务和公益事业，实施乡村振兴项目，发展集体经济，保障村民合法权益，调动村民参与乡村振兴具体工作①。进而指明基层组织在保障农产品质量安全、盘活资源资产发展集体经济、土地利用与撂荒治理、农房管控、风貌管控、农村环境卫生、乡村文化保护、培育乡风文明等具体环节，通过村规民约、民主协商等自治机制，发挥村民组织的主体作用，有序推进乡村振兴各项工作，既能保障村民权益，又能激发农民在乡村振兴中的主动性与创造性。

还有，鉴于上位法要求健全党委领导、政府负责、社会协同、公众参与的乡村社会治理体系。本条例也构建社会参与机制——要求各级政府建立健全激励机制，支持社会各界通过各种方式依法依规参与乡村振兴促进活动，引导社会资本投入乡村振兴②，表明对社会力量参与乡村振兴的鼓励和支持；规定各级政府及有关部门组织开展有关乡村振兴的宣传、竞赛、经验总结等活动③；鼓励集体经济组织与社会资本合作④，以及构建“社会帮扶”机制⑤与“社会资本下乡”保障⑥，要求政府搭建平台，组织动员社会力量参与乡村振兴帮扶工作，实施企业帮扶行动；政府应当明确社会资本参与乡村振兴的重点产业和领域，创新乡村产业、基础设施和公共事业投融资模式，带动社会资本投向乡村。值得注意的是，条例确定“每年6月30日组织开展巩固拓展脱贫攻坚成果和全面推进乡村振兴主题活动”，其实是沿袭原《广东省农村扶贫开发条例》中具有积极社会效应的“广东扶贫济困日”。

---

① 参见《广东省乡村振兴促进条例》第31条。
② 参见《广东省乡村振兴促进条例》第5条。
③ 参见《广东省乡村振兴促进条例》第6条。
④ 参见《广东省乡村振兴促进条例》第17条。
⑤ 参见《广东省乡村振兴促进条例》第48条。
⑥ 参见《广东省乡村振兴促进条例》第50条。

五　实现跟“三农”政策相衔接并协调相关立法，统筹改革发展措施，配套完善规制体系

乡村振兴立法也是涉农支持性政策“集大成者”，是落实农业农村优先发展的规范指引。近些年，全面推进农业农村领域综合改革且在关键领域取得了突破进展，已搭建起体制机制的“四梁八柱”。诸多改革经验已被实践证明有效，要求加快形成城乡融合发展制度框架和政策体系。中央推动农业农村优先发展的方针政策就是立法重要依据，其贯彻落实需要立法保障；地方立法应跟进规划任务和行动计划加以引领，注意衔接，充分发挥法制保障和推动作用。在基本面上，乡村振兴立法规制要跟新型农业经营主体及农业产业化联合体培育、一二三产业融合创新创业等支持、城乡融合一体化推进、农村人居环境治理等领域政策机制相衔接，确保财政、金融、保险、土地资源、人才支撑等扶持政策协调一致；统筹谋划农村经济、政治、文化、社会、生态建设和党的建设，统筹生产、生活、生态发展，增强其协同性、关联性。由此，可避免乡村振兴立法主旨跟“三农”政策导向相背离。

广东省委省政府就乡村振兴全面部署出台一系列政策文件，不断探索创新实践。譬如培育发展现代农业产业园、美丽圩镇建设的规划行动；出台《关于全面推进农房管控和乡村风貌提升的指导意见》，乡村风貌建设基本经验就是高位推动，后续工作重在规范构建农村人居环境的长效管护机制；接续减贫治理、促进共同富裕的“重头戏”即全域实施驻镇帮镇扶村和九大攻坚行动、推进乡村振兴“万企兴万村”的行动、实施构建“12221”市场体系助农增收行动，等等。条例将政策创新实践证明有效的经验模式部分吸收转化为规范制度设计相衔接，有助于推进长效机制的构建。譬如就“对口帮扶”要求省政府完善珠三角地区与粤东西北地区对口帮扶协作机制①；就“定点帮扶”要求建立

① 参见《广东省乡村振兴促进条例》第46条。

健全驻镇帮镇扶村制度①；就“乡村治理”总要求建立健全现代乡村社会治理体制和自治、法治、德治相结合的乡村社会治理体系②；落实平安建设责任制，推行乡村治理积分制、清单制③等。条例这些设计，有助于构建立法与政策互融互促及协同机制，即协同政策体系完善配套制度，可以增强农村改革发展的系统性、整体性、协调性及联动性。

同时，乡村振兴立法并非包罗万象，既要跟基本政策及决策部署协调一致，也要跟“三农”领域其他立法适度衔接或协调。譬如涉及农村集体产权制度改革暨集体经济组织管理、农村土地制度改革经验总结暨土地承包经营与耕地保护、宅基地管理、生态保护与人居环境治理等立法创制，跟农村集体经济组织、地方实施《土地承包法》、宅基地与农房管理等特别或专项立法相协调；另外，各地市结合乡村振兴区域实际可能出台单项立法，涉及村庄规划与农房建设、农村人居环境治理、乡村文化保护与特定产业发展、生产或生态要素保护等，为此，省条例预留一定的立法空间。譬如本条例就农村环境卫生、农房管控、耕地撂荒治理、岭南乡村文化保护、平安乡村建设、水资源等生态要素保护等调整事项，仅有原则规定或一般指引，留待各地市根据需要自主立法“拾遗补漏”，做出实化细化规定。当然，无论是纵向或横向，均要处理好一般指引规范与特别细化规范的匹配关系，以配套完善乡村振兴领域规制体系，为实践创新提供全面指引和规范保障。

【专家点评：广东外语外贸大学广东省地方立法研究评估与咨询服务基地 潘高峰 教授】

全文结构基本合理，思路比较清晰，层次分明，观点表达基本准确，论据与论点基本上保持一致，参考的资料与论题和论文内容结合紧密，也体现出较强的时代特色性与实践应用性，能综合运用法学知识并结合实践分析主要问题。全文以巩固拓展脱贫成果，促进共同富裕为主

① 参见《广东省乡村振兴促进条例》第47条。

② 参见《广东省乡村振兴促进条例》第30条。

③ 参见《广东省乡村振兴促进条例》第36条。

题，在完成了脱贫攻坚的重大历史任务之背景下，首先分析了乡村振兴立法调整所涉及的巩固脱贫治理创制需求，然后再根据实地调研并结合部分省的立法比较考察，探讨了乡村振兴地方立法如何协调融入巩固脱贫暨持续减贫治理的创制安排，最后对如何构建相关有机衔接进行了思考。全文紧扣主题来展开论述，在论证过程中能引用不同地区的立法例进行对比考察，也有结合自身实践，做到理论与实践相统一。观点表达得当，文章结构合理、逻辑性强。论据引用了大量法条，论证资料有一定的说服力。但论文格式欠缺一定的规范性，语言还不够精练，部分语句表达不太通顺。在各地乡村振兴立法比较分析中，条理清晰，但对于各地条例只作简单式列举，未突出重点强调的内容。

总体上看，该文能结合当下脱贫致富的热点话题，选题具有一定的时代性和现实性，逻辑结构严谨，文献材料收集翔实，结论简明扼要。研究成果既具有理论意义又具有较强的实用价值。

第十章　平安建设重要依托与制度保障：《广东省平安建设条例》的起草、内容与特色

朱　晔*

一　《广东省平安建设条例》的立法背景与起草过程

（一）立法背景

民以安为乐，国以安为兴。建设更高水平的平安中国，是以习近平同志为核心的党中央作出的战略擘画。党的十八大以来，习近平总书记高度重视平安建设，亲自批准成立平安中国建设协调小组，并对建设平安中国作出一系列重要指示，强调要聚焦影响国家安全、社会安定、人民安宁的突出问题，深入推进市域社会治理现代化，深化平安创建活动，加强基层组织、基础工作、基本能力建设，全面提升平安中国建设科学化、社会化、法治化、智能化水平，不断增强人民群众获得感、幸福感、安全感。党的十九届五中全会通过的《中共中央关于制定国民经济和社会发展第十四个五年规划和二〇三五年远景目标的建议》对建设更高水平的平安中国作出重要部署，要求加强平安建设领域立法工作和制度建设。①

---

* 作者简介：朱晔，男，广东外语外贸大学法学院教授，研究方向：经济法学。

① 郭声琨：《建设更高水平的平安中国（学习贯彻党的十九届五中全会精神）》，《人民日报》2020 年 12 月 2 日第 6 版。

2020年10月，习近平总书记在广东考察时强调，广东要在全面建设社会主义现代化国家新征程中走在全国前列，创造新的辉煌。建设更高层次和更高水平的平安广东是实现总书记赋予广东的使命任务的必然要求，也是统筹发展和安全、续写广东新篇章的必然使命。长期以来，广东省内各地扎实开展平安建设工作，在实践中积累了丰富的经验，平安广东建设取得明显成效。通过制定条例，有利于将平安广东建设实践中成熟的、操作性强的经验做法以法规形式固定下来，提升平安建设工作的规范化水平，为今后一段时期建设更高层次和更高水平平安广东提供法律支撑。[①] 平安建设涉及方方面面，既需要各级党委、政府及其有关部门依法承担平安建设职责，也需要群团组织、企业事业单位和公民等积极履行平安建设义务，为凝聚平安建设工作合力，整合资源力量、理顺工作机制，在更高起点上推进平安建设提供更有权威、更可操作、更具针对性的制度保障。2021年6月，广东省召开平安广东建设工作会议，部署全面推进平安广东建设工作，强调要善于运用法治思维和法治方式推进平安广东建设，加快我省平安建设地方立法步伐。

（二）立法过程

广东省平安广东相关制度建设工作起步较早，为推动更高水平的平安广东建设，实现省委、省政府“努力把广东建设成为全国最安全稳定、最公平公正、法治环境最好的地区之一”的目标，2017年6月，广东省十二届人大常委会第三十三次会议通过《广东省人民代表大会常务委员会关于深化平安广东建设的决定》；2018年7月，广东省委、省政府印发四个行动方案，深入推进平安广东建设；2021年1月，省委省政府就加快推进社会治理现代化，建设平安广东出台意见；2021年3月，广东省委平安建设领导小组办公室就《广东省平安建设条例》立法向社会公开征集意见；2021年4月，省人大常委会将《广东省平

① 潘水贤：《“平安广东建设”有了法治保障——〈广东省平安建设条例〉解读》，《人民之声》2022年第1期。

安建设条例》（以下简称《条例》）列入当年立法工作计划的预备审议项目，[①] 由省委政法委负责前期起草。为尽快推进《条例》的出台，省政法委在成立由为领导为组长，相关科室人员为组员，邀请相关专家参与的《条例》起草工作专班，并委托广东外语外贸大学朱最新教授团队起草《条例（专家建议稿）》。省人大监察司法委提前介入起草工作，认真研究提出对《条例（专家建议稿）》的意见建议。2021 年 6 月，省委政法委提交《条例（草案稿）》，监察司法委会同常委会法工委进行了认真研究，梳理出 11 条综合性意见和对相关条文的 120 多处具体修改建议，印送省委政法委研究并做进一步修改完善。7 月中旬，省委政法委将修改完善后的草案稿再次提交监察司法委。监察司法委书面征求了省委平安广东建设领导小组 50 多个成员单位、各地级以上市人大常委会、省人大各委员会、有关基层立法联系点以及省人大代表、专家学者等的意见建议，并赴广州、佛山、东莞等市开展调研。8 月底，监察司法委组织召开专家论证会，进一步听取意见。在深入调研论证、广泛征求意见的基础上，监察司法委会同省委政法委、常委会法工委对《条例（草案稿）》做了进一步修改，形成《条例（草案）》。为充分了解民情、反映民意，2021 年 8 月 26 日，《广东省平安建设条例（草案征求意见稿）》在广东人大网登出，向社会公开征求意见。9 月 10 日草案经省十三届人大监察司法委第九次全体会议审议通过，并于 9 月 14 日经省十三届人大常委会第一〇七次主任会议讨论同意。[②] 9 月 27 日《广东省平安建设条例》（草案）提交广东省十三届人大常委会第三十五次会议初审；10 月 26 日《广东省平安建设条例（草案修改稿征求意见稿）》在广东人大网登出，再次向社会各界公开征求意见。2021 年 12 月 1 日，《广东省平安建设条例》经省十三届人大常委会第三十七次会议表决通过。

---

① 广东省人大常委会：《广东省人大常委会 2021 年立法工作计划》，http：//www. gdrd. cn/zyfb/bgjh/202104/t20210402_ 183401. html，访问时间：2022 年 2 月 5 日。

② 佚名：《省人大常委会主任会议召开　决定 9 月下旬召开省人大常委会会议》，http：//www. gdrd. cn/xwdt/202108/t20210825_ 184699. html，访问时间：2022 年 2 月 5 日。

二　《广东省平安建设条例》的主要内容

《条例》坚持以习近平新时代中国特色社会主义思想为指导，深入贯彻习近平总书记关于加强平安建设的重要讲话、重要指示批示精神，深刻把握新时代平安建设的规律和特点，注重运用法治思维、法治方式巩固和深化平安广东建设重要成果。在起草过程中，起草小组主要从以下五个方面重点把握：一是坚持正确的政治方向。始终将贯彻落实习近平总书记关于平安建设重要讲话和重要指示批示精神，党中央有关决策部署及省委相关工作要求放在首位，并在具体条文中予以体现，切实把党的主张通过法定程序转化为全省人民的共同意志和全社会一体遵循的行为准则，确保条例内容沿着正确的政治方向。二是明确条例的立法定位。平安建设内容包罗万象，涉及问题繁多，需要调整的法律关系复杂，现行法律法规已对其中不少问题进行规范。条例起草一方面坚持科学性原则，遵循总体国家安全观，涵盖平安广东建设的基本内容，体现平安广东建设的基本规律，着力解决平安广东建设的基本问题；另一方面坚持必要性原则，不追求面面俱到，力争内容详略得当：对没有法律法规规定，且属于平安广东建设基本内容的予以详细规定；对已有法律法规规定但力度还不够的，予以着重补充；对其他的事项根据实践需要做提示性规定。三是推动解决难点问题。坚持问题导向，紧紧抓住我省平安建设工作中存在的重点难点问题和瓶颈短板，依据法律政策，结合实际作出针对性规定。如针对我省案件量大、案多人少矛盾突出问题，明确县级以上平安建设组织协调机构应当组织协调人民法院、司法行政部门、仲裁机构等单位，依法建立健全和解、调解、仲裁、公证、行政裁决、行政复议与诉讼的分流与衔接机制；聚焦“扫黑除恶”“电信网络诈骗”“非法集资”等影响我省安全稳定的重点问题，在“重点防治”章节对上述问题作出具体规范。四是总结固化成功经验。认真梳理提炼我省开展平安建设形成的成功做法，将实践证明行之有效的好机制好做法通过法制形式固定下来，如将“社会心理服务体系建设”“社会风险研判”“重点治理和挂牌整治机制”等写入草案。五是体现广东特色。在吸收借鉴外省市有关立法经验的基础上体现广东特色，如要求沿海县级以上人民政府应当牵头建立健全近岸海域管控协调机制，统筹推进近岸海域管控工作等相关规定。

《条例》共分总则、基础建设、社会风险防控、重点防治、社会矛盾纠纷化解、社会参与、监督与责任和附则等 8 章，51 条。主要内容如下：

1. 第一章“总则”，共 7 条。明确了《条例》的立法目的和依据、适用范围、基本原则及平安建设的主要任务；对平安建设组织协调机构及其成员、人民政府、综治中心职责作出规定。

2. 第二章“基础建设”，共 6 条。对平安建设的基础性制度（机制）建设提出要求，内容包括治安防控体系、智能化、网格化、公共法律服务体系、社会心理服务体系、平安文化等方面的建设。

3. 第三章“社会风险防控”，共 7 条。按照社会风险源头防范、排查与预警、研判、处置、防控协同的顺序对平安建设组织协调机构、各级人民政府及相关部门的风险防控职责进行规定，对社会风险防控责任制作出明确，对企事业单位参与风险防控提出要求。

4. 第四章“重点防治”，共 10 条。围绕社会安全稳定，规定对重点区域防控和有关人群服务管理做出了规定；聚焦本省平安建设的重点难点问题，对常态化扫黑除恶、大型群众性活动安全、网络安全、打击电信网络诈骗、防范和处置非法集资、医疗纠纷防治、近岸海域管控等作出规定，并对重点治理和挂牌整治机制进行明确。

5. 第五章“社会矛盾纠纷化解”，共 5 条。围绕矛盾纠纷多元化解，规范行业性专业性调解、司法调解、公证等多元化解机制，对建立健全和解、调解、仲裁、公证、行政裁决、行政复议与诉讼的分流与衔接提出了明确要求。

6. 第六章“社会参与”，共 9 条。围绕动员社会力量积极参与平安建设工作，一是规定了平安建设社会参与的总体要求；二是规定了村（居）民委员会、公民、行业协会、商会、群防群治队伍、媒体等主体参与平安建设的要求；三是明确了各级人民政府对社会工作服务和志愿服务支持的制度要求；四是对基层平安创建工作作出规定，明确社会参与的制度保障。

7. 第七章“监督与责任”，共 6 条。明确了平安建设的考核评价、奖惩、督导、监督等机制；对国家机关及工作人员、企事业单位和社会组织平安建设的法律责任作出规定。

8. 第八章“附则”，共 1 条。规定了《条例》的施行日期，明确《广东省人民代表大会常务委员会关于深化平安广东建设的决定》同时废止。

三 《广东省平安建设条例》的特色与亮点

（一）坚持党的领导，强化党总揽全局、协调各方与政府依法履职的统一

党的十八大以来，习近平总书记多次强调要“提高党把方向、谋大局、定政策、促改革的能力和定力，确保党始终总揽全局、协调各方”。党的十九届四中全会《决定》明确提出，坚决维护党中央权威，健全总揽全局、协调各方的党的领导制度体系，把党的领导落实到国家治理各领域各方面各环节。党总揽全局、协调各方是平安建设的根本保证，也是广东平安建设的宝贵经验。条例不仅在原则中规定了平安建设必须坚持中国共产党的领导，而且把党领导和管理政法工作的职能部门——政法委作为平安建设组织协调机构的职权职责做了系统全面的规定，建立健全了党总揽全局、协调各方的平安建设领导制度体系，从而把党的领导落实到平安建设的各领域各方面各环节。同时，条例高度重视政府依法履职，发挥立法引领作用，从不同角度不同方面对政府及其职能部门，尤其是平安建设成员单位的职责做了全面规定，强化了平安建设权责清单制度、领导责任制、工作责任制等制度机制，为政府依法履职提供强有力的制度保障，从而有效地实现党总揽全局、协调各方同政府依法履职的统一。

（二）坚持系统思维，强化社会风险预警、预防、研判及综合治理

社会风险防控是一项包括社会风险源头预防、排查、研判、预警、处置、协同以及责任追究在内的系统工程。条例依照社会风险防控的内在规律，强化社会风险预警、预防、研判及综合治理，在第14条规定了社会风险的源头防范，要求各级人民政府及相关部门依法行政、严格行政执法、优化公共服务，建立健全重大决策社会风险评估机制，完善社会保障和社会救助制度，畅通和规范群众诉求表达、利益协调、权益救济渠道；在第15条规定了社会风险排查与预警，要求各级人民政府及相关部门建立健全社会风险隐患排查与预警制度；在第16条规定了定期组织研判，要求平安建设组织协调机构定期组织成员单位对可能存在的社会风险进行研判；在第17条规定了社会风险处置，要求各级人民政府及相关部门加强社会风险隐患治理，建立健全处置机制，及时消除社会风险隐患；在第18条规定了社会风险防控协同，要求各级人民政府及相关部门建立健全本地区、本系统社会风险防控协同制度；在第19条规定了社会风险防控责任制，要求各级人民政府及相关部门实行社会风险防控责任制，建立社会风险防控责任清单。相关制度设计和规定，坚持系统思维，全面聚焦贯彻落实总体国家安全观，遵循社会风险防控的内在规律，具有前瞻性和整体性，有助于实现平安广东建设的科学治理。

（三）坚持强基导向，夯实平安广东建设的社会基础

平安广东建设是各级党委政府组织全民参与维护社会稳定的一项群众性创建活动。基层是平安广东建设的重点，人民群众是平安广东建设的关键。条例坚持强基导向，注重抓基层、打基础、强化社会公众参与，为夯实平安广东建设社会基础提供了制度保障：一是条例针对平安广东建设短板进行了制度性补强和创新，在第8条规定了治安防控体系建设，要求各级人民政府应当全面完善立体化、信息化社会治安防控体系；在第11条规定了公共法律服务体系建设，要求司法行政部门完善

公共法律服务体系，加强公共法律服务平台建设，健全村（社区）法律顾问制度；在第 12 条规定了社会心理服务体系建设，要求卫生健康部门会同相关部门建立健全社会心理服务体系和危机干预机制；在第 43 条规定了社会工作服务和志愿服务支持，要求各级人民政府完善政府购买服务等相关扶持政策，支持社会工作服务机构及其他社会组织发挥专业服务功能，健全社会志愿服务体系。二是条例针对平安广东建设基层实践的成功经验进行了固化，在第 10 条固化了网格化建设经验，规定各级人民政府应当建立健全基层网格化服务管理机制，科学划分网格，规范网格工作事项清单管理，加强网格员队伍建设；在第 13 条固化了平安文化建设经验，规定平安建设组织协调机构及成员单位应当开展平安文化建设，推进社会主义核心价值观教育、法治文化教育、安全教育和公民道德建设；在第 42 条固化了基层平安创建经验，规定县级平安建设组织协调机构应当建立健全基层平安创建机制，动员社会力量参与基层平安建设工作。三是条例针对互联网时代特点与需要，把“科技支撑”作为平安广东建设的重要内容，在第 9 条规定了智能化建设，要求省平安建设组织协调机构制定平安广东智能化建设的总体规划，建立健全平安建设信息共享机制，推动公共安全视频资源联网应用，提升平安广东建设智能化、信息化水平。四是条例全面贯彻“人民事情人民办，办好事情为人民”的理念，专章规定了平安广东建设的社会参与，明确了国家机关、人民团体、企业事业单位、其他社会组织、公民等参与平安广东建设的职责和义务。条例的这一系列制度设计，符合平安广东建设重点在基层，关键在群众的客观现实，把抓基层、打基础、强化社会公众参与作为长远之计和固本之策，不仅贯彻落实了习近平总书记关于平安建设工作的重要论述精神，贯彻落实了中央、省委关于平安建设的要求，有助于全面推动平安广东建设，而且体现了立法为了人民、为人民立法的理念。

（四）坚持问题导向，增强条例的现实针对性和可操作性

新时代平安建设的总目标是维护社会和谐稳定，确保国家长治久

安、人民安居乐业。为此，条例坚持问题导向，坚持总体国家安全观，坚持底线思维，牢牢把握平安建设的总目标，针对平安广东建设中存在的问题和短板，作出了一系列具有针对性的规范：一是条例针对重点区域、重点人群强化了相关管理与服务，在第21条规定了重点区域防控，要求学校、幼儿园、医院等区域的管理单位或者运营单位依法采取各种措施防范暴力恐怖活动，提高防控能力；在第22条规定了有关人群服务与管理，要求司法行政等有关主管部门应当加强对社区矫正对象、刑满释放人员、吸毒人员、社区戒毒和社区康复人员、严重精神障碍患者、流浪乞讨人员等的服务与管理。二是条例针对平安广东建设的堵点、痛点、难点做了相应的制度安排，从第24条至第28条，分别对大型群众性活动安全、网络安全、打击治理电信网络诈骗、防范和处置非法集资、医疗纠纷防治等当前平安广东建设的突出领域做出了相应规定。三是条例针对广东实际，对平安广东建设某些重点领域做出前瞻性制度安排。广东地处沿海，维护近岸海域安全和国家海洋权益，是平安广东建设的重要内容。为健全近岸海域管控协调机制，推进近岸海域管控工作，在第29条规定了近岸海域管控，要求沿海县级以上人民政府坚持陆海统筹，牵头建立健全近岸海域管控协调机制，加强与有关部门、机构的协作配合，共同维护近岸海域安全和国家海洋权益。四是条例强化了平安广东建设的制度化、法治化，在第23条规定了常态化扫黑除恶，将常态化扫黑除恶工作，常态化源头预防和打击整治纳入法治轨道；在第30条规定了重点治理和挂牌整治机制，要求平安建设组织协调机构建立健全重点治理和挂牌整治机制，对平安建设重点地区、重点行业、重点领域实施重点治理，对平安建设突出问题实施挂牌整治。

（五）健全机制，强化社会矛盾纠纷的多元化解、前端化解

当前正处于社会转型的历史时期，由各种利益纠纷引发的社会矛盾成为影响社会安定的突出问题，需要通过各种纠纷解决方式化解。建立健全矛盾纠纷多元化解机制，是创新社会治理、深化平安广东建设的重要内容，也是有效化解矛盾纠纷的有力抓手。为此，条例在三个方面做

了相应的制度设计，强化了社会矛盾纠纷的多元化解、前端化解：一是条例对作为“东方一枝花”——调解做出了相应的制度安排。在第33条规定了行业性、专业性调解，要求教育、住房城乡建设、卫生健康等相关部门根据实际需要，指导有关行业、专业领域设立相应的行业性、专业性调解组织，对特定行业、专业领域的矛盾纠纷进行调解。在第34条规定了法院引导调解，对人民法院立案前与立案后的调节工作做出了规定。二是条例注重发挥公证的纠纷预防作用。公证制度是重要的预防性司法制度，公证服务是公共法律服务的重要组成部分，充分发挥其在矛盾纠纷多元化解中的作用是中央相关政策要求。为此条例对充分利用公证的预防性司法制度职能作用，积极参与矛盾纠纷多元化解和诉源治理作出相应规定。三是条例强化社会矛盾纠纷多元化解的平台与机制建设。随着经济发展及法治事业日渐繁荣，公民权利意识不断增强，法院诉讼案件“案多人少”现象日益加重。健全社会矛盾纠纷多元化解相关平台建设，完善调解、行政解纷、仲裁、公证与诉讼的分流与衔接，对高效化解各类矛盾纠纷、缓解人民法院办案压力具有重要意义。为此，在第31条规定要完善多元化解社会矛盾纠纷综合协调工作平台建设，拓宽第三方参与社会矛盾纠纷化解的制度化渠道；在第32条规定了分流与衔接机制，要求县级以上平安建设组织协调机构组织协调人民法院、司法行政部门、仲裁机构等单位，依法建立健全诉讼与非诉讼的分流与衔接机制并在程序安排、效力确认、生效法律文书执行等方面加强机制对接，促进社会矛盾纠纷及时有效化解。

【专家点评：广东外语外贸大学广东省地方立法研究评估与咨询服务基地 古小东 教授】

在选题意义方面，平安建设是近年来党中央提出的由各级党委政府组织全民参与维护社会稳定、加强社会治安综合治理工作的新举措，是构建社会主义和谐社会、促进经济社会协调发展的保障工程，是维护广大人民群众根本利益、为人民群众所期盼的民心工程，是提高党的执政能力、巩固党的执政地位的基础工程。该文指出《广东省平安建设条例》（以下简称《条例》）是平安广东建设的重要依托与制度保障，因应了党和国家提出的平安中国建设科学化、社会化、法治化、智能化的要求，也符合最广大人民群众的意愿，有助于不断增强人民群众获得感、幸福感、安全感，对推动广东平安建设具有重要的意义。该文选题既有高度，也有温度，具有很好的理论意义和实践指导意义。在内容结构方面，如何结合广东省的实际，运用法治的方式“把广东建设成为全国最安全稳定、最公平公正、法治环境最好的地区之一”，打造共建共治共享的社会治理格局，既是《条例》的立法目的，也是重点难点。该文阐述了《条例》的立法背景和起草过程；分析研究了《条例》的主要内容，指出《条例》规定了“社会心理服务体系建设”“社会风险研判”“重点治理和挂牌整治机制”等广东平安建设的成功经验，以及规定了“建立健全近岸海域管控协调机制”等体现广东特色的要求；总结了《条例》的特色与亮点，包括党的领导、系统思维、强基导向、问题导向、健全机制等。该文内容全面，重点突出，结构合理，条理清楚。在论证表达方面，该文严谨有序，点面结合，层次清晰，观点表达明确，语言清楚流畅，文献资料可靠，引注规范。

总体而言，该文选题有一定的高度和温度，结合广东省实际进行分析研究，内容全面，重点突出，结构合理，论证有力，表达清晰，对推动广东平安建设以及努力建设更高水平的平安中国具有很好的理论意义和实践指导意义。

第十一章　关于汕头市行政裁决立法的若干思考

汕头市司法局

行政裁决作为行政机关解决同行政管理活动密切相关的民事纠纷的重要方式之一，具有效率高、成本低、专业性强、程序简便的特点，能有效弥补司法资源的不足，缓解、分担审判机关的压力，有利于促成矛盾纠纷的快速解决，维护社会和谐稳定。但由于制度不完善等多方面原因，目前行政裁决制度的作用并未得到发挥。本文主要介绍汕头市在推动出台《汕头市行政裁决规定》过程中的一些经验做法，回顾总结规章制定过程中遇到的问题及解决思路，以期对行政裁决制度的进一步完善和推广有所裨益。

一　立法背景

党的十八大以来，党中央对完善矛盾纠纷多元化解机制高度重视。2018 年 12 月，中共中央办公厅、国务院办公厅印发了《关于健全行政裁决制度加强行政裁决工作的意见》，为健全行政裁决制度、加强行政裁决工作提供了重要指引。但目前国家尚无关于行政裁决程序的统一立法，有关行政裁决的条文规定散见于有关法律、法规和部委规章中，如专利法、土地管理法、政府采购法等，未能形成统一的制度体系，甚至在之前一些法律法规的修改过程中，有关行政裁决的内容也被删减了。我市行政机关在开展行政裁决工作过程中也面临着裁决范围不明确、程序不规范、制度不健全等问题，行政裁决在实践推广中处于尴尬的境地：一方面，群众对行政裁决不甚了解，认可度较低；另一方面，由于制度的不完善，尤其是程序规则的不健全，行政机关心存顾忌，担心面临法律风险，对推广实施行政裁决制度存在一定消极心理。这些问题的存在，导致行政裁决的优势并未得到有效发挥。如何充分发挥地方立法权优势，有针对性地解决行政裁决工作面临的实际困难和问题，让行政机关开展工作有法可依，让人民群众愿意选择这一纠纷处理方式，是我们始终关注的问题。

二　先行先试

2019 年底，经广东省人民政府同意，汕头市被确定为广东省行政裁决示范创建城市，全面推进行政裁决示范创建工作。汕头市政府坚持高起点谋划、高质量推进示范创建工作，推动打造行政裁决“一站式”解决纠纷新样本、打磨行政裁决示范典型案例等，为加快法治政府建设发挥积极作用。为提炼总结前期在开展行政裁决示范创建工作中的进展成效，争取在及时有效化解社会矛盾纠纷和城市治理顽疾方面形成可复制、可推广的经验，为国家、省推进行政裁决程序制度建设探索可行做法，按照示范创建工作任务部署，汕头市政府决定启动行政裁决立法工作。

此项立法工作由汕头市司法局承担。市司法局为此成立工作专班，组织前往自然资源、知识产权、政府采购等行政管理部门以及中国汕头（玩具）知识产权快速维权中心进行调研，于 2020 年 10 月形成论证稿，并邀请北京大学王锡锌教授等行政法领域的专家学者进行论证。在广泛征集意见基础上，市司法局充分借鉴相关专业领域行政裁决制度文件，并参考民事诉讼法、行政诉讼法及相关司法解释，修改形成草案，经汕头市人民政府第十四届 90 次常务会议讨论通过，于 2021 年 1 月 12 日以汕头市人民政府令第 198 号印发《汕头市行政裁决规定》（以下简称《规定》），自 2021 年 3 月 1 日施行。

《规定》共70条，分总则、申请和受理、审理、调解、裁决、监督、附则七章。从内容和立法技术的层面看，《规定》主要有以下四个特点：第一，在立法的核心要义和目的上，《规定》构建了一个地方统一的行政裁决程序规则，解决裁决机关如何行使权力，即“裁决机关应当怎么做”的问题。《规定》全面规范了行政裁决行为的运作过程，确立了程序规则和以程序为导向的权力约束机制，对确保行政裁决权力的正确有效行使做了积极的探索，也为“先地方，后中央”的国家行政裁决程序立法路径进行了先行探路和有益尝试。第二，在立法目标模式的选择上，《规定》始终把公正和效率作为追求的目标，并着力体现在条文中。在现代社会，随着法治政府建设的推进，保护公民权利和提高行政效率已成为有关行政程序立法的双重目标。我市的这一立法也不例外，一方面，它通过规范行政裁决程序，控制和防止行政权力的滥用，保障公民权利，维护社会公正；另一方面，它通过属地管辖制度、限时办理制度、简易程序制度、调解制度等一系列制度设计，防范和杜绝行政不作为、慢作为，在确保公正的前提下提升行政裁决效率。第三，在立法的内容架构和内在逻辑上，《规定》体系完整、结构合理、繁简有序、逻辑严密。《规定》以规范行政裁决行为的流程为主线，在此基础上对行政裁决程序的每一环节的具体内容作出比较系统的规定；以行政裁决的程序规范为重点，同时又有关于裁决人员配备、裁决结果运用等必要的配套内容为补充；以规范行政裁决一般程序为主导，同时又辅之以简易程序、调解程序以及对违法行为的监督等规定。第四，在法律规范之间关系的处理上，《规定》妥善地处理好与上位法、同位法之间的关系，遵循下位法不得与上位法相抵触的原则，同时考虑某些领域的裁决程序在国家部委层面已有专门规章的实际，在第69条规定：“法律、法规和规章对行政裁决另有规定的，从其规定。”

三　问题导向

我们在立法过程中始终坚持问题导向，围绕当前影响行政裁决实践推广的突出问题开展制度探索。

（一）关于行政裁决的范围问题

根据职权法定原则，行政机关须在法定职权范围内开展行政裁决。由于目前国家对行政裁决没有统一立法，因而行政裁决的事项范围也没有统一规定，而是分散规定于相关法律法规中；且随着有关制度的立改废以及今后行政裁决工作的发展，裁决事项范围也并非一成不变。因此若在地方立法中列举所有裁决事项并不科学、也不现实。针对这一问题，《规定》首先对行政裁决概念进行定义，即“行政机关根据自然人、法人或者非法人组织的申请，在法律、法规授权范围内，居中对与行政管理活动密切相关的权属争议、侵权、损害赔偿等民事纠纷进行裁处的行为”。在具体范围上，一方面规定由市司法行政部门依据相关法律、法规和上级有关行政裁决工作要求制定行政裁决事项清单，确定行政裁决范围和裁决机关，经市人民政府同意后向社会公布，并实行动态管理；另一方面作出排除规定，明确不属于行政裁决范围的民事纠纷类型，包括：当事人已提起仲裁、诉讼的；已超过民事诉讼时效的；以及其他依法不属于行政裁决范围的民事纠纷。通过清单制度和特定情形排除两种方式，达到既解决裁决事项范围的问题，又能够兼顾制度的稳定性，确保事项范围能够根据现实情况动态调整。目前国家、省和市先后以清单方式公布了一批行政裁决事项清单，相信随着行政裁决制度的实践推广和持续完善，今后行政裁决范围将得到进一步拓宽。

（二）关于行政裁决的流程设计问题

程序正当是依法行政的基本原则之一。树立行政裁决的权威，很大程度上取决于程序设计的科学与严密。目前实践中，除了自然资源、知识产权、政府采购活动领域有比较详细的裁决程序制度外，其他诸如水利、交通等众多领域尚未建立专门的裁决程序指引。统一程序的缺失易造成程序适用上的随意性，由此产生的后果是公众对行政裁决活动权威性的质疑，不利于行政裁决工作的开展，对行政机关履行行政裁决职责的积极性、主动性也会造成消极影响。

本次立法的主要目的就是为行政裁决制定一套科学完整的流程，解决因程序缺失给行政机关带来的法律风险问题。《规定》将行政裁决程序分成申请受理、审理、调解、裁决若干环节，并对各个环节流程进行统一设计，使行政裁决流程形成完整闭环，为裁决机关提供具体、明确、可操作的办案遵循，实现有法可依。主要包括以下环节：

1. 申请和受理环节，着重解决行政裁决的申请方式、申请条件以及裁决机关受理申请的流程。

2. 案件审理环节，明确合议组的组成、当事人举证、裁决机关调查收集证据、组织听证等程序以及审理期限；在此基础上根据案件复杂程度增加规定了简易程序，实现在更短的期限内办结案件。

3. 组织调解环节，主要规定调解遵循的基本原则、方式、调解时限、调解协议及效力等。

4. 裁决作出环节，主要确定合议组表决规则、行政裁决书的作出、申请的驳回以及中（终）止裁决的情形、裁决的效力和救济途径等。

（三）关于行政裁决结果的效力及救济机制问题

行政裁决作为行政机关依法定职权作出的行为，其一经作出即具有约束力。行政裁决书生效后，当事人应当履行。这是行政裁决能够成为化解民事纠纷“分流阀”的重要基础。为强化行政裁决快速解决矛盾纠纷这一优势，避免行政裁决作出后因执行难而成为一纸空文，根据《最高人民法院关于适用〈中华人民共和国行政诉讼法〉的解释》（法释〔2018〕1号）精神，《规定》在第62条第2款规定“当事人在法定期限内不提起行政诉讼又不履行生效行政裁决的，裁决机关可以依法申请人民法院强制执行；裁决机关在申请执行的期限内未申请人民法院强制执行的，生效行政裁决确定的权利人或者其继承人、权利承受人在六个月内可以申请人民法院强制执行”。同时，明确生效的行政裁决书、调解协议或者调解书可以作为向有关部门申请办理权属登记的证明材料。另一方面，考虑到行政裁决的法律效力并非终局性，当事人不服行政裁决的，依法仍可向法院提起诉讼，除非法律另有规定。为保障当事人依法获得司法救济的权利，《规定》规定行政裁决书生效后，当事人不服的，在法定期限内可以依法提起行政诉讼。

（四）关于如何体现行政裁决制度相关优势的问题

针对当前人民群众对行政裁决的认知度、信任度较低，申请行政裁决意愿不强的问题，《规定》围绕行政机关在解决特定民事争议方面具有的效率高、成本低、专业性强、程序简便等特点进行探索，以更好地推广此项纠纷化解方式。

1. 突出专业。专业性的行政裁决的突出优势，依托行政机关丰富的管理经验以及专业知识，能够使纠纷得到更加彻底的解决。为发挥这一优势，《规定》在对行政裁决人员进行规定时，一方面，要求行政裁决人员原则上须具有相关行业职业资格或者两年以上相关行业工作经验；初次从事行政裁决工作的，根据《公务员法》规定应通过国家统一法律职业资格考试，取得法律职业资格。另一方面，为提升行政裁决工作水平，并弥补裁决机关人手不足问题，规定由司法行政部门建立行政裁决专家库；裁决机关根据裁决工作实际，可以从专家库或者相关行业专家中聘请一名人员参加合议组；受聘人员与行政裁决人员具有同等的权利义务。

2. 强调便民。为方便当事人就近申请裁决以及便于裁决机关查明案情，《规定》在行政裁决管辖规则问题上，确定由当事人住所地或者纠纷发生地的区（县）级裁决机关或者具有行政裁决职能的镇政府（街道办事处）依照职权进行管辖。对专业性强、影响重大或者跨区域的裁决事项，可以由上级裁决机关指定管辖或者直接管辖。另外，允许以信函、电报、电传、传真、电子数据交换和电子邮件等多种方式提出裁决申请，并且明确裁决机关受理行政裁决申请不收取费用。

3. 确保公正。行政裁决带有准司法性，只有确保裁决程序和结果公正，不偏袒任何一方当事人，才能提升百姓对这项制度的认可度。为体现公正，《规定》在裁决机构问题上采用合议组制度，由三名行政裁决人员组成合议组对案件进行审理；同时建立裁决人员和记录人员、翻译人员、调查人员、勘验人员、鉴定人员的回避制度，保证案件的正确处理。同时，为了救济当事人在举证或质证能力上的不足或缺陷，保障其实体权益，《规定》参照诉讼领域有关释明权的做法，规定在审理过程中，行政裁决人员发现当事人存在实体性权益未提出请求的，可以提醒当事人增加或者变更裁决请求；当事人拒绝或者放弃的，按其原裁决请求进行审理。

4. 鼓励调解。为推动案结事了，引导当事人协商化解矛盾，《规定》明确在当事人自愿的前提下裁决机关应组织调解，调解时间不计入审理期限；同时为避免久调不决，对调解时限进行了限定，要求裁决机关在调解不成的情况下及时作出裁决。对经调解达成协议的，《规定》提供两种方式供当事人自主选择：第一种是通常情况下，由裁决机关制作调解书；调解书自当事人签名、盖章或者捺印，并加盖裁决机关印章之日起生效。第二种是在当事人同意的情况下，经裁决机关审查确认后记入笔录或者将调解协议附卷，由当事人签名、盖章或者捺印，行政裁决人员签名或者盖章后生效；该方式主要适用于无法当场制作调解书或者无须制作调解书的情形。

四　成效及难点

《规定》是国内首部行政裁决领域的政府规章，该规章的出台既是贯彻落实党中央完善矛盾纠纷多元化解机制工作部署的重要举措，也是汕头市充分发挥特区“试验田”作用，为行政裁决制度建设提供示范的有益尝试，受到司法部和广东省司法厅的肯定。

《规定》实施以来，全市行政裁决示范创建单位共受理行政裁决案件 109 宗，作出行政裁决决定 11 宗，通过调解和解方式结案 96

宗，行政机关适用行政裁决制度的积极性逐步提高，汕头市自然资源局、财政局等部门根据《规定》分别制定了本部门的行政裁决工作实施细则等配套制度。作为汕头市行政裁决示范创建单位之一的汕头市市场监督管理局，在《规定》实施后迅速调整原先做法，停止收取专利侵权纠纷行政裁决案件受理费，得到当事人的一致好评；2021 年，该局受理并审结专利侵权纠纷行政裁决案件 32 宗，比 2020 年的 18 宗大幅提升，且无被诉案件。可以说，《规定》的出台在激发行政裁决制度活力方面发挥了积极作用，立法成效得到初步显现。

下一步，汕头市司法局还将通过加快组建行政裁决专家库、动态调整行政裁决事项清单、加强普法宣传等工作，推动行政裁决示范创建取得更大成效；同时，通过开展深调研，对制度执行过程中存在的问题及时组织研究，推动行政裁决制度不断完善。囿于地方立法权限，目前尚有部分内容无法从地方立法层面作出明确规定，如裁决机关对行政裁决决定的强制执行权问题、行政裁决的救济模式问题等。尤其是行政裁决是否通过行政复议进行救济的问题，当前国家立法尚未有明确规定。通常来说，行政权行使侧重于效率，司法权行使侧重于公正，而行政裁决虽为行政行为，但同时又具有准司法性质，因此在设计法律救济模式时需在公正与效率二者间努力寻求平衡。若将所有行政裁决均纳入行政复议范围似能更好地体现公正，但同时也拉长了矛盾纠纷的解决周期，不利于体现行政裁决高效化解矛盾纠纷的制度优势，目前理论界对此问题尚存在不同的声音。鉴于该问题已超出地方立法权限范畴，需留待国家行政裁决立法时加以规定，或者在修改行政复议法时一并予以明确。

【专家点评：广东外语外贸大学法学院 余彦副 教授】

行政裁决是多元化纠纷解决机制的重要方式之一，汕头市司法局充分发挥特区立法先行先试的作用，制定了全国首部行政裁决领域的规章《汕头市行政裁决规定》，对行政裁决的受案范围、具体流程、裁决效力及救济机制进行了全面、系统的规定，具有重要的开创意义。《规定》正式实施以来，案件数量稳步提升，当事人积极评价裁决结果，可见《规定》的预期效果得到了较为充分的实现。更为重要的是，汕头市司法局能够客观、全面地看待行政裁决的定位和作用，通过受案范围动态调整机制等方式确保行政裁决能够与时俱进，最大限度地发挥应有作用。特此推荐《规定》为2021年度经典地方立法案例。期待《规定》在后续实施过程中继续发挥好“试验田”作用，为后续国家相关立法积累地方经验，贡献地方智慧。

第十二章　立法决策量化论证的广州探索

肖宝玭*

党的十八大以来，党中央对立法工作提出了一系列新要求，习近平总书记指出“要坚持问题导向，提高立法的针对性、及时性、系统性、可操作性，发挥立法引领和推动作用。要抓住提高立法质量这个关键，深入推进科学立法、民主立法，完善立法体制和程序，努力使每一项立法都符合宪法精神、反映人民意愿、得到人民拥护”①。为了适应立法工作新形势，全面贯彻落实立法工作新要求，广州市人大常委会在提高立法质量上下苦功，近年来充分运用现代信息技术手段开展立法决策的量化论证，探索建立科学立法新机制，形成了强化地方立法科学化、精细化和可操作性的具有鲜明时代特征的广州立法经验。

一　正确认识量化论证意义

量化论证是用可以度量的方式论述、推理与证明，具体而言就是对所研究的对象进行量的描述，建立与之相适应的数学模型，进而进行计算、分析，找出能以数学形式表达事物内部联系的一种方法。长久以来，学术界有观点认为法律作为构建和维持社会秩序的规范，立法过程

---

* 作者简介：肖宝玭，广州市人大常委会法制工作委员会一级主任科员。

① 习近平：《习近平在庆祝全国人民代表大会成立六十周年大会上的讲话》，http：//cpc.people.com.cn/n1/2019/0915/c64094－31353660.html，访问时间：2021 年 3 月 23 日。

充满价值的纷争与抉择，难以像自然科学一样进行实验，无法通过精准测量和计算来得到答案。因此，在立法决策中多采用定性论证方式，强调运用经验判断、案例分析和逻辑推理来作出政策选择。①

随着社会科学的发展进步，法律的科学属性逐步被发现，尤其是作为善治基础的良法应具备的科学属性日益受到重视。首先，法律所调整的社会关系具有客观内在规律，而良法必须反映和符合客观规律的要求，这些规律既包括自然规律、社会发展规律，也包括立法活动本身应遵循的规律。量化论证这一重要的科学研究方法可以让立法者更好地把握客观规律。可以说，立法决策量化论证是科学立法的内在要求。其次，立法是一个利益衡量和抉择的过程，如何推动利益相关方的理性互动并达成共识性结论，立法者必须承担论证义务，而量化论证则是最直观提取最大共识公约数的论证方法。从这一意义来看，立法决策量化论证是民主立法的实现途径。最后，量化论证立足于提高立法的有效性和可操作性。立法，尤其是地方立法，不是高高在上的教条，它必须是深入街头巷尾，能够被百姓理解和遵循的一个个明确的行为规范。量化论证通过最大限度地掌握实际情况，进行最理性客观的分析决策，给出明确规范和指引社会成员的规则。在这个意义上，量化论证也是连接法律价值和法律实施的坚固桥梁。②

二　科学确定量化论证内容

在立法过程中需要论证的内容很多，不是所有的问题都适合用量化的方法进行论证，那些很难量化或量化程度低的内容，如法律价值的取向、程序性立法、单纯的立法技术问题等就不适合进行量化论证。此外，量化论证本身也是成本较高的一种论证方式，基于立法资源分配和

① 洪冲：《科学立法的法理探微：基于理性概念嬗变的分析》，《地方立法研究》2017 年第 6 期。

② 江必新、郑礼华：《互联网、大数据、人工智能与科学立法》，《法学杂志》2018 年第 5 期。

立法成本的考量，有些内容采取其他论证方法可能优于采用量化论证的方法。因此，必须对需量化论证的内容进行科学分析和判断，有所取舍。广州市人大常委会在多年的立法实践的基础上，总结出以下适合量化论证的内容。

一是对实际情况和存在问题的摸查。“从实践逻辑上看，立足于中国国情和实际的法治实践是中国特色社会主义法治理论最重要的源泉，是中国特色社会主义法治道路建设的支撑性力量。”① 对实际情况的把握是做好立法工作的前提，采用量化论证的方式可以发挥统计学在数据收集、分析方面的优势并进而进行推断和预测，得出相关决策依据和参考。在海量信息已经数据化的今天，还可以运用大数据技术分析人们的偏好，制定符合人性规律的政策措施。特别是在制定城市精细化管理类的地方性法规时，更需要立法决策者对城市现实情况充分了解和掌握，才能制定出符合实际、可操作性强的法规，以更好地解决社会主要矛盾、更好地落实各方立法责任，切实提高立法工作质量和效率。2021 年，在制定《广州市养老服务条例》（以下简称《条例》）时，通过对我市老年人口数据和养老服务情况分析（如图 12－1 及表 12－1 至表 12－3 所示），我们发现我市存在人口老龄化发展趋势加剧，社会养老负担加重，人口“未富先老”，民办养老机构发展乏力等突出问题。据此，《条例》在总则中明确了我市养老服务的基本框架，即养老服务发展应当坚持政府主导、家庭尽责、社会参与、市场运作、保障基本、适度普惠的原则，构建居家社区机构相协调，医养康养相结合，养老事业和养老产业相协同，全覆盖、多层次、多支撑、多主体的养老服务体系。同时，为解决我市养老工作面临的突出问题，在《条例》中重点强化政府兜底保障，健全基本养老服务体系，确保人人公平享有基本养老服务；加强居家社区养老服务建设；加大对社会力量参与养老服务的扶持力度等措施。

---

① 石佑启：《中国特色社会主义法治道路的历史、理论与实践逻辑》，http：//www.cssn.cn/zx/bwyc/202110/t20211019_5367884.shtml，访问时间：2021 年 10 月 20 日。

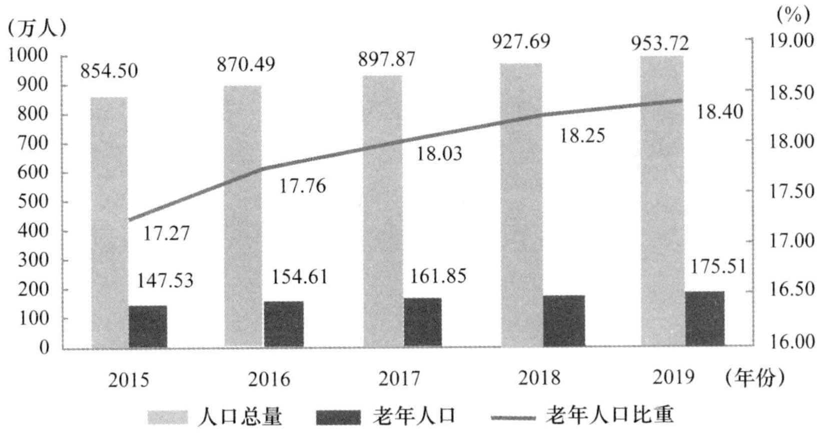

图 12-1　2015—2019 年广州市老年人口变动情况①

表 12-1　　**2015—2019 年广州市社会抚养比数据②**

抚养比	2015 年	2016 年	2017 年	2018 年	2019 年
社会总抚养比（%）	46.81	49.37	53.16	56.37	58.55
老年人口抚养比（%）	25.34	26.53	27.61	28.54	29.18

注：社会抚养比是指人口总体中非劳动年龄人口与劳动年龄人口之比，说明每 100 名劳动年龄人口要负担多少名非劳动年龄人口。从表中可以看出，广州市社会养老负担逐年加重。

二是对拟采取措施中的量化指标的论证。地方性法规若要具备可操作性，必然存在着大量的量化规定，其中最普遍的情况是对罚款幅度的确定。在没有上位法依据的情况下，如果采用纯逻辑推理的论证方法，一般是比照最相似情况的处罚幅度进行规定。若采用量化论证的方式，则需对违法成本、被处罚概率、可替代处罚方式、执法成本等因素，综合法经济学、贝叶斯法则（Bayes' theorem）、博弈论等量化分析方法进行综合论证。两种方式相比，毫无疑问是量化论证的方式有更精准的

① 广州市老龄工作委员会、广州市统计局：《2019 年广州市老龄事业发展报告和老年人口数据手册（数据篇）》，南方日报出版社 2020 年版，第 2 页。

② 广州市老龄工作委员会、广州市统计局：《2019 年广州市老龄事业发展报告和老年人口数据手册（数据篇）》，南方日报出版社 2020 年版，第 13 页。

表 12－2　2015—2019 年广州老年人口领取城乡居民养老金的情况①

年份	2015 年	2016 年	2017 年	2018 年	2019 年	差值			
						2016 年—2015 年	2017 年—2016 年	2018 年—2017 年	2019 年—2018 年
1500 元以下	99.94	99.96	100.00	99.97	77.79	0.02	－0.03	－22.18	
1500—2000 元	0.02	0.01	0.00	0.01	18.65	－0.01	－0.01	0.01	18.64
2001—2500 元	0.01	0.00	0.00	0.00	3.45	－0.01	0.00	0.00	3.45
2501 元以上	0.03	0.03	0.00	0.02	0.11	0.00	－0.03	0.02	0.09

注：从表中可以看出，广州市领取城乡居民养老金的老年人收入较低。

数据来源：广州市人力资源和社会保障局。

表 12－3　2015—2019 年广州市机构养老数据②

指标	单位	2015 年	2016 年	2017 年	2018 年	2019 年
养老机构数	个	177	179	183	189	217
公办养老机构数	个	65	65	63	59	60
民办养老机构数	个	112	114	120	130	157
养老服务床位数	张	53017	58954	62144	65403	68339
每千名老年人拥有养老床位数	张	38	40	40	40	40
养老机构入住老年人数	人	24445	25377	23678	24232	26756

注：从表中可以看出，目前广州市养老机构以民办为主，入住养老机构的老年人数不多，绝大部分老年人居家养老。

数据来源：广州市民政局。

① 广州市老龄工作委员会、广州市统计局：《2019 年广州市老龄事业发展报告和老年人口数据手册（数据篇）》，南方日报出版社 2020 年版，第 116 页。

② 广州市老龄工作委员会、广州市统计局：《2019 年广州市老龄事业发展报告和老年人口数据手册（数据篇）》，南方日报出版社 2020 年版，第 118 页。

针对性及可接受度。法规中还普遍存在一些技术指标要求，如对范围、数量、时间等的要求。这些要求可量化度较高，适合用量化论证的方式确定。如在修订《广州市社会急救医疗管理条例》时，“急救不急”受到社会普遍诟病，为有效解决这一问题，广州市人大常委会在市卫生行政管理部门提供的2010年1—9月的统计数据的基础上（广州市急救医疗指挥中心共调度出车71530次，其中出车时间在3分钟内的有54126次，占75.67%，出车时间在3分钟以上的有17404次，占24.33%），根据广州市医疗机构的分布情况和交通网络条件进行量化综合测算，规定了4分钟的出诊时间和20分钟内的到达时间。条例实施后部分医院的院前急救提速30%，市民对出诊速度的提高有明显感受。此外，《广州市养老服务条例》中养老服务设施人均用地标准等量化度高的控制性规定，法制工作委员会都要求起草单位提供科学的论证依据。

三是对拟采取政策的预期效果的论证。首先是社会效益的评估。社会效益的评估在法经济学中研究得较为成熟，一般采用成本—收益分析方法去量化比较拟制定政策的成本与收益。这一原则在国外的立法实践中运用较多，甚至成为一些国家立法程序的强制性要求。如美国1981年颁布的《联邦规章》，要求所有制定新制度的政府法规都要实行成本—收益分析，并且除非潜在的社会收益超过潜在的社会成本，否则不得进行管制。20世纪90年代后，大量的国会立法也加强了成本与效益评估，并做了具体成本收益分析的规定，加拿大、德国、英国、日本等国家的立法中也都明确了成本效益分析制度。我国立法一直以来过于理想主义，强调法律价值目标的实现，而忽视了成本和效益。近些年来，随着立法工作重心从增加立法数量转为提高立法质量，科学立法的探索逐渐增多。《广州市地方性法规立项办法》要求提交立法建议项目的有关单位必须同时提交立项论证报告，报告必须包含关于立法效益预期的说明，要将法规实施的人力、财力等成本支出与实施效益之间的比例关系进行论证。其次是政策接受度的评估。一项政策只有被广泛接受，才能被广大群众自觉遵守，地方立法工作必须考量群众对政策的接受度。在制定《广州市生活垃圾分类管理条例》时对于公民个人不按规定分类投放垃圾的行为是否进行处罚产生了争议。有审议意见认为，公民对生活垃圾分类的接受度还不高，制定罚则的条件还不成熟，即使规定了罚则也很难落实。北京市在制定《北京市生活垃圾管理条例》时对公民个人是否制定罚则几经周折，最后由于反对声较大，立法最终选择运用经济手段鼓励市民进行垃圾分类，而不是强硬的罚款手段。鉴于此，法制工作委员会在条例二审前委托广州市社情民意中心开展民意调查和统计分析，通过科学抽样调查及调查数据频数分析、交互分析，结果显示72%的受访公民支持不分类投放垃圾要罚款（见表12－4），同时，市民却对执法方面的“日常巡查、检查”与“对不按要求分类投放、收集、运输等处罚”，认为力度不足的分别多至75%与66%（见表12－5）。这些采用科学方法取得的调查结果，给予了立法工作者制定政策选项的坚定信心。

表12－4 **对推行垃圾分类具体措施的看法** 单位：%

态度措施	支持	不支持	难说
对积极配合垃圾分类的居民给予奖励	89	8	3
垃圾分类行为纳入个人诚信记录	74	18	8
不分类投放垃圾要罚款	72	20	8

表12－5 **对政府部门垃圾分类工作力度的评价** 单位：%

态度工作	足够	不足够	难说
垃圾分类知识的宣传、普及	25	71	4
分类设施的建设	21	75	4
日常巡查、检查	15	75	10
公开垃圾处理污染物的排放情况	14	68	18
对不按要求分类投放、收集、运输等处罚	12	66	22

最后是政策风险评估。在社会转型时期，政策风险问题逐步突显，在衡量政策社会效益时，不仅需要对“成本—收益”进行分析，也需要对“收益—风险”进行评估。广州市人大常委会在2015年启动了法

规案表决前评估制度，委托浙江大学中国地方治理与法治发展研究中心对《广州市历史文化名城保护条例（草案修改稿）》进行了表决前评估，提出了评估报告。2016 年在《广州市非机动车和摩托车管理规定》《广州市生态公益林条例》交付表决前，组织开展了法规表决前社会稳定风险评估，形成了评估报告，为确保法规的正确、有效、平稳实施奠定了坚实基础。

四是对存在的多个可行的政策选项进行比较论证。量化论证的优势在于可以拟定一个客观衡量标准或模型，通过对变量的控制，进行各种不同因素影响变化的对比研究，从而得出孰优孰劣的结论。在制定《广州市城乡生活垃圾分类管理条例》时，对餐饮垃圾和废弃食用油脂的收运和处置的经营方式产生了不同意见。一种意见认为应采用特许经营的方式，由政府通过公开招标等方式，在一定区域内限定一至两家企业从事餐饮垃圾和废弃食用油脂的收运和处置工作。另一种意见则认为餐饮垃圾和废弃食用油脂具有较高的经济价值，应放开由市场自行调节，政府只需要做好监管工作。就此争议，广州市人大常委会法工委委托专家进行了专题论证。论证专家从广州市厨余垃圾产量和理化性质的调查开始，运用数据分析、风险分析、成本效益分析等方法，得出特许经营一方面可以保证收运处置企业规模经营效益，另一方面可以有效集中政府部门的监管力量，提高运营监管效率，既可以节约社会总成本又可以最大化确保餐饮垃圾和废弃食用油脂的安全再利用。鉴于此，条例最终采纳了餐饮垃圾和废弃食用油脂的收运、处置特许经营模式。

五是对涉及群众切身利益且各方争议较大问题的论证。新时代对人大工作提出了新的更高要求，其中之一便是突出群众关切。习近平总书记深刻阐明了初心使命的评价尺度和检验标准："党员、干部初心变没变、使命记得牢不牢，要由群众来评价、由实践来检验。我们不能关起门来搞自我革命，而要多听听人民群众意见，自觉接受人民群众监督。"①

① 习近平：《全党必须始终不忘初心牢记使命　在新时代把党的自我革命推向深入》，http：//www.xinhuanet.com/politics/2019－06/25/c_1124669748.htm？agt＝4941，访问时间：2021 年 3 月 21 日。

相比于其他论证方式，对各方争议较大的问题进行量化论证可以以数据说话，其证明力更易于让争议各方接受，能有效推动人大工作更加符合自身定位、更加围绕中心大局、更加贴近群众，更加精准有效。《广州市停车场建设和管理规定》属于城市管理和民生领域的重要立法项目，该法规关系市民群众的切身利益，社会关注度高，立法影响面广。法工委根据常委会组成人员对该法规案第一次审议时的意见，以及向政府有关部门、立法顾问、立法咨询专家、市人大代表、市政协委员以及社会公众征求的相关意见，选择了关系重大、社会普遍关注的四个问题作为听证事项，即住宅区停车场应当如何规范管理、是否应当鼓励住宅区等专用停车场对外开放、错时共享停车、法规应当如何规范城市道路停车泊位的施划和管理。这些听证问题与群众生活密切相关，吸引了大量网民关注，听证会平台页面曝光量超过 3.69 亿，点击量超过 1508 万，共 347 位网友参与留言，留言总数 1454 条。法制工作委员会通过对网友投票和留言的系统分析了解了群众的政策倾向，群众也通过这一平台为城市建设贡献了才智。

六是立法后评估。法律的生命在于它的适用和生效，立法质量好不好，归根结底要看其适用情况，是否经得住实践的考验，达到预期目的。立法后评估作为检验法律法规实施成效的重要手段，已成为立法工作中的重要一环。在立法后评估中采用以定量分析为特征的经济学方法在国外运用较为普遍，通过系统比较法律法规实施前后社会经济秩序的变化，进行成本效益分析，评估法律法规实施效果。《广州市人大常委会立法后评估办法》首次建立了由合法性、合理性、操作性、实效性、协调性和规范性六个部分构成的评估指标体系，并按百分制量化各个部分的权重分值，确定最终量化评分的计算公式为：评估分数 = 评估组平均分 ×0.5 + 专家组平均分 ×0.3 + 法规实施部门评分 ×0.2。2013 年以来，法工委每年委托专业机构依照立法后评估办法规定的立法后评估程序和量化评估指标体系，对部分现行有效的地方性法规进行立法后评估，并将评估的结果作为法规立、改、废的重要参考依据。

三　严谨设计量化论证形式

目前全球已进入了高度信息化时代，“互联网 +”、大数据和手机移动端共同缔造了一个及时交流、万物互联、信息数据化的日常生活状态，社会因此也逐步进入可以进行“量化设计”的阶段。经济社会的发展对立法工作提出了新要求，不仅立法内容要引领和推动社会可持续健康发展，立法论证工作的形式也要与时俱进。[①]

在论证方式上，广州市人大常委会紧跟时代步伐探索适合于具体法规项目特性的量化论证方式。除了常规的委托研究机构开展专题论证评估、组织召开专家论证会等形式外，从 2008 年起顺应时代潮流组织开展网上问卷调查，《广州市城管综合执法条例》在进行网上问卷调查时，不仅国内网友积极参与，还吸引了美、英、法等多个国家的网友参加，投票约 2.1 万人次，网页点击量达到 18 万次。2012 年在制定《广州市社会医疗保险条例》的过程中，在大洋网上举行了为期 7 天的全国首个网上立法听证会，网上点击量达 1220.84 万人次，网友参与投票和评论 6353 人次，发表意见、建议和评论 919 人次。2017 年召开的《广州市停车场建设和管理规定》网上立法听证会采用线上陈述和线下辩论、网上同步直播和网民实时互动相结合的方式，进一步创新了听证形式，获得第五届广东互联网政务新媒体论坛政务传播创新奖，还被《检察日报》列入“2017 年度民主法治十件大事”。2021 年进一步更新了广州人大智慧立法管理系统，充分运用互联网、大数据、人工智能等信息化思维和技术手段，实现了立法有关数据采集的信息化、规范化、常态化，使立法工作在大数据时代走上了能够随时把有关立法问题进行定性判断和定量分析相结合的精细化立法的新台阶。

尽管不同的论证形式对应的是不同的论证程序，但量化论证的核心

① 江必新、郑礼华：《互联网、大数据、人工智能与科学立法》，《法学杂志》2018 年第 5 期。

程序都必须包括确立论证目标、收集相关数据、进行数据分析这三大环节。在设计量化论证具体流程时，广州市人大常委会始终坚持以下原则确保论证结论的科学性：一是公开透明原则。量化论证方法也必须遵循民主立法的基本原则，而民主立法必须首先保障群众的知情权。不能以量化论证的科学性高，群众难以读懂为由，忽视市民群众的监督。量化论证的论证目标、所采用的科学方法、论证过程、论证报告、论证团队的选择等内容都需要向社会公开。这既是让群众了解立法工作科学性的重要途径，也是接受群众监督提高论证质量的有效措施。二是客观公正原则。客观公正原则要求立法工作者不预设立场，在政策选择时不能仅仅依靠经验进行主观判断，必须以科学的态度客观公正看待论证结果。量化论证的数据来源和样本选择必须客观公正，排除非理性干扰。三是理性互动原则。广州市人大常委会将量化论证不仅仅当作一个论证方法，还将其作为利益不同方理性对话的平台和向公民传递理性智慧的平台。量化论证由于其科学性强，天生带有理性的力量，能将各种不同意见引导到通过科学工具寻求事物规律上来，往往能超脱出现有的具体问题争议，避免出现争议久拖不决和立法僵局，从而提高立法质量。①

四　谨慎对待量化论证结论

尽管量化论证是科学立法的重要实践，但是量化论证结果不一定就必然是科学的和最优的。一方面，社会科学研究的实践表明，由于定量论证是针对可量化部分进行的静态的直接推理，缺少动态的实质性分析，其虽然可以在宏观层面上进行大规模的社会调查和政策预测，但不利于在自然情境下对微观层面进行细致、深入、动态的描述和分析，简单运用量化论证有可能导致将复杂流动的社会现象简单地数量化、凝固化。另一方面，最科学的方案可能受制于现实条件的制约而暂时无法组织实施或是在实践中易于发生异化，从而无法成为最合适的方案。此

① 于兆波：《第三方立法评估制度的功能》，《法学研究》2018 年第 5 期。

外，数据收集方法是否合理、数据分析方法选择是否合适、被分析者的心理状态、被分析者与分析者的关系等都是影响量化论证结果是否科学的因素。因此，面对量化论证的结论，我们要综合、系统、全面地分析导致量化论证结果的原因，分解模型的各个环节，进行动态的实质分析。

一是确保量化论证主体适格。量化论证的内容专业性强，且往往不是立法工作者熟悉的领域，需要善于借助“外智”。广州市人大常委会于2003年率先建立了立法咨询专家数据库，将广州市各个领域、学科造诣较深的专家学者纳入数据库，目前在库专家人数已近600名。法制工作委员会在制定、修改每一件法规时都邀请相关领域、学科的立法咨询专家对法规草案中的专业问题或技术规范进行论证，提供专业意见，确保法规符合客观规律。近年来，进一步规范和加强了第三方立法评估制度，采用招投标和定向委托的方式从有较强的数据采集分析、决策咨询和政策评估经验，具备较强科研条件的高校、研究机构、专业智库等单位中，根据项目性质择优选择量化论证主体。

二是确保数据来源真实可靠。数据是量化论证的基础与灵魂，确保数据来源真实可靠是有效进行量化论证的最基本要求。首先要确保数据的收集方法合理可靠。如在对样本进行分析时，先要对样本进行结构评估，观察受访者居住地区、年龄、性别比例与人口普查结果比较是否存在较大偏差，如存在较大偏差则采用剔除超出部分和补充访问两种手段进行样本修正。其次，要注意鉴别数据的真伪。如在进行问卷调查时，要对问卷双重审核。由督导按30%的比例随机抽取问卷，通过监听访问录音进行问卷审核，然后由班长对每个督导审核过的问卷随机抽查，对未审核的问卷按照5%的比例抽取，通过访问录音进行问卷审核。

三是多种科学方法交叉检查验证。科学验证是科学研究中不可缺少的一个重要环节，使用不同的科学方法对结果进行验证是最基本的科学研究方法。在制定《广州市生活垃圾分类管理条例》时，为对生活垃圾收运处置体系提出科学的建设要求，需要预测未来一定时期广州市垃圾产生量。为此，法工委要求有关部门进行了广州市人口和垃圾量的专题研究。研究单位根据广州市历年生活垃圾量的变化趋势和影响因素，采用六种不同的模型方法预测并相互校正，力图合理预估规划期内的生活垃圾量。（见图 12－2）

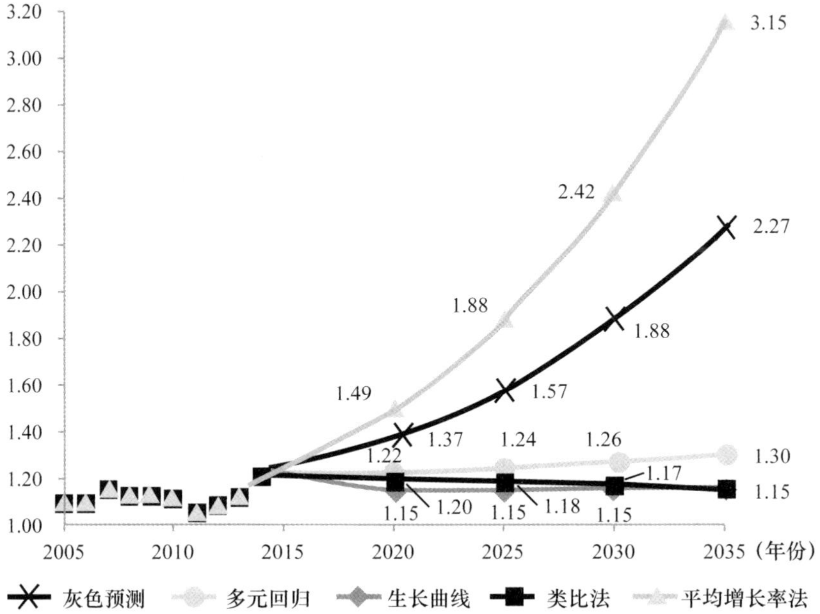

图 12－2　广州市中心六区五种预测方法的人均垃圾量预测结果对比

由上述不同的生活垃圾预测方法经过对比和分组归类，结合对广州市人口增长的预测分析，将生活垃圾量的预测结果设置为高方案和低方案两种。然后根据两种方案的平均值作为规划的中方案。中方案作为后续分类、收运和处理设施的配置的保底方案，高方案与中方案的差值作为垃圾量出现急剧增长时储备用地的计算依据。高方案选择灰色预测和平均增长率预测法，这两种预测方法是以历年生活垃圾量为基础数据的预测方法，完全随时间变化，没有考虑其他影响因素。低方案选择类比法、龚帕兹曲线和多元回归预测法，三种方法都是以人均垃圾量为基础数据，考虑一定影响因素来预测的方法。高方案与中方案的差距主要出现在 2020 年后，2015—2020 年 5 种预测方法得出的结果差距非常小；

到了 2025 年和 2035 年灰色预测、平均增长率预测方法明显高于其余三种方法。主要原因是由于灰色预测和平均增长率预测仅仅考虑了历史垃圾量数据，属于纯数学模型，这种随时间变化的预测方法对基础数据样本数量要求高，而目前广州中心六区提供了 10 年垃圾量，数字模型对短期的预测有一定参考意义，但对于未来更长年限的预测与实际情况偏差较大，存在很多的不确定性。低方案的类比法根据与发达国家和地区的经济等因素类比人均垃圾量，多元回归方法考虑城镇居民可支配收入数、人均食品消费支出和燃气普及率作为垃圾量预测的内在因素，龚帕兹曲线是符合事物发展规律的模型。三种模型均是考虑到了事物发展内部规律所做的预测，属于机理模型，因此这三种方法综合预测的结果更有预见性，对于长周期的预测发生的概率更大。综合所有预测方法得到的中方案可以保证后续的收运处理设置的配置需求。

四是采用综合定性分析与定量分析相结合的论证方式，确保正确的法律价值取向。定性研究方法是从事物的内在规定性来研究事物的一种方法或角度。它以普遍承认的公理为基础，运用归纳与演绎、分析与综合以及抽象与概括等方法，从事物的矛盾性出发，对获得的各种材料进行思维加工，进而认识事物本质、揭示内在规律。定性分析和定量分析两者既对立又统一，相互补充。定性分析可以通过确定基本价值取向来指引量化论证的方向，是进行定量分析的重要前提。反过来，在进行定性分析之后，采用更加准确的定量分析，可以得出更加深入而细致的结论。

广州市人大常委会在修订《广州市生态公益林条例》时，对是否需要提高本市的生态公益林补偿标准以及如何完善补偿方案的论证体现了定性分析与定量分析相结合的论证方式的优势。在立法前期调研中，起草小组了解到，广州市作为全国率先建立森林生态补偿机制和开创性实施生态公益林分级补偿的城市，尽管补偿标准与其他城市（北京、深圳、宁波等）相比处于较高水平，然而与林农的期望仍存在差距。在提高林农经济收益以激励其保育生态公益林与不增加财政负担两个价值选择之中，常委会经过定性论证，认为广州作为国家重要的中心城市应该为全国生态文明建设作出表率，由此确定了优先保护生态环境的价值取向，要求提高现有生态公益林补偿标准，并完善补偿方案，建立定期调整的机制。法工委组织了关于完善广州市生态公益林补偿方案的专题研究，研究主要采用量化论证的方式，考察了以林地租金、木材收益、经济发展程度、森林生态服务价值等因素为依据对生态公益林补偿标准的影响，同时将现有分级标准与以生态区位分级为标准的上述因素相结合，制定了四种生态公益林补偿标准方案，并通过模型测算将四种方案补偿金额每年的调整幅度、调整的成本效益、预测2020年的财政负担总额等进行了对比分析。（见图12－3、图12－4）

经过科学的量化论证，政府部门不再坚持变更补偿标准会导致财政无力负担的观点。条例原则上采纳了论证结论，规定“生态公益林经济补偿标准应当根据生态公益林的等级、质量、生态效益、林地租金、居民消费价格指数等因素合理确定，并根据本市经济和社会发展状况建立定期调整机制。”同时，鉴于补偿标准的复杂性，授权由市人民政府根据上述原则制定具体办法。

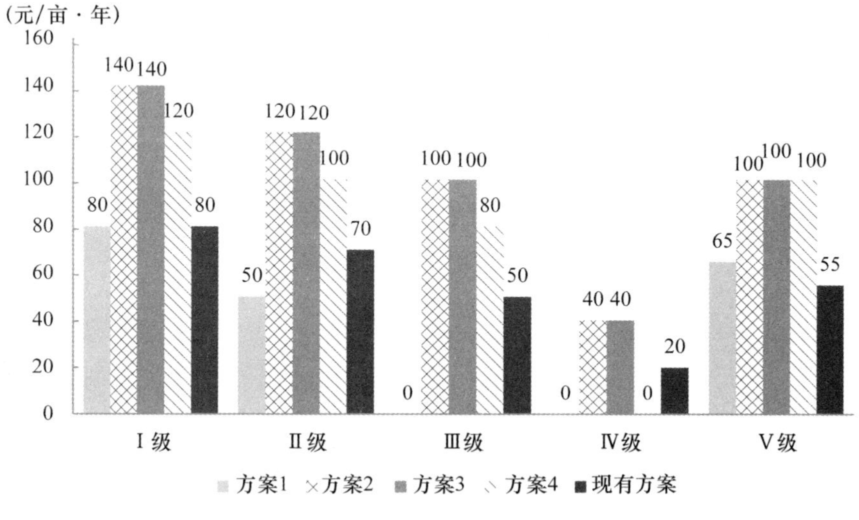

图12－3　2016年四种方案补偿标准对比

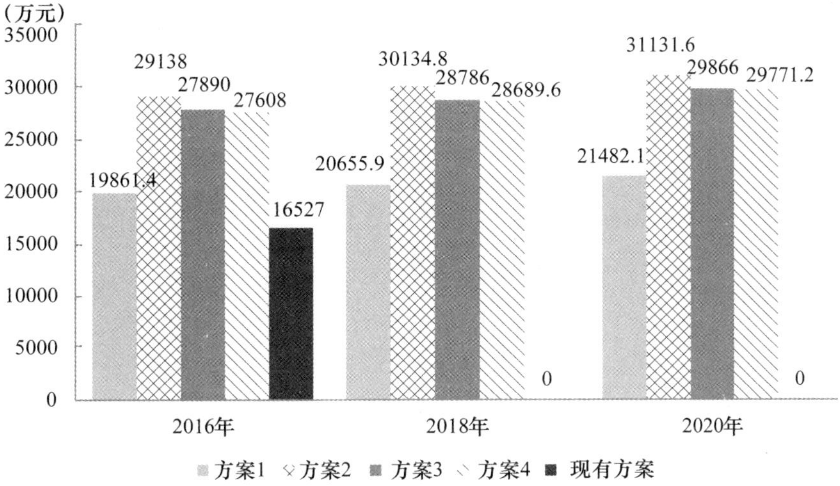

图 12－4　四种方案损失性补偿资金总额对比

五是探索量化论证分析监督机制。尽管人大主导立法工作，但受限于立法力量的不足，大量的法规起草工作仍是由政府部门承担。由政府部门作出的量化评估报告，有可能存在因部门利益关系导致的数据失真失实的情况。广州市人大常委会正在探索由各部门专业委员会审查、委托第三方机构评审、政府信用背书等机制，强化量化论证的科学性和客观性。

【专家点评：广东外语外贸大学广东省地方立法研究评估与咨询服务基地 陈可翔 博士】

本文围绕广州推进立法决策量化论证这一选题展开论述，从量化论证的意义、广州科学量化论证的内容、严谨设计论证形式以及谨慎对待论证结论等方面切入，观点明确、逻辑思路清晰、研究数据可靠，研究结论具有一定的现实指向性与实用性，有助于提高广州立法决策量化论证的水平。但总体来说，文章还存在以下问题需进一步完善。

第一，文章的问题意识不够突出，尤其缺乏对当前广州立法决策量化论证客观存在问题及其背后的原因进行分析，对广州目前立法决策量化适用的规范性问题分析不足，这一定程度上也造成对策缺乏问题指向性；

第二，对于“严谨设计量化论证形式”部分的阐述，更多是从原则方面阐释，相对宏观，没有深入到具体的制度设计和机制建构中，削弱了结论的可操作性；

第三，关于“谨慎对待量化论证结论”的论述，更多像在论述提高论证结论的质量，而非谨慎对待论证结论；

第四，论文参考资料较少，相关图标出自纸质资料拍摄，建议补充文献，转化图表格式，保证论文写作的规范性。

第十三章　新发展阶段设区市地方立法图景与方法探寻

吴兴和[*]

随着中国共产党第十八次全国代表大会的庄严宣告，中国特色社会主义迈入了一个新的时代。新时代的开启，催动国家各项事业进入新发展阶段，催生了改革与法治系列重要理论。作为联动改革与法治的立法，特别是设区市地方立法，渐渐成为此一阶段的主角，内容日渐充实，作用日益凸显。为更好发挥设区市地方立法作用，需要适时对地方实践予以总结提炼，进行理论与实践方面的探寻。

一　理解新发展阶段

习近平总书记指出，“正确认识党和人民事业所处的历史方位和发展阶段，是我们党明确阶段性中心任务、制定路线方针政策的根本依据，也是我们党领导革命、建设、改革不断取得胜利的重要经验。”①

党的百年奋斗史展示，我们党艰辛探索，带领人民取得了中国革命胜利，成功从新民主主义革命时期过渡到社会主义建设阶段，开辟了改革开放和社会主义现代化建设的崭新局面。自党的第十八次全国代表大会以来，我们党带领全国人民接续奋斗，统筹规划，协调推进“五位

---

* 作者简介：吴兴和，湛江市司法局公务员，公职律师。

① 习近平：《在省部级主要领导干部学习贯彻党的十九届五中全会精神专题研讨班上的讲话》，http：//jhsjk. people. cn/article/31996276，访问时间：2022 年 1 月 15 日。

一体”总体布局和“四个全面”战略布局，推引中国特色社会主义迈进新阶段、开启新时代，促成党和国家事业取得了历史性的成就，呈现出了历史性的变化。至党的十九届五中全会，党明确提出，我国进入了一个新发展阶段。新发展阶段，新在何处，时代意蕴如何，需要深入理解把握。

（一）理解新发展阶段之“新”

新发展阶段之“新”，是一相对表述，乃是相较前一阶段党和国家的事业任务而言的“较新”。放到社会主义建设历史场域来看，新发展阶段仍落入社会主义初级阶段覆盖范围，是新时代主要的事业构塑时段。党的十九大报告指明，在中国特色社会主义新时代，“我国社会主要矛盾的变化是关系全局的历史性变化，对党和国家工作提了许多新要求”，但“我国社会主要矛盾的变化，没有改变我们对我国社会主义所处历史阶段的判断，我国仍处于并将长期处于社会主义初级阶段的基本国情没有变，我国是世界上最大发展中国家的国际地位没有变”。[①] 这为我们理解新发展阶段提供了基础。那么，在社会主义初级阶段这个更宏大的历史背景中，应该如何理解新发展阶段之“新”？

1. 背景之新

当今世界正在经历一个世纪以来前所未有的重大变化。国际形势下，百年变局叠加百年疫情，世界进入动荡变化时期。我中华之国崛起是一大变量（既是自变量亦是因变量），导引着“东升西降”之历史发展趋势。此间，大威胁来自美利坚国之遏制打压，将是遭遇战也是持久战；在全球持续蔓延的新冠肺炎疫情虽亦为大考验，但既是风险挑战也可危中转机。总的来说，国际格局的发展趋势对我们有利。国内形势上，我国正向第二个百年奋斗目标迈进，人民群众对美好生活的需求日益增长与国家治理制度体系的显著优势颇得益彰。但我们必须清醒意识

① 习近平：《决胜全面建成小康社会，夺取新时代中国特色社会主义伟大胜利》，《习近平谈治国理政》（第3卷），外文出版社2020年版，第9—10页。

到，我国的发展段位还长期保持在社会主义的初级阶段，仍是世界上最大的发展中国家，发展不平衡不充分问题仍然突出，“三期叠加”的影响将持续深化，未来改革与发展依然面临诸多困难挑战。当前，我国社会大局总体稳定，但风险隐患依然较多，社会新老矛盾交织叠加，公共安全隐患面广量大，消除存量风险和管控增量风险压力较大。以上这些，构成了新发展阶段的宏观背景，要求我们认清形势，正科知变，化危为新，于权开新，在新发展阶段中斩棘披荆、奋勇开拓。

2. 跨越之新

习近平总书记指出：“新发展阶段是我们党带领人民迎来从站起来、富起来到强起来历史性跨越的新阶段。”① 数据揭示，新中国历 70 多年发展建设并改革开放 40 多年奋斗匪懈，创造了又一启程新征途，实现更大愿景的坚实物力基础，站到了新的起点。从 1978 年到 2018 年，中国国内生产总值 40 年的年均增长率为 9.5%，远高于同期世界经济约 2.9% 的年均增长率。2020 年，中国国内生产总值达 1015986 亿元，突破 100 万亿元大关，位居世界第二。2021 年初，脱贫攻坚取得全面胜利，现行标准下，832 个贫困县、12.8 万个贫困村、9899 万农村贫困人口全部脱贫，区域整体贫困问题得到解决，消除绝对贫困的艰巨任务已经完成。粮食产量连续五年稳定在 1.3 万亿斤以上。对外开放续续扩大，“一带一路”共建成果丰硕。人民生活水平显著提高，高等教育进入大众化阶段，新增城镇就业岗位 6000 多万个，构建了世界上最大的社会保障体系。新冠肺炎疫情防控取得重大战略成果，国防军队建设水平大有提高。已连续多年取得制造业、货物贸易和外汇储备世界第一国，商品消费、外资流入世界第二国等成就。这些数据事实表明，经过新发展阶段的接续奋斗，中华民族将迎来从富起来到强起来的伟大跨越。

3. 发展之新

新发展阶段所处之中国特色社会主义初级阶段，是中国共产党领导

① 习近平：《把握新发展阶段，贯彻新发展理念，构建新发展格局》，《求是》2021 年第 9 期。

中国人民进行伟大斗争、建设伟大工程、推进伟大事业、实现伟大梦想的阶段，它“不是一个静态、一成不变、停滞不前的阶段，也不是一个自发、被动、不用费多大气力自然而然就可以跨过的阶段，而是一个动态、积极有为、始终洋溢着蓬勃生机活力的过程，是一个阶梯式递进、不断发展进步、日益接近质的飞跃的量的积累和发展变化的过程”①。此阶段，党领导人民开始了全面建设社会主义现代化国家的新征程，愿景是到2035年基本实现社会主义现代化，到2050年建成富强民主文明和谐美丽的社会主义现代化强国。② 这就对新发展阶段提出了由初阶向高阶迈进的发展目标要求——全面深化改革开放迈上更高水平，实现高速发展向高质量发展转型提升，逐步实现共同富裕，用30年的时间勠力完成中华民族伟大复兴，达成又一次的“大国崛起”。这是一条符合历史发展规律的轨迹线，沿线观察，我们可以看到，新发展阶段是中国特色社会主义初级阶段的一个“边”，客观映照着中国特色社会主义初级阶段国家迈向更高阶段发展的必然。

4. 理念之新

新发展阶段适逢百年现代化周期，必然要用发展的新的理念，以适配本阶段的高质量发展主题。作为习近平新时代中国特色社会主义经济思想重要内容的新发展理念，回答了有关发展的理论和实践之间，对党关于发展的一系列重大政治问题亦做了科学阐明，已成为一个系统的科学的理论体系。这一体系，集合了当前所有的先进发展理念，构筑了指导建设现代化国家的基准，对领航高质量发展，解决好发展不平衡不充分问题，具有很强的战略纲领引领作用，必须在新发展阶段坚持下去、发扬光大。在“两个大局”宏观背景和加快构建新发展格局目标导向下，新发展阶段应把首力放在创新上。一是进行基础理论的创新。致力发展数学、物理、化学等基础学科研究，推动大国科技革命，从根本上

---

①　习近平：《把握新发展阶段，贯彻新发展理念，构建新发展格局》，《求是》2021年第9期。

②　习近平：《把握新发展阶段，贯彻新发展理念，构建新发展格局》，《求是》2021年第9期。

解决“卡脖子”问题。二是进行制度创新。致力发展新生产力，研究双循环、大市场、大政府制度问题，推动生产力适配生产关系，达成资源正配，产出新的辉煌。三是进行组织创新。致力发展复式组织，探明规模创新临界，优化组织互联，整合市场碎片。

5. 导向之新

共同富裕是新发展阶段的新导向，要求实现以生产力发展为前提的生产关系的变革。邓小平同志把共同富裕作为社会主义的本质要求，习近平总书记也再三强调，共同富裕是“中国特色社会主义的根本原则”和“社会主义的本质要求”。党的十九届五中全会进一步提出“全体人民共同富裕取得更为明显的实质性进展”的远景目标，这成为新发展阶段的重要使命。2021 年至整个“十四五”时期和 2035 年以前，新发展阶段共同富裕的战略构想是：“社会主义民主法治更加健全，社会公平正义更加突出”“人民平等参与和平等发展权得到充分保障”“实现更充分、更高质量就业，居民收入增长与经济增长基本同步，分配结构明显改善，均等化水平基本公共服务明显改善，全民教育水平不断提高，多层次的社会保障体系更加健全，医疗卫生体系更加完善，脱贫攻坚成果得到巩固和扩大，乡村振兴战略全面推进”“实现基本公共服务均等化，人均 GDP 达到中等发达国家水平，中产群体规模显明扩大，城乡发展差距和居民生活水平差距明显缩小”“人民生活更加美好，人的全面发展、全体人民共同富裕取得更加明显的实质性进展”。①

6. 需要之新

有学者指出，随着物质需要得到满足，人们的需要重点开始转向后物质主义，更加注重生活质量、自我实现、政治民主、环境保护等价值目标。② 党的十九大明确指出，中国特色社会主义的新时代，国家成功

---

① 新华社：《中国共产党第十九届中央委员会第五次全体会议公报》，http：//www.banyuetan.org/yw/detail/20201030/1000200033137441604018846351205940_ 1.html，访问时间：2022 年 1 月 15 日。

② ［美］罗纳德·英格尔哈特：《静悄悄的革命——西方民众变动中的价值与政治方式》，叶娟丽、韩瑞波等译，上海人民出版社 2016 年版，第 3—5 页。

从物质匮乏型社会转向相对丰裕型社会，国民不仅有着更高等级的物质文化生活需求，也日渐产生民主与法治、公平与正义、安全与环境等方面的良善需要。这一科学判断表明，人民需要在新发展阶段发生了新的变化。首先，是需要领域的拓展与冲突。一方面，民众需要将由“求生存”向“求生态”拓展，相伴产生有关需要的供需突出矛盾，突出表现在供给的错位。另一方面，不同的阶级阶层、不同的社会群体的需要侧重点产生分化，这些分化差别很大，甚至互不相容。其次，是需要的层次发生迭代。坚持问题导向、精准施策方法论的普遍运用，使得人民需要在新发展阶段的层次迭代特征明显。比如，“如厕问题”即经历了 3 个版本的迭代更新，最终接近实现补齐影响群众生活品质的短板目标。从解决我国当前根本民生制度中的低水平分散、公平短缺和可持续性差等存在问题出发，新发展阶段需要迭代的名单将渐长——“城市更新运动”、全民教育、人才培育、文化体育、医疗健康、基本公共服务均等化，等等，将不断迭代出更高版本，为吾民提供质量更优的民生服务。最后，是需要的功能产生位移。新发展阶段产生的丰富物质，将使国民社会活动中的生产、分配、流通和消费四个基本环节产生功能位移，消费将吸引人们更多的注意力，成为一种符号工具，变化为一种社交方式。这种功能位移，或者是健康的，也可能是不健康的。

（二）新发展阶段的时代意蕴

习近平总书记强调，正确认识党和人民事业所处的历史方位和发展阶段，是我们党明确阶段性中心任务、制定路线方针政策的根本依据。①

1. 重要意义

“进入新的发展阶段”是以习近平同志为核心的党中央，根据时局判断形势的时间和规模，作出对形势的重要战略反应和判定，清晰标注

---

① 习近平：《把握新发展阶段，贯彻新发展理念，构建新发展格局》，《求是》2021 年第 9 期。

了中国的历史发展坐标和方位，在四个方面具有重大而深远的意义。在时代意义上，它划清了中国发展的历史方向和坐标，意味着中华民族进入了“强盛”的伟大时代，这是中国发展进程中新的重大里程碑，是中华民族伟大复兴历史进程中的又一次伟大飞跃。从理论上讲，它标志着中国特色社会主义道路、理论、制度和文化的不断发展，标志着科学社会主义在21世纪的中国焕发出前所未有的活力，开辟了马克思主义中国化的新境界，为增强“四个自信”提供了更加坚实的理论支撑。从实践意义上讲，它明确了新发展阶段的特点，为在新的历史条件下确立奋斗目标，谋定发展战略，制定重大政策，部署重大工作提供了根本依据，奠定了社会主义现代化国家新征程建设全面开启的根本基础。从世界意义上讲，它突出了我们推进的现代化具有各国现代化的共同特点和立足国情的中国特色，充分证明了现代化模式、道路和标准的多样性，丰富和拓展了现代化建设，为发展中国家实现现代化提供了道路，贡献了中国智慧，为解决人类问题提供了中国方案。

2. 战略目标

全面建设社会主义现代化国家，是新发展阶段的战略目标。中国共产党自成立以来的一切斗争，都是为了建设现代化强国，以中国式的现代化促进中华民族的伟大复兴。中国共产党第十九次全国代表大会在至2050年的国家发展战略愿景中，首次提出了现代强国的目标概念。而实现社会主义现代化，是现代强国的根本标记。由是，全面建设社会主义现代化国家汇为新发展阶段全国人民的最强烈呼声，成为新发展阶段最鲜明、最核心、最具代表性的发展标志。习近平总书记强调，中国要建设的现代化是人口的现代化、人民共同富裕的现代化、物质文明和精神文明的现代化、人与自然和谐共处的现代化，是走和平发展道路的现代化。[①] 实现中国14亿人口全面进入现代社会，其格局超越现有发达国家所有人口，将彻底重绘现代化的世界地图。我们要以实现第二个百

---

① 习近平：《把握新发展阶段，贯彻新发展理念，构建新发展格局》，《求是》2021年第9期。

年目标为指导，坚持系统观念，加强前瞻性思维，统筹规划，整体协调推进总体布局和战略布局，注重夯实基础，扬长避短，加强薄弱环节，克服困难，接续奋斗，逐步把美丽蓝图变为现实。

3. 底线要求

安全是新发展阶段的发展底线。安全与发展，互作前提保证，无安全，所有免谈。习近平总书记有关安全发展的重要论断，系统解答了新发展阶段如何实现安全发展的一系列重大问题，他再三强调，要坚持总体国家安全观，统筹把安全发展贯彻到国家发展的每个领域、全过程。需要认识到，新发展阶段正处于一个世纪以来前所未有的重大变化之中，面临前所未有的风险挑战，各种看得见的、疑难的风险因素明显增多，特别是要警惕和防范“灰犀牛”事件和“黑天鹅”事件。要增强风险意识，强化底线思维，坚持整体发展和安全，在更高层次上协调战略设计和战术运用，牢牢掌握科学决策和创造性应对危机的基本方法。要从预防最突出的问题入手，突出重点地域、重点行业、重点领域的安全防范；从最基本的环节入手，打基层平安第一关，把小平安积累成大平安；从最明显的缺陷入手，重点加强“智能治理”体系和能力建设，推动安全治理模式从事后应对向事前防范转变；从最关键的责任出发，严格执行“党政同责、一岗双责、失职追究”的原则，不断收紧安全发展责任链条。要从人民群众“最讨厌、最反感、最愤恨”的难点入手，解决影响社会稳定的突出问题，善于运用法治思想和法治方法防范风险，化解矛盾，维护稳定，确保和平，不断增强人民群众的利益感、幸福感和安全感。同时，加快城市社会治理现代化试点，加强基层社会治理创新，促进基层资源和力量投入，加快基层社会治理现代化，从而不断完善风险预测防控体系，推进更高水平的安全中国的加快建设，让政治更安全、社会更稳定、人民更安宁。

二 设区市地方立法的新发展阶段禀性

自 2015 年立法法对地方立法权限作出调整，设区市获得地方立法权已逾 7 年。此间及后，设区市地方立法发展恰落入新发展阶段射程，因而其更具有鲜明的时代特色，形成独特的阶段禀性与形在。地方立法是对地方性知识的发现表述，结合前面对新发展阶段的理解，本文判断，新发展阶段是设区市地方立法的精耕阶段，将迸发设区市地方立法更鲜明的地方性。

（一）立法空间的地方性

考察国家立法历史和立法法文本，设区市地方立法经历了主体限定（较大市）、权限较宽到主体扩容、权限限缩过程。2000 年立法法仅赋予 49 个较大市的地方立法权，权限范围主要采取负面清单形式，仅要求不得与上位阶的法律法规相抵触，范围较宽，基本和省级的地方立法权限范围相当。2015 年修改立法法，将地方立法权普遍授予设区的市（至 2020 年，设区市地方立法主体为 272 个），但权限仅限于“城乡建设管理、环境保护、历史文化保护等事项”。这于是成为了设区市地方立法的独有空间，让设区市地方立法得以适应地方实际需要，作出突出重点、避免重复立法等地方性展示，并在新发展阶段发展出新的内涵。

1. 纵向延展

自 2011 年全国人大常委会宣布我国法律体系基本建成以来，国法体系不断完善健全，立法从“有没有”阶段转向“精不精”阶段，立法精细化成为主流，越来越多的中央立法实现了精细化转变，其内容日渐具体，部分规定的可执行性很强，地方无须细化即可有效实施。《民法典》就是其中最好的立法例，新近修改通过的《行政处罚法》《噪声污染防治法》等也充分体现了这种趋向。对于地方实施性、补充性立法来说，这从垂直方向挤压了设区市地方立法的空间，因之使得地方立法空间的有限性和分散性特征更加凸显。

学理上，地方立法从属于中央立法，地方立法的内容在很大程度上是对中央立法的补充。中央立法的日渐精细化，无疑要让人们对地方立法空间的地方性产生新的认识。要更好发挥地方立法实施性、补充性作用，地方立法必须善于发现中央立法的“空隙”，从而发掘出自身的独特立法空间。而这种独特的空间，将更多的是以“点”的形式呈现，时常聚焦于某单一具体问题进行独一的规范，以更有针对性地解决地方独有的问题。

2. 横向扩充

囿于立法能力现实和经济社会治理能力现实，设区市地方立法的纵向“空隙”或者难以发现，但横向空间却是有迹可循。2015 年之修改立法法，全国人大常委会法律委员会解释设区市地方立法权限范围时，明指“城乡建设与管理、环境保护、历史文化保护等方面的事项，范围是比较宽的。比如，从城乡建设与管理看，就包括城乡规划、基础设施建设、市政管理等；从环境保护看，按照环境保护法的规定，范围包括大气、水、海洋、土地、矿藏、森林、草原、湿地、野生动物、自然遗迹、人文遗迹等。从目前 49 个较大的市已制定的地方性法规涉及的领域看，修正案草案规定的范围基本上都可以涵盖”①。乔晓阳在此基础上指出，根据中央有关文件，“城乡建设与管理”中的“城市管理”范围明确界定为：市政管理、环境管理、交通管理、应急管理和城市规划管理等。② 李适时更进一步具体指出，“根据文件精神，出于城市管理需要而延伸的吸引社会力量和社会资本参与城市管理，建立健全市、区（县）、街道（乡镇）、社区管理网络，推动发挥社区作用，动员公众参与，提高市民文明意识等相关举措，也属于城市管理范畴。”③ 这实际上是对城市管理进行了民主法治建设、社会治理和行政事务等方面的类型细分。而随着改革的继续深入，央地事权不断调整变化，设区市在经济社会管理方面将陆续获得更多的事权，地方事务的清单将会越来越长，还将涉及经济管理、资源管理等类型细分方面，这就间接扩充了其地方立法空间。

---

① 《第十二届全国人民代表大会法律委员会关于〈中华人民共和国立法法修正案（草案）〉审议结果的报告》，http：//www. npc. gov. cn/wxzl/gongbao/2015 - 05/07/content _ 1939079. htm，访问时间：2022 年 1 月 15 日。

② 乔晓阳：《在新的起点上加强地方立法工作》，《地方立法研究》2016 年第 1 期。

③ 李适时：《扎实推进设区的市地方立法工作为“四个全面战略布局提供坚实法治支撑”》，《地方立法研究》2016 年第 1 期。

此外，为充分发挥地方立法的探索性作用，立法法根据特别规定优先于一般规定的法律适用原则，补充规定了设区市的地方立法空间，规定设区市可以在法律的特别授权下进行相应事务的地方立法。这也为设区市地方立法空间的横向扩充提供了基础。

（二）立法需求的地方性

有法未必有治，有治未必是善治，新发展阶段人民需要之新必然催生设区市地方立法需求之新。此阶段有关推进国家和社会治理现代化，满足人民群众对于美好生活的向往的目标任务项，决定了此阶段之设区市地方立法需求不应是主要集聚于地法地规的数量增长，而是关乎法治价值全面实现的体系化补充与完善，不仅包含着对于地方立法的对象范围、方法方式、价值取向、结果效果等方面，更包含着有法律、有法治、良法善治等不同层次。换言之，设区市所立之地方法应能回应区域经济社会发展需要，能够提高区域城乡建设管理法治化水平，促进区域生态环境的发展，增强历史文化保护。

1. 经济发展

在国家“五位一体”总体布局的宏观谋划和“四个全面”战略布局的宏观叙事下，设区市发展经济是其第一要务，在不同的城市信息基础和差异的城市地方性知识结构下，不同的城市经济生活将产生不同的城市立法需求。可以预见的是，在普遍的产业结构调整和城镇化经济方法下，随着设区市非农人口的增长、第三产业的占比增加，其社会管理类、经济管理类立法需求将正向增长，相伴带动环境保护类、历史文化类和城市管理类立法需求。

2. 城市治理

在更加强调“共建共治共享”的今天，设区市城镇化、建设“×××之城”等目标带来的城市治理压力不可忽视，这种压力不可避免地催生强烈的制度需求，要求设区市立法必须予以主动回应，以确保城市秩序稳定和机能运转正常。这类地方立法需求，具体表现为在道德等内生性规则失灵或者成本畸高情况下的依靠国家强制力维护城市秩序、裁决纷争和矫正失范行为的主导性规则需求，比如，市域社会治理立法、社会主义核心价值观实施立法、市民教育立法等。同时，出于贯彻中央城市治理法律法规政策的需要，或者应对上级单项考核等其他间接城市行政管理需要，设区市还必须面对由此产生的“必要”的立法需求。

3. 制度竞争

“地方是法治建设的真正舞台”①，在法治既是改革的重要内容，也是改革的重要保障语境下，制度竞争逐渐在城市间竞争中抬头，不断增加着地方立法在国家改革中的价值。深圳市的发展经验即是明证，其正是通过地方立法，及时将本地区改革实践中涉及的新问题、新事项纳入法之调整范围，进而制造了有利于本地区经济发展和社会进步的制度供给，以法治引领发展，在全国设区市中完美胜出。这是一条可复制的经验，其他设区市如欲在城市竞争中有所作为，此方面立法需求应不可少。这类需求，可能在物联智能、云计算、大数据、区块链和数字经济、数据安全、新金融、新零售等新技术和新应用的快速发展与相关法律制度的时间差、空白区内产生。

4. 法治统一

维护法治统一是高度抽象的政治原则，设区市地方立法作为中央立法的补充，天然具有维护国家法治统一的使命，这既是重大的法治问题，也是一个严肃的政治问题。“2015 年修改立法法，赋予设区的市地方立法权，地方立法工作有了积极进展，总体情况是好的，但有的地方也存在违背上位法规定、立法‘放水’等问题，影响很不好。”② 在立法“放水”成为国家级概念后，防范这一问题的重要性更加凸显。由此，设区市在地方立法活动中吃透党中央精神，坚持维护法治统一，从而从本地区实际出发，解决本地区改革建设的突出问题，成为其必要需求。

---

① 葛洪义：《我国地方法制研究中的若干问题》，《中国检察官》2011 年第 9 期。

② 习近平：《坚定不移走中国特色社会主义法治道路，为全面建设社会主义现代化国家提供有力法治保障》，《求是》2021 年第 5 期。

5. 良法善治

《法治中国建设规划（2020—2025 年）》把建设良法善治的法治中国作为根本任务，强调新发展阶段的立法工作要贯彻落实社会主义核心价值观，把社会主义核心价值观要求融入法治建设和社会治理，坚持以民为本、立法为民理念，使每一项立法都符合宪法精神，反映人民意志，得到人民拥护。要求在立法中全过程贯彻公正、公平、公开原则，健全立法体制机制，坚持立改废释并举，增强立法的及时性、系统性、针对性和有效性。而历史经验和教训使人们深刻认识到，“不是什么法都能治国，也不是什么法都能治好国；人民群众对立法的期盼，已经不是有没有，而是好不好、管不管用、能不能解决问题。越是强调法治，越是要提高立法质量”[①]。这些要求落到地方，提高立法质量，立良法促善治，自然也就成为了设区市地方立法的价值追求，促使其在新发展阶段的立法需求从注重立法数量转变为注重立法品质、从提高立法效率转变为高质量高效率立法、从立法调整对象范围的扩张转变为科学立法依法立法，相伴产生实现本地区法治体系内部相互协调的内生立法需求，进而推进本地区法治领域改革，以解决好本地区立法、执法、司法、守法等领域的突出矛盾和问题。

（三）立法供给的地方性

需求决定供给，供给影响需求。新发展阶段设区市地方立法在其独具地方性的立法空间和立法需求下，要求产生相应的供给适配。

1. 立法形式

适当的就是好的，不同于中央立法的法典化趋势，设区市地方立法的立法形式可以根据本地区实际情况而更加丰富。在形式选择上，设区市地方立法可以采用完整的“条例”体例，也可以采用“规定”“规则”“办法”或者是“决议”“决定”等形式，“小快灵”“小切口”立

① 习近平：《全面推进科学立法、严格执法、公正司法、全民守法》，《论坚持全面依法治国》，中央文献出版社 2020 年版，第 20 页。

法，结合本地区的实际情况和需要，对上位法的规定进行细化、补充或者科学依法创制新的管理规则，借助规范内容与本地实际的有效契合而鲜明地彰显本地特色，从而满足本地发展所需，回应立法期盼。在新冠肺炎疫情袭扰下的多个地方进行的及时而严格的疫情防控立法，即为其中成功例的典型。

2. 制度设计

创新是新发展阶段的关键词，在此阶段设区市地方立法的制度设计也应于此聚焦。当前，各设区市市情、地情不一，地方不违背中央立法原意，能保证全国法治统一，且符合本地区实际的多元化的制度设计已成为一种共同的需要。这种需要，要求设区市的地方立法必须予以回应，在不违背法治常识、法律常识、中央立法政策以及上位法所确定的制度基础上，下意识地发掘制度创新的空间，进行创新制度设计，解决本地区的个性问题。同时还要通过制度设计的创新，巩固和发展改革的成果，有意识地进行前瞻性设计，尽可能从制度层面为未来新的实践、新的探索预留必要的空间。

3. 立法模式

“共治共理”的新发展阶段，催生了设区市区域协同立法、共同立法的模式。协同立法是相邻市各自就共同关注的立法事项，以同一步调开展联动立法，各自形成立法文本同步报批、同步实施。2021年12月1日，广东省十三届人大常委会第三十七次会议于同日分别审查批准的《潮州市潮剧保护传承条例》《汕头市潮剧保护传承条例》《揭阳市潮剧保护传承条例》，是设区市共同立法的成功例，开创了地市之间文化领域协同立法的先河。共同立法则更进一步，其变“联动”为“共立”，由相邻或有相同利益关系的市形成一个内容上完全一致的共同文本，经各自的立法有权审批机关按法定程序审议通过后同步实施。这种共同立法模式，还照顾了各共同立法市的个性化立法需求，即在共同内容文本之外，各共同立法市可以有所侧重，结合本地区实际作出个性规定。

三　新发展阶段的设区市地方立法方法

如前论，理解了新发展阶段，知晓了设区市地方立法的新发展阶段禀性与形在，那么，设区市将可以采取何种方法与之适配，从而不断增强地方立法的实效性，达成地方立法政治效果、社会效果、行政效果和司法效果的有机统一，为所在地区改革发展提供坚实法治保障？本文试在此以湛江市近年来的地方立法实践为观察样本，作一些探寻。

（一）湛江市近年来地方立法的成效与经验

2015 年 5 月 28 日，广东省第十二届人民代表大会常务委员会发布第 32 号公告，宣布自公布之日起，湛江市人民代表大会及其常务委员会可以开始制定地方性法规。根据《立法法》第 82 条第 4 款的规定，湛江市人民政府于同日可以开始制定政府规章。嗣后，湛江市遵循地方立法规律，坚持科学民主依法立法，在“党委领导、人大主导、政府依托、社会参与”格局下，一体推进改革与法治、经济与法治，经历了地方立法从“无”到“有”，从“有”到“新”的过程。

1. 主要成效

截至 2021 年 12 月 31 日，湛江市制定实体性地方性法规、政府规章各 6 部，1 部地方性法规《湛江市优化营商环境条例》完成“三读”程序待批准后公布。这些地方性法规和政府规章涵盖湛江市经济、文化、生态文明建设和城市管理的各个方面，施行有序，发挥着推引湛江经济社会在法治轨道上改革发展的重要作用。

立法保护生态资源。深入贯彻习近平生态文明思想，针对湛江依海而建、岸线绵长，但陆地河流较少，水资源紧缺问题，立法保护水资源、保护自然生态。2017 年启动湛江湾保护立法，保护湛江市珍贵、稀有的湾区资源。2020 年制定《湛江市鹤地水库饮用水水源保护条例》保护被誉为“天然大水缸”的湛江鹤地水库，通过多元化制度设计，建立协同保护和生态补偿机制，精准设定禁止行为规则，调适各方主体权利义务，使水库库区及周边屡禁不绝的非法采砂、排污、渔牧、种植桉树、滥用农药等难题得以有针对性的破解，杜绝了各类污染水体的行为危害水质，有效保护了饮用水水源。同年，制定《湛江市地下水管理办法》，以法治方式科学治理湛江市地部分地区地下水超采及由此引发的局部地面沉降、海（咸）水入侵等生态环境问题，保障湛江市用水需求与用水安全，保证湛江市水资源利用实现从地下水为主向地表水为主的转换。2017年制定《广东湛江红树林国家级自然保护区管理办法》，2021年加快制定《广东徐闻珊瑚礁国家级自然保护区管理办法》，保护湛江市自然资源，积极为“碳中和碳达峰”目标贡献湛江蓝碳力量。

立法守护历史文化。2016年制定《湛江市湖光岩景区保护管理条例》，守护被联合国教科文组织批准为“中国雷琼世界地质公园（湛江园区）”的国内唯一玛珥湖——湖光岩，有效破解湖光岩湖区和周边因长年违规开采地下水、毁林烧荒、挖砂取土等行为引起的水位降低、水量变少、水质劣化，以及火山遗址遭受破坏等问题。针对城市和城镇化建设导致部分历史建筑损毁，历史文化遗产遭受不同程度破坏问题，2017年出台《湛江市历史建筑保护条例》，更好地保护和利用湛江历史建筑，加强文化遗产保护传承和合理利用，延续历史文脉，展现湛江城市风貌。

立法促进城乡建设与管理。推进城市治理体系和治理能力现代化，2017年至2019年，顺次出台《湛江市城区市容和环境卫生管理条例》《湛江市专职消防队建设管理规定》《湛江市公园条例》《湛江市既有住宅增设电梯暂行办法》《湛江市渡口渡船安全管理实施办法》和《湛江市电动自行车管理条例》，有针对性地破解城区市容环境卫生管理粗暴、消防安全力量薄弱、公园管护不力、老旧既有住宅加装电梯程序不便民，以及渡口渡船的安全管理不明确不具体、电动自行车管理“执法无据”等问题，2021年加快制定《湛江市城市停车管理条例》，持续提升湛江城市精细化管理水平。

立法促进经济社会管理。开展优化营商环境综合立法，推动加快制定《湛江市优化营商环境条例》，优化湛江市营商环境，催发在湛市场主体活力，推动开放创新。加快推进《湛江市文明行为促进条例》立法，让社会主义核心价值观在湛江大地开花结果。

2. 主要经验

筑牢地方立法工作制度基础。2015 年，湛江市第十三届人民代表大会第六次会议审议通过《湛江市制定地方性法规条例》，对湛江市地方性法规的制定主体、权限、原则、程序作出具体规定。在此基础上，依据有关上位法和上位文件，湛江市人大常委会配套制定了《立法论证工作规定》《立法项目库管理工作规定》等 8 项人大立法工作规定，湛江市人民政府配套制定了《政府规章立项办法》《政府立法咨询专家管理规定》等 4 项政府立法工作规定，细化了地方立法的规则、程序等，逐步建立健全立法工作机制，推动湛江市地方立法工作进一步民主化、科学化、规范化。

完善地方立法工作机制。开始地方立法以来，湛江市立法机关、立法工作机构认真贯彻落实《中共中央关于加强党领导立法工作的意见》和中共广东省委、湛江市委的有关实施意见，在地方立法工作全过程中坚持贯彻党的领导。一方面，优化完善重大事项及时请示报告制度，及时向市委请示报告立法工作中的重大事项和重要情况，做到立法项目立项前、立法重大事项、法规表决前必请示报告。另一方面，在制定和修改市有关立法时明确规定党领导相关工作的法律地位，推进党委决策与地方立法互联互动，及时将党委的设想通过法定程序转化为全体市民应予遵守的主导性规则，以立法形式达成党委意图、人民意愿和地方经济社会良性发展的有机统一。

健全地方立法基础设施。着力基层立法联系点建设，全力搭建地方立法“社情直通车”，进行开门立法。2018 年底，湛江市人大常委会选定 14 个单位作为基层立法联系点；2021 年 5 月，出台《湛江市人民代表大会常务委员会基层立法联系点工作办法》，催化基层立法联系点以小担大，聚力升发民主法治建设，以制度保障基层群众的立法知情权和参与权，为其行使民主权利、共享民主法治成果搭建平台。比如，廉江市安铺镇被确定为基层立法联系点以来，即不断完善联系制度，优化联系方式，在设置“立法联系点民意收集箱”（全镇共设 38 个）收集群众意见建议的传统方式上，同步使用即时通讯软件发布立法征集意见消息，打通与周边群众线上线下互动渠道。同时，建立立法联络员制度，选聘 48 名具备一定法律知识和实践经验且热心立法工作的人士为立法联络员，织密立法听取基层意见网络。经此，来自最基层的一条条“带着泥土味”的意见建议，源续陈于立法机关、立法工作机构成为研究吸纳的参考，使湛江市每一项地方立法都能闪耀出人民的智慧。

加强重点领域“小切口”立法。进入新发展阶段，湛江市积极贯彻新发展理念，主力发挥法治的引领推动作用，以确保本地区所有的重大改革均于法有据，达成改革决策与立法决策的互联互动，加快推进构建新发展格局。肇启地方立法以来，湛江市立法机关、立法工作机构充分发挥人大主导立法作用，秉承科学立法精神，依托政府持续探索特色地方立法之路。始终以找准问题、解决问题为先导，致力找准重点领域中的“小切口”——电动自行车管理、公园管理、城市停车管理、既有住宅加装电梯、红树林保护、珊瑚礁保护，等等，展开符合湛江实际的制度设计，破解迫切需要解决的影响湛江发展的各类问题，让湛江市的法规规章切合湛江人民的法治期待，特色鲜明地服务保障湛江高质量发展的日新法治需要。

深化立法调查研究。无论是项目立项，还是起草、审查立法草案，湛江市立法机关、立法工作机构都要通过召开各种座谈会、专题研讨会、到基层调查、收集各方面的资料等形式深入进行调查，加强研究论证，摸清立法调整事项的现状、问题、缘由、出路、方案等。湛江市人大常委会法工委调研发现，广东农垦下属企业红湖农场虽位于鹤地水库饮用水水源二级保护区内，但从管辖归属上廉江市政府不负责其生活垃圾处理，其自身也欠缺生活垃圾处理能力，将对《湛江市鹤地水库饮用水水源保护条例》的可操作性产生重要影响，经调查了解问题产生的根源后，法工委马上协调廉江市政府，促成红湖农场产生的生活垃圾归由廉江市生活垃圾处理厂负责收集、转运和处置，从源头上保障了该项立法的有效可操作。

关注实施效果以效促立。法律的生命力、权威均在于实施。近年来，湛江市人大常委会围绕湛江经济高质量发展、生态环境高质量、民生高质量、法治建设等重点难点，综合运用执法检查、专题视察、审议监督等法定职能发挥综合监管效能，先后对《湛江市湖光岩景区保护管理条例》《湛江市公园条例》《湛江市电动自行车管理条例》贯彻落实情况开展执法检查，对《湛江市城区市容和环境卫生管理条例》实施情况进行专题视察，专项听取或审议政府有关条例实施情况报告，督促有关配套措施加快落实，做到既“立”且“行”，让地方立法优势更好地转化为治理效率。湛江市人民政府于 2021 年首次开展了规章立法后评估工作，对《广东湛江红树林国家级自然保护区管理办法》和《湛江市专职消防队建设管理规定》2 部政府规章进行了后评估，真实检验了规章的实施效果，促进了制度建设质量。

（二）地方立法“五行”方法模型

进一步考察湛江市近年来的地方立法文本，成效、经验是显著的，但存在的问题也须正视。存在的问题主要有：一是，立法的精细化做得还不够。有的法规在条款里规定，有关具体管理办法由政府另行制定，即是要通过“二次立法”才能确立较为明晰的权利义务调整范式。比如，《湛江市电动自行车管理条例》第 10 条规定，“市人民政府应当制定电动自行车登记上牌的管理办法”。登记上牌作为电动自行车管理的核心措施，授权给政府另行制定管理办法，容易产生部门利益本位倾向，亦有监管脱位之虞，这就与立法法的初衷有所背离，立法法把地方立法权授予设区市，是希冀地方用好这一权能，从而提升一地之社会治理法治化水平。二是，立法体例选用单一，机械追求完整。湛江市目前已公布的法规和正在制定的法规草案里，选用的都是体例比较完整的“条例”，均分章“叙事”，必有“总则”和“附则”，“实施办法”“规定”“规则”“决议”“决定”等形式全无，这就使得设区市地方立法对上位法的补充、细化功能无法从法规体例上凸显。三是法规内容存在“贪大求全”的情况。比如，《湛江市城区市容和环境卫生管理条例》共设51条，在市容和环境卫生责任、市容管理和环境卫生管理大项包罗城区绿化、道路停车、道路维护、商铺经营、建筑街景、垃圾处理等诸多内容，结果各方面的相关规定不深入、可执行性不强。四是法规规章被司法适用甚少。以上问题的存在，反映出了湛江市地方立法的质量还不够高的表征，而有效提高地方立法质量的关键，本文认为，应采取适当的立法方法。由是，本文于此总结前述理论与实践，试提炼出一种适当的设区市地方立法的方法模型，此模型包含五种元素，有感于

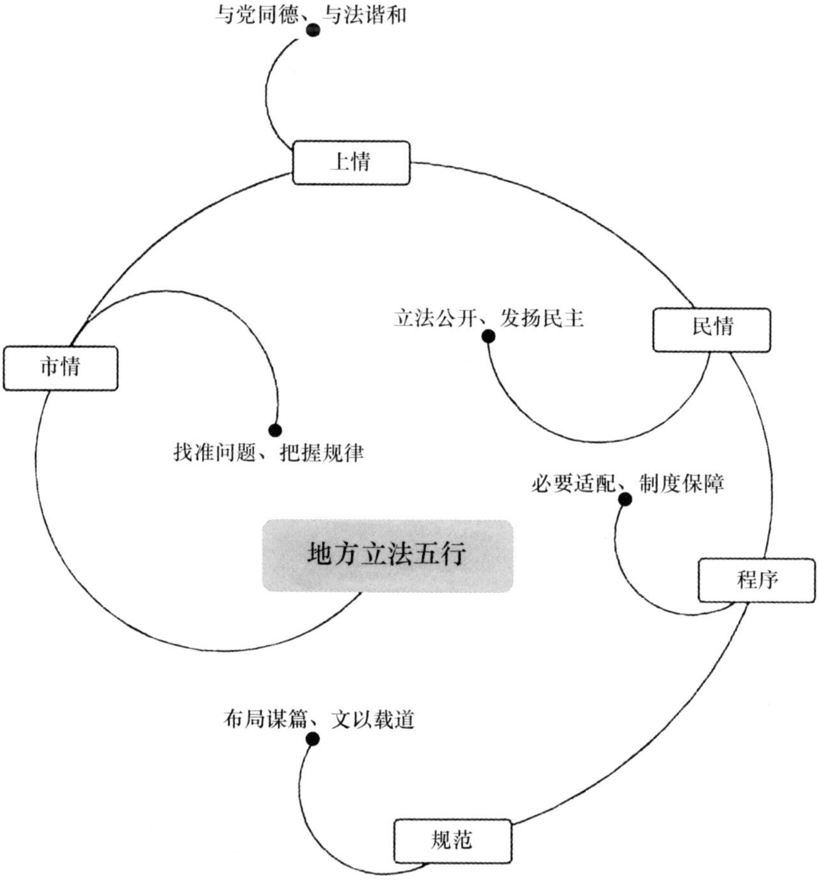

图13－1　地方立法“五行”方法模型

刘伯承元帅行军布阵时常说的一句话："五行不定，输个干干净净。"姑且将此模型命名为地方立法"五行"方法模型。

地方立法"五行"者，上情、市情、民情、程序与规范之谓也。

1. 上情

上情，指的是上位机关对立法活动和立法事项的思想、方法和观点，简要地说，就是上位机关的立法观，主要反映在各类执政、施政政策文件和上位法中。立法是把党的主张和人民的意愿经由法定程序转化为国家意志的过程，出于维护国家法治统一需要，设区市在地方立法过程中必须有正确的立法政策作为导引，才能保证地方立法的正确政治方向，防止走向失序。

上情元素的要旨，是与党同德、与法谐和。中国特色社会主义法治的本质特征决定了党的政策是立法的源起。从当前国家立法实践来看，党中央通过制定立法政策辐射到地方，以确保中央立法能掌握地方立法形成有用管控，达成中央对地方的有效管治，维护国家整体利益。在此过程中，如果地方立法走偏，将直接影响党的事业和国家前途命运。设区市在地方立法活动中必须清醒认识到这一点，学深悟透中央的大政方针和战略部署，确保在地方层面全面贯彻落实中央精神。具体来说，要做好两个方面。一方面，加强对上位机关立法政策的学习积累。设区市立法机构平时要注意收集学习上位机关的立法政策有关精神，特别是党中央历次全会、重要会议的决议、决定、公报和国务院发布的各类指导意见、实施意见、实施纲要、规划纲要等，通过深入学习，形成立法政策积累，领会党和国家在新发展阶段的工作大局、任务决策以及部署精神，从而准确地把新发展理念和新发展格局构建设想全面完整贯彻落实。同时要加强对上位法的学习积累，上位法是中央、上位机关立法政策的法律表现形式，学习积累上位法知识，实际上是对上位立法政策的"二次学习"。

另一方面，在具体立法项目的推进过程中，要时刻留意中央、上位机关有关方面方针政策的细微变化，及时在条文起草修改过程中予以适配。起草过程中遇到中央、上位机关有关政策重大调整或者即将发生重大调整的，应暂停起草工作，转向开展立法政策调研，充分了解中央、上位机关政策改向意图后再继续进行。有些调整是通过修改立法进行的，此时更需谨慎对待。设区市地方立法不能与上位法抵触是一条“红线”，要避免触碰。

2. 市情

市情是什么？顾名思义，就是设区市的实际情况，具体包括本地区的经济发展现实水平、社会实际状况、资源现实条件、历史人文积累、民间习俗流变，等等。我中华之国地大物博，地地情况不同，拿湛江市来说，更是“十里不同俗，十村不同音”，方言不同，口音不同，所信所思所需更是不同，这些都是地方立法需要重点考虑的因素。

市情元素的要旨是找准问题、把握规律。设区市地方立法虽在学理上有诸多理论诠释，但归根结底，是为解决地方独有问题而生的。设区市在不同阶段、不同时期的问题各有不同，要解决问题，就要找准问题，剖析问题产生的根源、形成逻辑，把握其中规律性的东西。如何找准问题，有三个维度。第一，找准新发展阶段设区市在全国发展大局中的定位。这种定位，通常在中央、省对设区市有关政策文件中有所映示，最终展现在设区市党委、政府的工作报告或者领导讲话、批示之中。拿湛江市来说，“省域副中心城市”和“现代化沿海经济带重要发展极”是近年来频繁出现在湛江市党委政府工作报告、领导讲话中的语词，结合省有关文件，可以判断，这两个就是新发展阶段湛江市在国家发展大局中的定位。结合找出的定位，设区市地方立法要做好必要的顶层设计和总体规划，对定位的目标任务进行分解。第二，掌握本地区不同时期的经济发展状况、人文状况、社会发展状况、自然资源条件等情况，并分析其对法治的影响。这些情况，无法在一份报告中全部获取，需要长期的观察积累，外加一定的信息技术手段。把这些情况与城市发展定位目标进行比较，有差距的地方，就是能找到问题的边界。第三，找到有问题的边界后，要做的事情就是充分做好立法调研，进行问题分类剖析。立法调研过程通常会找出很多“问题”，但有些问题具有欺骗性，可能是假问题，有些问题可能是表象，不是元问题。这些都需要立法工作者进行辨析甄别。问题找准了，立法的“地方特色”就会自然显现。

解决问题，同样有三个维度。第一，把握解决问题的权限。问题属于地方事务的，地方立法可以设计相关制度措施予以解决；问题属于中央事务的，则无法通过地方立法予以解决。第二，把握问题的轻重缓急。在权限之内，急需解决问题的先立，重要的问题先立。新发展阶段设区市各类事务纷繁，问题扰杂，如不分类分级处置，动辄通过地方立法解决，将形成立法盲动，造成地方立法极大耗费，消殆地方立法应有的作用。比如，就城乡建设和管理而言，其涉及的部门众多，方方面面都会影响人民的生活，地方立法时要厘清存在问题里面哪些是需要立即解决的，哪些需要重新解决。这就需要立法机关再调查再论证，分辨本末，着眼长远，把准牵引点，结合实际有体系地开展城乡管理建设立法，形成这一领域相对科学的地方法规规章体系，力求人民满意。第三，把握问题的解决形式。具体到在立法项目中解决问题，要依循立法政策的基础性、导向性规定和上位法所确立的原则性、准则性规定，根据不同的情况，选择不同立法形式，进行实施性立法或者创制性立法。比如，设区市的一些独有事件发生后，发展迅速，不确定性增加，如不加以立法规范，可能会有发展失序、妨害经济社会健康运行的危险，此时则可以考虑进行创制性立法，针对此类迫切事务创制新的法律规范。

3. 民情

坚持依法治国与人民当家作主的有机统一，不是一句空话，它有非常充实的内容。立法既然是人民意愿的反映，那么民情就应成为立法的重要元素。民情的情，既指感情，也指舆情，内涵是人民的意愿。要实现立法为民，就要坚持问需于民，知道人民喜爱什么，渴望什么，期待什么，才可能制定出良法。

民情元素的要旨在于立法公开、发扬民主。立法公开，就是人们常说的“开门立法”；发扬民主，就是人们常说的“商量着办”。依据宪法规定，人民拥有依法参与国家事务管理的权力，参与地方立法，提出对立法的意见和建议，是一地人民依法行使地方事务管理权利的主要形式。新发展阶段设区市的人民群众需要不断在发生着复杂变化，在开展地方立法过程中，要体现人民群众的感情，凝聚人民的意志和智慧，在方向上就要有所校准，不能偏离人民群众的真实期待。人民群众普遍关心什么，期待加强什么工作，希望什么事项可以改进，是设区市地方立法的主方向和主着力点。在这个层面上，地方立法机关和立法工作机构要敢于更严肃、更强硬，不走弯路，妥善保障和实现人民群众的发展意愿。应构筑机制广设渠道，多维度地收集本地民众的意见建议并合理采纳吸收，加强意见建议的反馈交流，让所立之地法地规成为本地民众的真实诉求载体，体现人民群众的根本切身利益。

知易行难，在实践中要了解民情真意并非易事，有效渠道和形式的缺乏，民众参与立法意愿不高，等等，都是制约因素。要破除这些因素，有三条可选路径。第一，建系统。当前，各地数字政府建设全面铺开，立法机关可依托数字政府的大数据中心，通过数据爬虫、大数据分析等信息技术，建设民情监测系统，实时掌握民众的立法期待。第二，建设立法联系点。立法联络点可以收集日常所见所闻的普遍性、新出现的、新潮的问题，向立法工作机关反映，提供工作参考，帮助立法工作机构尽快发现人民群众关心的社会问题，最早感受到当前社会矛盾的集中点和突出地方，最敏感地触及改革、发展、稳定的重大问题。作为本联系点主体意见和建议个性的体现，亦有助于保证立法的合理性和平衡性，兼顾各方利益，形成良法。第三，上门问法。在开展立法活动时，深入开展调查，到相关利益群体和可能受立法影响的单位、团体、村居中去实地了解情况，了解人民群众的真实想法。

4. 程序

程序机制设计的目的是证成立法的正当性和适当性，因而它是保障立法质量的重要途径，是一项实质内容。有人甚至认为，立法程序是一种深思熟虑的制度性安排。

程序元素的要旨是必要、适配。立法程序不是设置得越多越复杂就越好，这里面有一个立法资源配置与立法效率的问题，过多且过于复杂的程序会造成立法资源的错配和浪费，并影响立法效率。在设区市地方立法实践中，出现一种不良的程序取向——为了要求的程序而进行程序，典型的是行政系统内部的征求意见程序，一部立法草案在各个环节一轮一轮地征求行政系统内部的意见，一轮没有意见，下一轮继续，而征求意见的对象都是相同的，只是发起征求意见的机关不同。这样的程序，容易造成程序空转，产生严重的内耗，日渐消磨有关部门的立法参与积极性，有损于立法质量的提高。由是，程序的选择很重要，除法定程序外，可选程序经过考量，无益于立法效率提升，无益于立法质量提高的，都可以不选。实践中，即使是人们习以为常的法规"三读"程序也不是必选的，"一读"后已经比较成熟，无实质争议的法规案也可以直接交付表决。一些有益于提升立法技术的程序，也可以优先选择并设置为立法日常，比如，湛江市人大常委会在批准通过相应的立法之前，设置了表决前评估程序，对将要交付表决的立法案作一个立法技术方面的评估，评估其体例设计、结构布置、语言表达等各个方面的标准化程度，作为是否能够批准的因素。这一程序可以最大限度地满足提高立法技术的需求，是一种可以固定为规范的程序机制。

但也要注意，在法定程序的选择上，并无如此考量的余地。缺少法定程序或者缩减法定程序的环节，都是不可取的，将使所立之法产生严重的合法性问题。无法经法定程序自我证成的法，均属无效。举个例子，政府规章要求经设区市政府全体会议或者常务会议通过，如果设区市将其替换为市长办公会议，则所通过之规章，将归于无效。再举个例子，如果政府规章不是以政府令的形式公布，而是以普通发文字号公布，亦属无效。

5. 规范

此称规范，与全国人民代表大会常务委员会法制工作委员会《立法技术规范（试行）（一）》（2009 年）和《立法技术规范（试行）（二）》（2011 年）中的"规范"语义一致，套用在此，指代的是设区市的地方立法技术。

规范元素的要旨是布局谋篇、文以载道。立法文本是以法律语言写就的文章，如抹去其政治属性、法律属性，其与普通文章无异。文章有传经布道之责，讲求布局谋篇、遣词造句，以达逻辑周延、形式美感——立法文本亦然。运用法律语言写作，是一项专门技能，具有很强的专业规范要求。中央立法制高统揽全国事务，事有巨而难细，因而其规定多是原则的，或是纲举的，但设区市地方立法因其实施性、补充性、探索性作用使然，必定是相对具体的。因行具体，实践中时常会遭遇形式结构、篇章设置、规则构造、语词运用、语句逻辑、语体风格等问题，这些问题若处理不当，则会削弱所定之法的权威性，减损其可执行性。本文参考《立法技术规范（试行）》之（一）（二）及《广东省人民代表大会常务委员会立法技术与工作程序规范》，试对设区市地方立法之规范元素做大致刻画。

一者，形式结构宜轻，轻则灵，灵则巧。设区市地方立法所调整的领域相较国家、省域均要小，在中央、省法网日渐密织的当下，其所涉领域的原则性规定大多已在中央、省法律法规内作出。因此，设区市地方立法要发挥实效，应尽量采用轻量结构，多采用实施办法、管理办法、若干规定、规则、决议、决定等法规规章形式，精准、简约地解决问题。

二者，篇章结构宜扁，扁则平，平则达。地方法解决地方具体事，追求直接高效，因而篇章结构要适宜。应围绕拟破解的难题疑题，设计适当的篇章结构和有针对性的条款，立法条文应当匀称，追求美感，以长一分则拖沓、短一分则琐碎的执着，确保所立之法的权威性不被削弱。在章节的编排上，还要注意控制其比重，追求合乎逻辑上的形式美感。当然，能通过条文编排实现逻辑界分的，则无须再设物理章节，直接一体成形。

三者，规则构造宜全，全则应，应则强。规则的逻辑结构应当完整周延，在设计上，应周全“行为模式”和“法律后果”，两者不可或缺。每个行为模式都要有相应的法律后果与之对应，如果不能在一个条文里做到对应，则要在整个立法规范里做到对应，不然则会形成逻辑漏缺。必须一提的是，如若禁止性规定、义务性规定无对应的法律后果，则此类规定的强制性就失去根本，其有效性将减趋于零而仅剩下宣示性，成为“无牙老虎”。

四者，语词运用宜简，简则精，精则准。法的决定带有普遍适用诉求，这样的诉求决定了立法所使用的语言必须享有自身确定性，不仅要被倾听，而且还必须被理解，因而在表述上应至少具有形式的强力、思辨的强力，这就对立法语言的准确性提出高于其他文本的要求。语言是人的存在，立法语言是表述人的法律的存在，因而立法语言必须具有合法性，必须以诸多的法的规范、规则和秩序等概念说话，从而使处于立法之中的人们能够在感官感知的维度上历验语言的内在力量。于设区市地方立法而言，应杜绝使用模糊概念，杜绝语词误用，努力达至各个语词表述精准、内涵明澈，确保其立法用词能唤起本地区每一个人同样的观念。

五者，语句逻辑宜密，密则周，周则延。语句是立法规范的骨架，要求规范内的每一个句子都要位置得当，共同构织致密的逻辑强力，使立法规范集聚反映立法原意、揭示所要解决问题的规律。不周延的语句逻辑，其表达中心必定散乱，内涵也不能定准，严重情况下可能导致地方立法规范出现内部矛盾，这将极大影响地方立法的指引和裁判功能，让其丧失执行实效。追求语句逻辑周延，应避免立法中的不必要重复。摘抄自上位法的条文，凡没有实质改变前后语句逻辑，或者可能引起原有逻辑混乱的，都属不必要的重复。

六者，语体风格宜专，专则正，正则效。立法语体是立法的学理化表达，要求准确使用法学概念性术语，尊重法律共同体对法律语言的共识，自觉抑制不规范的立法语言运用。实践中，设区市地方立法时，语体容易受文学化、政治化、口语化等风格化影响，这些风格的表达，将对其准确性产生冲击，从而影响规范功能，这是需要加以注意避免的。不过，受革命以来政策使用情形较多，以及党内法规中政策语言运用的影响，现在一些中央立法中，也有选择地“抄录”党言党语，呈现较浓的政治色彩，有的也使用了一些口语表达，便于人们理解，这些倾向，地方立法可以从精神实质上进行借鉴运用。按此，设区市进行地方立法时，也可以从中央有关立法规范中有所借鉴，视所立之法的适用范围，结合适用群体的集中程度，在不影响准确表达的情况下，适当运用通俗化的口语表达，以获得人们的理解和遵从，从而对当地民众起到有效的行为指引作用。

四　结语

立法是影响社会关系的主要途径和赋予法以法律效力的主要方式,①“立善法于天下，则天下治；立善法于一国，则一国治。”在改革与法治“一体两翼”宏观语境下，坚持立法先行不仅是一种法治宣示，更有着充实的内容。由是，进入新发展阶段的设区市地方立法不仅是改革的重要保障，而且是改革的重要内容，是地方法治的大事，日渐呈现出任务重、节奏快、要求高的新特征。就设区市地方立法而言，这是高度复杂的精神活动，是发现规则、追求真善的系统过程，涉及复杂的利益关系博弈，过程中既要尊重起草部门的行政管理期待，也要关切本地区人民的切身利益表达，需要在遵循规律和发扬民主之间取得衡平，既要体现科学性，也要体现人民性，还要于法周延、与法互洽，是难事。本文自理论与基于湛江市地方立法实践探寻，所得的地方立法“五行”方法模型虽自有其效，但可能因观察样本单薄而尚显稚嫩，在模型设计上难免不密，还需在以后实践中继续探索改进，以臻完善。然而，模型再好，无适合的实践之人，亦是白话。提高设区市地方立法质量，发挥其应用的实施性、补充性和探索性作用，归根到底，要靠设区市高素质的立法工作团队来实现。但是，目前设区市开展地方立法时日尚短，立法能力普遍不高，有关工作队伍甚至还在襁褓中，与习近平总书记和党中央提出的要求存在较大差距，不能满足全面依法治国和立法工作的实践需要，应予重视加强。

---

① ［俄］B. B. 拉扎列夫主编：《法与国家的一般理论》，王哲等译，法律出版社 1999 年版，第 141 页。

【专家点评：广东外语外贸大学广东省地方立法研究评估与咨询服务基地 李福林 博士】

《新发展阶段的设区市地方立法图景与方法探寻》一文，从地方立法的新发展阶段进行切入，以背景之新、跨越之新、发展之新、理念之新、导向之新、需要之新为基础，归纳出新发展阶段的时代意涵，进而从立法空间的地方性、立法需求的地方性、立法供给的地方性三个维度论证设区市地方立法新发展阶段的图景。文中以广东省湛江市近年来的立法实践为观察蓝本，具体分析了地方立法的特色和规律，探究新发展阶段设区市地方立法的具体方法，提出了地方立法“五行”方法的模型。

选题上，文章选题与广东地方立法的发展趋势紧密结合，紧紧围绕广东地方立法实践进行有针对性的研究，体现了作者对广东地方立法的高度关注。文章研究的主题对广东地方立法的发展具有一定的积极作用。内容上，文中内容丰富，具有一定的创新性，较好地体现了广东省地方立法的特色和规律。在论证中，考量了地方立法对经济发展、城市治理、制度竞争、法治统一、良法善治等方面的要求，并进行了详细的分析，归纳出了新发展阶段设区市地方立法发展的图景。具体以广东省湛江市近年来的地方立法的成效和经验为经典案例，论证新发展阶段设区市地方立法“五行”模型的可行性、有效性。文章结构完整，论证比较充分，语言相对流畅，引用明确规范；在整体布局上，从具体立法实践出发，紧紧结合地方立法的基础理论，并能够做到学术语言和政策语言的有效结合，体现出文章具有较强的实践合理性和学理合理性。意义上，文章系统阐释了新发展阶段设区市地方立法的图景和模型，对广东地方立法的发展具有一定的启示作用，具有现实的示范意义。文章提出了“五行”，上情、市情、民情、程序、规范的地方立法模型，并有较为详细的论述，对广东设区市的地方立法的发展具有一定的促进作用。

总体而言，文章具有较强的问题意识，紧紧结合地方立法的实际，对广东地方立法的发展具有积极作用。文中行文规范，重点突出，具有一定的理论价值和实践价值，是一篇可读性比较强的实证分析文章。

第十四章 《佛山市城市轨道交通管理条例》制定的实证分析

邹建伟*

一 《佛山市城市轨道交通管理条例》的立法背景及过程

（一）《佛山市城市轨道交通管理条例》的立法背景

2018年，国务院办公厅印发《关于保障城市轨道交通安全运行的意见》，要求“加强城市轨道交通立法工作，根据实际需要及时制修订城市轨道交通法规规章”①。2020年，广东省人民政府印发《广东省城市轨道交通运营安全管理办法》，厘清了广东省城市轨道交通安全管理中政府的安全监管责任、企业的安全管理主体责任和乘客的安全乘车义务，建立各方参与、各司其职、各负其责、相互配合的安全保障体系，为地铁、有轨电车、自动导向轨道系统的运营安全提供法治保障。2020年，佛山市人民政府印发《关于进一步加快轨道交通建设发展的意见》《关于佛山市城市轨道交通建设管理规定的通知》《佛山市城市轨道交

* 作者简介：邹建伟，广东省技术经济研究发展中心助理研究员。

① 国务院办公厅《关于保障城市轨道交通安全运行的意见》（国办发〔2018〕13号）：（四）完善法规标准体系。加强城市轨道交通立法工作，根据实际需要及时制修订城市轨道交通法规规章。强化技术标准规范对安全和服务的保障和引领作用，以保障建设质量和安全运行为重点，进一步修订完善城市轨道交通工程建设标准体系；以运营安全和服务质量为重点，建立健全城市轨道交通运营标准体系；以防范处置和设备配置为重点，建立健全城市轨道交通反恐防暴、内部治安保卫、消防安全等标准体系。

通保护管理办法》，分别对佛山市轨道交通建设、管理与保护进行规定，对规范城市轨道交通建设行业管理秩序，促进城市轨道交通行业发展，起到了至关重要的作用。

2021年1月，广州市规划和自然资源局会同佛山市自然资源局按照“共编、共商、共审”的工作模式携手编制了新一轮《广佛两市道路衔接规划修编》，并经两地市政府批复同意。新一轮规划沿广佛两地197公里接壤边界共规划布局了80条衔接道路，未来将实现广佛两市中心区30分钟互达、重点地区与主要枢纽60分钟通达，同时保障广佛中心城区2小时快速通达湾区主要城市，推动了广佛道路基础设施全面互联和深度融合，为实现广佛全域同城化奠定了坚实基础。同时，广佛两市在总结借鉴广佛线、佛山地铁2号线、广州地铁7号线西延顺德段合作经验基础上，共同编制出台了《广佛两市城市轨道交通互联互通行动细则》，对广佛两市衔接的城市轨道交通项目的规划、立项、投融资、建设、运营及附属资源开发等各阶段工作提出了指导原则。同年4月，广州市人大常委会法工委与佛山市人大常委会法工委签署《关于加强两市协同立法的合作协议》，提出全面整合两市立法资源，携手打造粤港澳大湾区法治建设高地。

2022年3月，佛山市轨道交通局印发《佛山市轨道交通发展“十四五”规划》，提出“十四五”期间佛山市将加快完善轨道交通系统“四网合一”，推进城市轨道交通加速成网、全域覆盖。轨道交通是服务经济、服务社会、服务公众的重要载体，大力发展轨道交通，提高公共交通服务水平，是缓解城市交通拥堵，提升城市品质的重要途径，也是落实《交通强国建设纲要》、《粤港澳大湾区发展纲要》以及广佛全域同城化战略的重要支撑，是佛山市构筑打造湾区西部枢纽城市的重要保障，是实现佛山全域统筹、促进和引领城市新发展格局，支撑城市创新和高质量发展的重要抓手。①

---

① 参见《佛山市轨道交通发展“十四五”规划》（佛轨道通〔2022〕8号），http://www.foshan.gov.cn/fsgdjtj/gkmlpt/content/5/5183/post_5183841.html#34519，访问时间：2022年2月3日。

综上，在推进粤港澳大湾区建设以及广佛全域同城化背景下，佛山市轨道交通规划、建设、运营的线路进入了密集剧增、互联成网阶段，随之也产生了规划控制任务加重、保护区管理与设施保护工作形势严峻、建设周期内路面交通疏导阵痛期延长等现实问题，广大市民对加快城市轨道交通建设立法呼声较高，期待以轨道交通建设管理立法为治理交通拥堵、优化城市公共服务、打造一流营商环境和共建共治共享的社会治理格局提供支撑。[①] 佛山市应当在充分借鉴《广州市城市轨道交通管理条例》等兄弟省市立法经验，并与交通运输部《城市轨道交通运营管理规定》、广东省人民政府《广东省城市轨道交通运营安全管理办法》保持高度协调的基础上，结合佛山城市轨道交通管理实际，制定出台《条例》。

（二）《佛山市城市轨道交通管理条例》的立法过程

佛山市委高度重视条例制定工作，要求高质量完成《条例》制定工作，确保佛山市轨道交通的规划建设和运营等有法可依、有章可循。为了按时高质量完成《条例》起草工作，成立立法工作领导小组，并先后召开了多场《条例》起草内部协调会、立法调研座谈会，邀请市区相关职能部门、市铁投集团、广佛公司等参加，广泛听取各方意见，形成了《条例（征求意见稿）》，并在佛山市轨道交通网站征求公众意见。2021 年 5 月 17 日，在市政府门户网站公布《条例（征求意见稿）》，公开征求社会意见，并发送市政府职能部门、区政府以及相关企业征求意见。2021 年 10 月 9 日，《条例（征求意见稿）》经十五届市政府第 98 次常务会议审议通过。2021 年 11 月 9 日与 12 月 31 日，《条例（草案）》经佛山市第十五届人大常委会第 51 次会议与第十五届人大常委会第 55 次会议第一次和第二次审议。目前，《条例（草案修改稿）》正经佛山市人大常委会办公室第三次征求意见[②]。

---

① 参见《佛山市人大常委会关于公开征求〈佛山市城市轨道交通管理条例（草案）〉意见的公告》，http：//www. fsrd. gov. cn/jlyd/jyzj/content/post_ 707845. html，访问时间：2022 年 2 月 3 日。

② 参见《佛山市人大常委会关于公开征求〈佛山市城市轨道交通管理条例（草案修改稿）〉意见的公告》，http：//www. fsrd. gov. cn/jlyd/jyzj/content/post_ 713556. html，访问时间：2022 年 2 月 3 日。

二 《佛山市城市轨道交通管理条例》制定的必要性及意义

《条例（草案修改稿）》对佛山市轨道交通规划与建设、保护区管理、运营与服务、安全与应急管理与互联互通做出相应规定，《条例》的制定具有重要意义。

（一）制定出台《条例》是贯彻落实习近平总书记重要指示批示精神的需要

习近平总书记多次就城市轨道交通安全运行作出系列重要指示批示，强调“轨道交通特别是地铁，安全保障制度一定要严密，安全检查措施一定要严格，安全运行工作一定要严谨”。2018 年国务院办公厅印发《关于保障城市轨道交通安全运行的意见》，要求“加强城市轨道交通立法工作，根据实际需要及时制修订城市轨道交通法规规章”。2021 年国务院安委会办公室印发《关于加强城市轨道交通安全工作的紧急通知》，要求加强城市轨道交通建设安全的风险管控和运营的事中、事后监管。为贯彻落实习近平总书记重要指示批示精神，贯彻落实国务院相关政策文件精神，佛山市亟须出台《条例》，为城市轨道交通建设、运营安全提供法治保障。

（二）制定出台《条例》是实现佛山市城市轨道交通持续健康发展的需要

佛山市城市轨道交通第二期建设规划（2021—2026 年）正式获批，今年计划开工建设四号线一期、十一号线、二号线二期等 3 个项目。随着城市轨道交通规划、建设、运营的线路急剧增加，城市轨道交通覆盖范围不断扩大，规划控制任务更重，保护区管理与设施保护工作更加严峻，城市轨道交通建设期、运营期的安全要求越来越高。目前，国家层面没有制定城市轨道交通方面的法律、行政法规，从事权划分的角度来看，轨道交通属于地方管理事权。立法的空白不能满足佛山市城市轨道交通规划建设、综合开发、保护区管理、运营管理、应急管理等方面的需求。因而，有必要制定《条例》，保障管理模式的一致性、行政处罚的统一性、管理养护的标准化、应急管理的协同性，互联互通的协调性，提高城市轨道交通建设与运营安全水平。同时，2010 年广佛地铁开通；2016 年佛山市城市轨道交通二号线一期工程、三号线工程开始建设；2019 年佛山高明有轨电车正式开启全线试运行。其间积累了不少城市轨道交通规划、建设、运营的成功经验。这些经验也需要通过立法来加以制度化、规范化、法规化。

（三）制定出台《条例》是实现广佛轨道交通一体化的客观需要

2010 年，中国第一条跨市域地铁线路——广佛地铁开通。至 2018 年全线 25 个站点已经全部开通，运行总里程达 38.8 公里。广佛地铁从开通之初日均客流不足 10 万人次，到现在日均客流量达 38.7 万人次，最高峰客流量达 59 万人次，地铁已成为连接广佛两地交通运输的主力军。广佛同城历经十年，设施基本实现互联互通，实现了由“同城概念”向“设施同城”再向“全域同城”的转变，从同城 2.0 时代迈入 3.0 时代。根据两市目前的轨道交通线网规划，广佛两市互联互通规划方案体系由 18 条衔接通道组成，由南至北覆盖广佛城市交界线，基本实现广佛轨道线网的全面衔接。随着“广佛极点”、广佛全域同城化、“1+4”广佛高质量发展融合试验区等发展要求的提出，广佛急需进一步强化两地政府的协调联动，推动基础设施的互联互通，强化 1 小时通勤圈建设，这对交通支撑系统的多层次一体化衔接提出了新的要求。为推动广佛两市轨道交通规划、建设、运营一体化更加科学顺畅，切实为广佛一体化城市轨道交通规划、建设、运营提供有力的法治保障，有必要制定《条例》。

三 《佛山市城市轨道交通管理条例》的立法思路及做法

此次《条例》以习近平法治思想为指导，始终坚持以习近平总书记有关城市轨道交通安全运行的系列重要指示批示为指导，全面贯彻党的十九大和十九届二中、三中、四中、五中、六中全会精神以及中央经济工作会议精神，深入学习贯彻习近平总书记对广东重要讲话和重要指示批示精神，始终把人民群众生命财产安全摆在首位，加强城市轨道交通风险管控，确保城市轨道交通建设、运营安全为目标，在充分借鉴《广州市城市轨道交通管理条例》等兄弟省市立法经验，并与交通运输部《城市轨道交通运营管理规定》、广东省人民政府《广东省城市轨道交通运营安全管理办法》保持高度协调的基础上，根据佛山城市轨道交通管理实际，依据政府主导、以人为本、统一规划、统筹建设、安全运营、优质服务、广佛协同的原则，对开展佛山城市轨道交通管理的各项工作做出具体规定。

（一）思想引领：运用习近平法治思想全过程指导立法工作

立法工作领导小组认真学习领悟习近平总书记关于立法工作的重要论述和指示精神，在工作中坚持科学立法、民主立法、依法立法，坚持尊重和体现客观规律，坚持为了人民、依靠人民，坚持严格依照法定权限和法定程序，努力使每一项立法都符合宪法精神、反映人民意愿、得到人民拥护。在此基础上，立法工作领导小组坚持以习近平法治思想为指导，坚持在立法全过程中体现习近平法治思想人民性特征的本质，坚持以广大人民利益为立法工作的出发点和落脚点，确保立法工作的广度、深度，确保《条例（草案）》接地气、现民意、有特色。

（二）紧密联系：加强与广州市轨道交通立法协同

根据佛山市人大常委会法工委与广州市人大常委会法工委签订的《关于加强两市协同立法的合作协议》的有关规定，两市以《佛山市城市轨道交通管理条例》的制定为契机，探索加强两市协同立法的机制措施，运用协同创新理念，改进立法工作方式，充分发挥立法的引领、推动作用，加强两市重点领域立法，推动广佛全域同城化高质量发展。在立法过程中，广佛两市多次就《条例（草案）》征求广州相关部门意见。其中，2021 年 11 月 10 日，佛山市人大常委会法工委专函广州市人大常委会法工委，请其代为征求广州市政府有关部门及广州地铁集团有限公司等相关单位对《条例（草案）》的意见和建议。在几次征求广州市相关部门意见过程中，广州方面都积极回应，并多次正式书面回函提出宝贵意见。立法工作领导小组经认真研究，根据佛山市实际情况做出了相应修改。

（三）群众参与：确保全过程科学民主立法

立法工作领导小组从《条例》起草、市政府审议到市人大常委会审议始终贯彻全过程人民民主。一是主动及时开展《条例（草案）》修改意见公开征集活动。立法工作领导小组在不同阶段分别在市政府官网、市人大官网向社会公开征求意见，同时也在《佛山日报》等媒体上广泛宣传草案的意见征集，保证人民群众参与立法渠道畅通；二是积极发挥基层立法联系点作用，深入了解有关现状。在市人大审议阶段，市人大常委会法制委、城建工委、法工委会同有关部门成立调研组，前往祖庙街道人大办等五个市人大常委会基层立法联系点，依托基层立法联系点联系基层的优势，深入基层听取基层群众、一线工作人员和基层执法部门的意见建议；三是充分依托各区、轨道交通部门人大常委会，组织区镇街等行政主管部门，召开专项调研论证会，听取对法规草案的具体意见和建议，并就有关制度创设的可行性和可操作性进行研究分析。

（四）拓宽渠道：积极掌握轨道交通立法最新动向

立法工作领导小组在充分调研的基础上，为准确把握《条例（草案）》修改的方向，在《佛山市城市轨道交通管理条例起草相关法律法规政策汇编》基础上，主动了解并更新金华、武汉、广州、东莞等兄弟省市最新立法动态。同时，市轨道局积极与省交通厅等上级部门沟通，掌握轨道交通在建设管理养护等方面新的政策动向；佛山市人大法工委也密切与省人大常委会法工委的联系，主动汇报立法协同的进程和存在的问题难点，及时获得省人大常委会法工委的支持与指导。

四 《佛山市城市轨道交通管理条例》的主要制度考量

《条例（草案修改稿）》在起草过程中，对涉及管理体制、财政保障、执法等问题上，立法工作领导小组经过充分讨论与思考，在保证制度正常运行的前提下，突出佛山特色。

（一）关于城市轨道交通管理体制

有关城市轨道交通管理体制，各地立法大同小异。《条例（草案修改稿）》在借鉴各地立法经验基础上突出了佛山特色。

1. 明确市、区两级政府职责分工。《条例（草案修改稿）》第 4 条首先明确市政府职责，主要是发挥统筹协调作用，要求市人民政府负责协调处理城市轨道交通规划建设运营管理过程中的重大事项。第 4 款则要求城市轨道交通沿线各区人民政府、园区管委会及其有关职能部门应当配合城市轨道交通的建设和保护工作。主要包括落实城市轨道交通线路沿线用地的规划控制管理、项目用地红线范围内征地拆迁等工作。

2. 明晰了市轨道交通局的主管职责。佛山市有别于其他城市，佛山轨道交通管理并不是交通运输部门职责，而是专门成立了轨道交通部门具体承担市、区轨道交通行业管理和执法工作，负责拟订城市轨道交通发展政策和实施办法，组织编制城市轨道交通建设方案、技术标准和年度计划等职责。据此，《条例（草案修改稿）》第 4 条第 2 款明确规定市轨道交通部门负责本市城市轨道交通建设和运营的监督管理工作，组织实施本条例，从而实现了轨道交通部门职责的法规化，有利于推进佛山轨道交通管理法治化。

（二）关于授权城市轨道交通经营单位执法问题

城市轨道交通运营线路长、设施多，很多矛盾问题随时可能发生，需要及时处置。随着我市轨道交通的延伸和发展，这些问题可能更加突出。调研中发现，由于城市轨道交通经营单位没有执法权，对于日常工作中发现的危害轨道交通的违法行为无法及时有效处理，只能向相关主管部门报告。由于城市轨道交通的跨区域性，这种执法模式不仅执法效率低下、易产生安全隐患，而且容易引发执法冲突，不利于问题的及时解决。为此，《条例（草案修改稿）》第5条规定：城市轨道交通经营单位依照本条例有关授权，对城市轨道交通设施的保护、城市轨道交通范围内公共场所运营秩序和容貌、环境卫生的维护以及安全保护区管理、安全应急等公共事务实施行政管理和行政处罚。此授权具有合法性和可行性。

1. 授权的合法性。授权的合法性主要在两个方面：（1）城市轨道交通经营单位符合法定授权条件。依据《行政处罚法》（2021）第19条规定①，城市轨道交通是大运量的城市轨道公共客运系统，列车站台、车厢等既是企业经营场所，又是公共场所；轨道交通运营秩序既是企业经营秩序，又是社会公共秩序。根据国务院办公厅《关于进一步加强城市轨道交通规划建设管理的意见》的规定，城市轨道交通公益性特征明显，是一项公益性社会公用事业。因此，对这些公共场所和公共秩序的管理，属于《行政处罚法》所指的“管理公共事务”。城市轨道交通经营单位在开展运营业务的同时，也必须行使相应的管理职能，是一个以企业经营者的手段和策略管理轨道交通相关公共事务的组织。在这一方面，国家立法有过类似的授权。如《铁路法》第3条规定：“国家铁路运输企业行使法律、行政法规授予的行政管理职能。”因此，授权城市轨道交通经营单位执法符合《行政处罚法》（2021）等相关法律规定。（2）授权属于本市立法权限。根据《立法法》（2015）第72条规定②，城市轨道交通管理是城市管理的重要组成部分。有关城市轨

① 《行政处罚法》（2021）第19条：法律、法规授权的具有管理公共事务职能的组织可以在法定授权范围内实施行政处罚。

② 《立法法》（2015）第72条：设区的市的人民代表大会及其常务委员会根据本市的具体情况和实际需要，在不同宪法、法律、行政法规和本省、自治区的地方性法规相抵触的前提下，可以对城乡建设与管理、环境保护、历史文化保护等方面的事项制定地方性法规。

道交通管理的立法属于本市的立法权限。因此，《条例（草案修改稿）》对城市轨道交通经营单位进行授权，允许其对保护区管理、城市轨道交通设施的保护、城市轨道交通范围内公共场所运营秩序和容貌、环境卫生的维护以及安全应急等公共事务实施行政管理和行政处罚，符合《立法法》（2015）等相关法律规定。

2. 授权的可行性。这主要体现在两个方面：（1）授权后城市轨道交通经营单位工作人员获得行政执法证不存在法律障碍。依据《广东省行政执法责任制条例》（2009）第 2 条第 2 款规定①，行政执法人员只要具备“属于本单位在编在职人员；熟悉相关法律、法规、规章和行政执法业务；具有良好的品行；具有正常履行职责的身体条件；具有符合职位要求的文化程度”等五个条件，在接受综合法律知识培训和专业知识培训，经考试合格并依法取得行政执法证件后，可上岗执法。在这一方面，广州已经有了成功经验。根据 2015 年制定的《广州市城市轨道交通管理条例》第 6 条第 2 款规定②，已授权广州地铁集团实施行政管理和行政处罚，从授权实效来看，运行正常、效果良好。（2）佛山城市轨道交通经营单位具有履行该授权的能力。根据《佛山市城市轨道交通管理办法（试行）》第 6 条第 2 款规定③，自 2010 年办法颁布实施以来，佛山城市轨道交通经营单位一直接受行业主管部门委托从事轨道交通执法活动，具备相应的执法人员和执法能力。

（三）关于城市轨道交通建设与运营资金保障

国务院《关于城市优先发展公共交通的指导意见》要求，地市人

① 《广东省行政执法责任制条例》（2009）第 2 条第 2 款：行政执法主体，是指本省地方各级人民政府、行政执法部门和法律、法规授予行政执法权的组织。

② 《广州市城市轨道交通管理条例》第 6 条第 2 款：城市轨道交通经营单位依照本条例的有关授权，对城市轨道交通设施的保护、城市轨道交通范围内公共场所的运营秩序和容貌、环境卫生的维护以及安全应急等公共事务实施行政管理和行政处罚。

③ 《佛山市城市轨道交通管理办法（试行）》（佛府〔2010〕96 号）第 6 条第 2 款：城市轨道交通经营单位根据市相关行政职能部门的委托，对城市轨道交通设施的保护、城市轨道交通范围内公共场所的运营秩序和容貌、环境卫生的维护以及安全应急等公共事务实施行政管理和行政处罚。

民政府应当将公共交通发展资金纳入公共财政体系，重点增加大容量公共交通、综合交通枢纽、场站建设以及车辆设备购置和更新的投入。现阶段，佛山市城市轨道交通项目资金按照“统一规划、统一建设、统一运营”原则进行管理，由市级统筹规划、投融资、建设管理和运营事务，运营补亏和资产更新资金由沿线各区按照各条线路途经所辖区域里程比例进行分摊。从各地经验来看，佛山市由沿线各区按照各条线路途经所辖区域里程比例进行分摊城市轨道交通项目资金的现有筹集方式不具有普遍意义，也不具有长期性。基于尊重现实，又关注未来发展，《条例（草案修改稿）》在借鉴其他城市立法经验基础上，对此做了原则性规定：“市人民政府设立轨道交通发展专项资金，用于保障城市轨道交通发展。”同时要求市人民政府制定轨道交通发展专项资金的筹集使用与监管的具体办法。

（四）关于城市轨道交通规划编制的问题

城市轨道交通规划的编制对城市轨道交通的有序发展，提升城市公共交通供给质量和效率、缓解城市交通拥堵、引导优化城市空间结构布局、改善城市环境有着至关重要的作用。因此，《条例（草案修改稿）》对于城市轨道交通规划编制的要求与主体进行了详细的规定。

1. 明确了城市轨道交通规划编制的要求。《条例（草案修改稿）》第 8 条规定了城市轨道交通规划编制的普遍性要求，即应当依据国民经济和社会发展规划、国土空间规划、粤港澳大湾区发展规划纲要、珠三角城际轨道交通网规划、粤港澳大湾区城际铁路建设规划、城市综合交通规划和环境保护规划等进行编制，并与城市其他专项规划相衔接。

2. 明确了不同城市轨道交通规划编制的具体主体。城市轨道交通规划包括线网规划、线网控制性规划、建设规划及其他专项规划。《条例（草案修改稿）》第 9 条规定，市自然资源部门会同市轨道交通部门等有关部门根据国土空间总体规划、综合交通规划和城市发展需求，依法组织编制与调整优化本市城市轨道交通线网规划；市轨道交通部门会同市自然资源部门根据批准的城市轨道交通线网规划编制城市轨道交通线网控制性规划，报市人民政府批准，并依法纳入城市控制性详细规划；市轨道交通部门会同市发展改革部门、城市轨道交通经营单位根据城市轨道交通线网规划组织编制城市轨道交通建设规划，并按照法定程序报批；市交通运输部门负责编制与城市轨道交通项目配套的交通衔接规划。

（五）关于广佛轨道交通协同立法问题

行政区行政条块分割的管理体制使跨区域公共事务难以得到有效治理，《立法法》也缺乏对地方协同立法的规定，只有正在修订中的《地方各级人民代表大会和地方各级人民政府组织法》对此做出了抽象的规定，从而造成跨区域公共事务调整的法律规范漏洞。在城市轨道交通方面则体现建设运营跨省界、市界，不同行政区域存在不同法制基础、管理制度和体制机制障碍，也存在管理主体、执法依据、执法标准等方面的差异。[①] 在《条例》立项、起草过程中，广佛两市人大常委会法工委签订了《关于加强两市协同立法工作的合作协议》，广佛两市政府出台《广佛两市城市轨道交通互联互通行动细则》，为广佛轨道交通衔接线路规划、建设和运营管理提供政策指引，切实做到广佛两市轨道交通“整合规划、统筹建设、贯通运营、协同运输”。同时，在省人大常委会法工委领导下广佛两市人大常委会法工委对两市城市轨道交通立法的一些重要问题进行了协商，并达成了一致意见。[②] 广佛轨道交通协同立法是本次佛山城市轨道交通立法的重要特色。本次起草广佛轨道交通协同立法的基本思路和主要内容如下。

1. 将互联互通确立为《条例（草案修改稿）》的基本原则。立法原则是立法指导思想在立法实践中的重要体现，能够帮助立法者从宏观

① 参见《全国人大代表佘才高建议：加快推动跨省（市）域轨道交通立法》，https：//baijiahao. baidu. com/s? id = 1726818247504579166&wfr = spider&for = pc，访问时间：2022 年 2 月 2 日。

② 参见《佛山城市轨道交通将立法，遵循“广佛协同”基本原则》，https：//www. sohu. com/a/467378343_ 161795，访问时间：2022 年 2 月 2 日。

价值的层面理清有关的社会关系，并就不同的诉求和主张予以理性的判断，从而作出符合社会基本常识、基本伦理观念且适应本地区经济、政治和文化发展方向的选择。《条例（草案修改稿）》第3条将互联互通确立为基本原则，这将有利于从整体制度设计上确保广佛城市轨道交通的一体化。

2. 双方已有合作机制的合理安排。广佛轨道交通互联互通由来已久，双方之间在实践中，或者通过协商一致已形成一些合作机制。如2021年1月广佛两市政府出台《广佛两市城市轨道交通互联互通行动细则》。在这些机制中，适合单方立法确定的，《条例》将相关内容凝练并上升到立法层面予以明确，如，广佛两市规划协调机制（《条例》第43条）、广佛互联互通项目建设机制（《条例》第44条）、协同巡线机制（《条例》第46条）、广佛应急协同机制（《条例》第47条）等；不适合立法规定的，或者不宜单方立法确定，需要双方共同立法确定的，暂不纳入《条例》中，待协商后再斟酌是否纳入。如《广佛两市城市轨道交通互联互通行动细则》中的推动两地对项目建设审批、监管的互认机制，投融资机制，项目运营资金（亏损资金）分摊机制等。

3. 《条例（草案修改稿）》内容尽量与广州相应的地方性法规趋同。《广州市城市轨道交通管理条例》是根据广州城市轨道交通实际于2015年修订的。其中，有许多经验值得借鉴。同时，广佛城市轨道交通一体化也需要有效衔接的制度保障。为此，只要不与佛山城市轨道交通实践需要冲突的条款，都加以移植，从而有利于《条例（草案修改稿）》在广佛一体化城市轨道交通实践中得到贯彻执行。

【专家点评：广东外语外贸大学法学院 余彦 副教授】

市际交通一体化，尤其是市际城市轨道交通一体化是粤港澳大湾区一体化的重要内容。为市际交通一体化提供法治保障，是地方立法的应有之义。《佛山市城市轨道交通管理条例》的起草，是地方立法协同的生动案例，是广东地方科学立法的最新探索。这种立法新样态更有利于使分属各行政区域的地方国家机关通力合作，避免资源浪费和无序竞争，防止各行政区域基于自身局部利益而各自为政。通过立法协同，既可以使不同城市的同类地方立法更好地发挥合力，实现“1+1>2”的效果，也可以有效解决地方同类立法同质化的问题。可以预见，《佛山市城市轨道交通管理条例》的出台，不仅为佛山市城市轨道交通的有序运营和发展提供制度支撑，也为广州市的城市轨道发展提供了制度助力，更为粤港澳大湾区乃至全国的城市轨道交通跨市衔接和地方立法协同提供了样本。

第十五章　红树林管理权力的规范化*

——以《广东湛江红树林国家级自然保护区管理办法》立法后评估为视角

杜承秀　莫旻丹**

红树林管理主体是碳汇交易的重要构成，但是，目前我国红树林管理主体存在组织与行为不规范的现象。根本问题在于，红树林管理主体在实践中具有多重角色，各类角色的主体权责边界不清。立足红树林保护的立场，以红树林管理的权力和责任边界作为根本逻辑，并在此基础上确立红树林管理主体的权责规范，有助于解决红树林管理主体的政府失灵现象，也有助于形成碳汇交易的规范基础。可喜的是，《广东湛江红树林国家级自然保护区管理办法》（以下简称《管理办法》）已作出红树林管理主体权责规范化的尝试，通过内部组织规则法定化、主体权责分配体系化、交易行为规则原则化等立法方式，划分了我国红树林交易主体与红树林管理主体的权责边界。因此，以《管理办法》作为评述对象，梳理其立法，总结其经验，并以此作为我国红树林管理主体权责的创新渊源，符合我国"双碳"目标实施的现实需求与理论价值。

---

* 【基金项目】本文系广东省哲学社会科学规划 2021 年度粤东西北专项"协同治理视野下南海红树林交易规则法治化研究"（GD21YDXZFX01）的研究成果。

** 【作者简介】杜承秀（1972—　），女，四川南部人，广东海洋大学法学教授、硕士研究生导师、法学硕士，研究方向：民商事法学；莫旻丹（1991—　），女，广东封开人，广东海洋大学法政学院讲师、法学博士，研究方向：经济法学。

一　红树林管理权力来源的规范化：《管理办法》立法的合法性

《管理办法》通过规范权力内容，使红树林管理权力来源具有合法性，并形成了权力目的补足的规范性框架。

（一）权力来源的现状：规范的梳理

《管理办法》规定了红树林管理权力的内容、法律后果，形成了完整的权力来源规范。

1. 红树林管理权力内容规范

红树林管理权力内容以主体为规范逻辑，分为市人民政府及其主管部门、红树林保护区管理机构、森林公共安全管理部门、社会的权力。

（1）市人民政府及其主管部门的权力。市人民政府及其主管部门主要行使预算权、建议权，体现在《管理办法》的第四条第一款“市人民政府及其主管部门应当将红树林保护区生态建设纳入国民经济和社会发展规划，采取有利于发展的政策措施，支持红树林保护区建设和管理，协调解决红树林保护区保护发展中的重大问题”和第三款“林业、公安、环境保护、海洋渔业、农业、国土资源、城乡规划、水务、旅游、交通运输等部门按照各自职责，协助做好红树林保护区建设和管理工作”，以及第八条第一款“红树林保护区基础设施和管护能力建设经费，报请国家和省主管部门安排专项资金解决。日常管理经费纳入省级财政预算”。

（2）红树林保护区管理机构的权力。红树林保护区管理机构主要行使许可权、监督权、处罚权。体现在《管理办法》的第五条“红树林保护区管理机构具体负责红树林保护区的日常管理工作，履行下列职责：（一）贯彻执行国家和省有关自然保护的法律、法规和方针、政策；（二）组织编制红树林保护区总体规划、专项规划，制订管理制度并实施；（三）落实管护措施，加强红树林的巡护和执法，严格管理红树林湿地资源；（四）组织实施红树林保护区资源调查和环境监测并建立档案；（五）组织或者协助科研院校开展红树林保护区的科学研究；（六）开展红树林保护区的科普和宣传教育；（七）监督管理在红树林保护区实验区开展的生态旅游等活动；（八）监督管理涉及红树林保护区的建设项目；（九）支持红树林保护区周边地区发展”。

（3）社会的权力。社会主要行使参与权、检举权。体现在《管理办法》的第七条“红树林保护区管理机构可以联合红树林保护区周边的镇人民政府（街道办事处）、公安派出所、村（居）民委员会、养殖场等有关单位（组织）组建保护委员会，联动做好红树林保护区内红树林湿地资源的保护和管理。鼓励专家、志愿者以及社会公益组织等依法参与红树林湿地资源保护相关工作”，第九条“任何单位和个人都有保护红树林保护区内红树林湿地资源的义务，有权检举、控告破坏、侵占红树林保护区内红树林湿地资源的行为。举报核查属实的，可以给予举报者适当奖励”。

2. 红树林管理权力的法律后果规范

红树林管理权力的法律后果分为政治责任、司法责任，体现在《管理办法》的第二十九条“红树林保护区管理机构及其工作人员玩忽职守、滥用职权、徇私舞弊、怂恿、包庇他人违反本办法的，由所在单位或者上级主管部门给予行政处分；涉嫌犯罪的，移送司法机关依法处理”。

（二）权力来源的特征：规范的合法性

《管理办法》通过立法依据的合法性、立法权限的合法性、立法程序的合法性、立法内容的合法性四方面，使权力来源符合宪制规范。

1. 立法依据具有合法性

《管理办法》是2018年2月1日湛江市人民政府令第1号发布的政府规章，制定时的上位法依据为当年有效的《中华人民共和国环境保护法》《中华人民共和国自然保护区条例》《广东省湿地保护条例》以及有关法律、法规，并基于其修改变化和实际情况进行修正。因此，《管理办法》符合《立法法》规定的立法权限。

2. 立法权限具有合法性

《管理办法》是湛江市人民政府行使地方政府规章立法权的体现，根据《立法法》和《规章制定程序条例》，设区的市人民政府可以根据法律、行政法规和本直辖市的地方性法规，就“为执行法律、行政法规、地方性法规的规定需要制定规章的事项以及属于本行政区域的具体行政管理事项”制定地方政府规章。因此，对本行政区域内自然保护区建设管理的具体管理事项进行立法符合法定的权限。

3. 立法程序具有合法性

《管理办法》的制定程序严格遵循《规章制定程序条例》规定，历经初稿、征求意见、修改完善、市法制局审核、市法制局征求意见、形成《管理办法（草案提请审议稿）》、报市政府审议通过、公布实施等立法程序。并于2021年3月31日根据《保护区管理局关于印发〈广东湛江红树林国家级自然保护区管理办法〉立法后评估工作方案的通知》进行评估。制定、修改均符合法定程序。

4. 立法内容具有合法性

红树林国家级自然保护区的建设和管理，对于环境保护、红树林交易等方面意义重大，也是广东省生态建设的重要成果之一。《中华人民共和国环境保护法》《中华人民共和国自然保护区条例》《广东省湿地保护条例》等法律法规对自然保护区的建设和管理均有规定。《国务院办公厅关于健全生态保护补偿机制的意见》第三部分第十二项明确规定：“健全国家级自然保护区、世界文化自然遗产、国家级风景名胜区、国家森林公园和国家地质公园等各类禁止开发区域的生态保护补偿政策。”因此，《管理办法》上位法比较清晰。《管理办法》与国务院办公厅下发的《国务院办公厅关于做好自然保护区管理有关工作的通知》等政策性文件相互衔接。《管理办法》的制度设计，总体上科学、合理、有效，适应了广东省经济社会发展的新形势、新要求、新需求。

（三）权力来源的意义：规范的补足

《管理办法》的合法性规范，提供了红树林管理的限权依据，也在理论上明确了权力行使的目的。

1. 明确权力行使的功能目的

红树林管理权力行使的目的应包括解决市场失灵。因为，红树林管理权力行使的现实背景是，红树林管理主体实际参与碳汇行为，其中，权力行使的对象既是红树林，也是一种商品，对象的多重属性导致规范功能的多重属性，进而影响权力行使规范的目的多重性。因此，不应以片面的政府失灵目的论审视红树林管理主体的规范，而应考虑政府失灵与市场失灵的多重解决方案。例如，针对《管理办法》与《中华人民共和国自然保护区条例》《广东省森林和陆生野生动物类型自然保护区管理办法》在需要办理行政许可的生产经营活动的范围上的不一致，就应从建立统一红树林市场的角度，统一行政许可的范围。应特别注意，即便行政许可的目的包括了纠偏市场失灵，也不能偏离红树林管理主体的根本目的，即约束红树林管理中的政府失灵，因此，行政许可应严格遵循法定原则，根据《中华人民共和国环境保护法》《中华人民共和国行政许可法》等上位法进行设定。例如，针对《管理办法》第二十一条第三款关于生态补偿费的规定，《广东省林地保护管理条例》第十三条有相关的征收征用缴纳补偿费的项目，根据《广东省林地保护管理条例》的规定，只有征收、征用、占用商品林林地才需要林地补偿费、林木补偿费、安置补助费和森林植被恢复费四个缴纳补偿费项目，《管理办法》不应扩大缴纳补偿费的项目范围为“经审核批准征收、占用区内土地的项目”。鉴于此，应谨慎赋予红树林管理主体的收费权限。

2. 明确权力行使的现实目的

红树林的保护成本与权力行使密切联系，在成本最小化的冲动下，行政行为更具备限权的必要性。例如，针对《管理办法》第二十一条第二款关于自然区征收征用程序性规定与《广东省湿地保护条例》不一致的情况，应对照《广东省湿地保护条例》的对应内容，结合其设置精神进行完善。

二　红树林管理主体权力基础的规范化：《管理办法》的正当性

《管理办法》通过规范权力的理念及其实施环境，使红树林管理权力基础具有正当性，并提供了权力范围补足的规范逻辑。

（一）权力基础的现状：规范的梳理

《管理办法》规定了红树林管理权力的理念、实施条件，形成了兼顾规范内部理念与外部环境的权力基础规范。

1. 红树林管理权力的理念

《管理办法》对红树林管理权力的理念规范，包含立法目的体现的权力价值，以及立法原则指向权力行使的原则。

（1）立法目的中的权力价值。《管理办法》的价值取向是生态保护，体现在立法目的条款中，即第一条“为加强广东湛江红树林国家级自然保护区（以下简称红树林保护区）的建设和管理，保护红树林湿地生态系统及其生物多样性……制定本办法”。

（2）立法原则下权力行使的原则。《管理办法》规定了保护优先、兼顾利用的立法原则，立法原则的适用对象是权力行使，因此，权力行使的原则渊源是《管理办法》的第三条“红树林保护区实行保护优先、严格管理、合理利用和持续发展相结合的原则，妥善处理自然资源保护与当地经济社会发展及群众生产生活的关系。实行统一领导、分区管护和协同参与相结合的管理体制”。

2. 红树林管理实施的条件

权力实施的环境决定了权力实施符合正当性的程度，因此，《管理办法》的权力实施规范，主要针对红树林的生态环境。主要体现为第十八条第三款“红树林保护区管理机构应当加强对勺嘴鹬、黑嘴鸥、黑脸琵鹭等珍稀鸟类及其栖息地的保护管理；可以适时对鸟类重要栖息地封闭性管理，防止观鸟、摄影等人为活动的干扰”，以及第十九条

“红树林保护区管理机构应当严格控制引进外来物种，保护本地物种和生物多样性。加强对互花米草等外来入侵物种的监测和科学研究，采取综合措施及时防治和控制扩散”。

（二）权力基础的特征：规范的正当性

《管理办法》通过立法符合公平、公正原则，权力设置必要、适当，权责措施符合最温和、比例原则，使主体权力基础具有正当性。

1. 立法目的的正当性

《管理办法》第一条关于立法目的和立法依据的规定。首要表明了目的和依据。此表述符合国家和省的有关政策精神，反映改革实践需要，体现了本项立法的必要性。结合红树林保护区的红树林特点，将《中华人民共和国森林法》《中华人民共和国环境保护法》《中华人民共和国海洋环境保护法》《中华人民共和国自然保护区条例》《广东省湿地保护条例》《森林和野生动物类型自然保护区管理办法》及《广东省森林和陆生野生动物类型自然保护区管理办法》等相关法律依据进行了导引，将相关立法精神与目的融入条文中，实现立法正当性。

2. 立法原则的正当性

《管理办法》有关红树林自然保护区的开发、保护、管理等方面进一步明确，也确定了管理局对保护区周边居民的生产生活改善的责任，权衡了自然保护区的生态保护与周边群众的发展权益，做到了立法权衡和利益分配拿捏，不存在对该《管理办法》涉及的规制主体的歧视与差别对待问题。如《管理办法》第二十七条第二款规定：“红树林保护区所在地县级以上人民政府，应当对保护区的生态公益林，按照有关规定和标准落实补偿政策，保障保护区管理局的管护需要以及改善周边居民的生产生活。”体现了对红树林管理局对立法保护的红树林与因保护红树林可能对权益减损居民群众的平等对待。

3. 立法内容的正当性

在国家未明确红树林管理主体权责内容的情况下，《管理办法》在红树林普遍分布地区率先以地方规章形式加强红树林主体的建设管理，设计的具体制度和基本内容能够适应实际情况。主要体现为：第一，制度符合红树林主体所在地要求，总体上看具有强适应性。比如《管理办法》第二十二条和第二十三条，分别对候鸟、外来物种入侵等方面进行特别立法。第二，《管理办法》为碳交易的现实留下了修改空间，如第四条“市人民政府及其主管部门应当将红树林保护区生态建设纳入国民经济和社会发展规划，采取有利于发展的政策措施，支持红树林保护区建设和管理，协调解决红树林保护区保护发展中的重大问题”，确立了红树林管理主体权力的实施原则。

（三）权力基础的意义：规范的补足

《管理办法》的实施，使红树林管理的理念和实施环境具备正当性基础。同时，也为社会的参与权和国家的预算权的正当性，提供了规范的完善框架。

1. 确定社会捐献的内容

社会捐献是红树林保护的重要保障，也是社会参与权在《管理办法》中的重要体现。虽然《管理办法》没有明确红树林管理主体接受捐赠的范围，但是，《管理办法》一方面提供了正当性的规范框架，另一方面，其配套实施细则遵循正当性的规范逻辑。因此，在社会捐献的配套实施细则中，宜将社会捐献的内容与《管理办法》的原则、目的相匹配。在这方面，相关地区的红树林管理办法已尝试相同的规范逻辑，例如，《上海市九段沙湿地自然保护区管理办法》第七条规定“保护区的保护资金来源包括：（一）财政拨付的专项资金；（二）国内外组织、企业和个人的捐赠；（三）国家允许的其他方式筹集的资金”对捐赠资产范围的规范。另外，也可结合南海红树林实际，完善《管理办法》中接受资金捐赠的程序规定。

2. 确定生态保护补偿的范围

生态保护补偿是“红树林管理—财政投入—红树林保护”机制的主要表现，本质是财政权在环境保护中的演绎。同时，基于《国务院办公厅关于健全生态保护补偿机制的意见》中“完善森林、草原、海洋、渔业、自然文化遗产等资源收费基金和各类资源有偿使用收入的征收管理办法，逐步扩大资源税征收范围，允许相关收入用于开展相关领域生态保护补偿”。红树林管理与生态保护补偿的关系已被我国法规确认。因此，在《管理办法》的实施细则中，应考虑红树林管理涉及的生态保护补偿范围。具体的规范思路是：在生态环境和社会发展规划及城乡规划的基础上，制定资源有偿使用的征收的相关规定，建立稳定的机制，对红树林的保护收益进行利益与绿色衡平的编制，保证生态保护的连续性。

三 红树林管理主体权力界定的规范化：《管理办法》的准确性

《管理办法》通过规范权力的实施，使红树林保护区的红树林管理权力界定具有准确性，并规范了相邻红树林保护行为的权力实施框架。

（一）权力界定的现状：规范的梳理

《管理办法》对以下红树林管理权力的实施作出了规定：适用范围，适用前提，适用的法律效果，形成了体系化的权力界定规范。

1. 红树林管理权力的适用范围

《管理办法》以地理范围作为管理权力的适用范围，体现为第二条第一款“本办法所称红树林保护区，是指经国务院或者其授权批准的红树林保护区总体规划所确定的位于本市行政区域内的保护区域”，以及第十一条第一款“红树林保护区划分为核心区、缓冲区和实验区三个功能区，依法分别采取相应的管护措施。各功能区的具体范围、面积及界线以国务院或者其授权批准的文件为准”。

2. 红树林管理权力的适用前提

《管理办法》规定，红树林管理权力的实施，以权力的适用范围为前提。红树林保护区管理机构的权力以红树林保护区的地理性存在作为前提，体现在第五条“红树林保护区管理机构具体负责红树林保护区的日常管理工作”。社会权力以实施主体处于红树林保护区周边为前提，体现在第七条“红树林保护区管理机构可以联合红树林保护区周边的镇人民政府（街道办事处）、公安派出所、村（居）民委员会、养殖场等有关单位（组织）组建保护委员会，联动做好红树林保护区内红树林湿地资源的保护和管理”。

3. 红树林管理权力适用的法律效果

在《管理办法》的规范中，红树林管理权力的适用主要产生禁止性后果，以及附条件批准性后果。禁止性后果主要涉及红树林保护区管理机构的监督权、处罚权，体现在第十七条“禁止在红树林保护区内砍伐、移植、采摘红树林和其它毁坏红树林行为”，第十八条“禁止在红树林保护区内猎捕鸟类等野生动物和捡拾鸟蛋、捉雏、毁巢等行为；禁止以鸣笛、追赶等方式惊吓鸟类，干扰鸟类觅食、繁殖。在鸟类迁徙期、繁殖期，禁止从事影响鸟类栖息、繁殖的活动”，第二十一条第二款“区内土地原则上不得征收、占用，确因国家和省重点建设项目需要征收、占用的，应当依法按照规定程序报批，实行占补平衡”。

附条件批准性后果主要涉及市人民政府及其主管部门的权力、红树林保护区管理机构的许可权，体现在第十六条第二款“区内因历史原因存续的各类养殖场所占用的红树林湿地，市人民政府依法采取分期分批回收、异地增补红树林面积、生态补偿等方式进行处理”，第十七条“因科研、医药或者更新、改造、抚育等正当需要的，应向红树林保护区管理机构申请并按照规定程序报批”，第二十条第一款“红树林保护区核心区和缓冲区除按照批准规划，可以建立野外观测站、巡护小道等自然保护管理用途的小型永久性设施外，禁止建立任何非自然保护管理用途的设施”。

（二）权力界定的特征：规范的准确性

《管理办法》通过立法文本结构完整、相关概念界定准确、条文表述及逻辑结构严密和合理、立法用语准确和规范，使主体权力界定的文本具有规范性。

1. 文本结构与表述的准确性

《管理办法》共37条，主要涵盖了立法目的与依据、适用范围、建设要则、职责分工、管理规制、保障措施、法律责任、施行日期等，从整体上来看，文本结构和内容较为完整。《管理办法》语言表达准确，法律概念术语准确、统一、规范。没有非法律性语言表述，标点符号、数字的表述符合立法要求。

2. 逻辑的严密性

《管理办法》的文本结构，从规范逻辑上看，涵盖了总则、建设要则、职责分工、管理规制、保障措施、法律责任等内容，前后条文之间基本可以做到相互呼应，逻辑关系较为明确严密，体系结构比较合理。

3. 概念界定的准确性

《管理办法》的概念界定规范，在遵循“属加种差”一般模式的基础上，综合运用了法学及其他学科的界定方法。采取法学方法界定种差的条款主要有：（1）第二条第一款，使用规范方法明确“红树林保护区”的概念，进而确定权力实施对象的边界。（2）第五条采取列举式的概念界定模式，对权力内容的边界——红树林保护区管理机构的权力概念进行界定，明确了红树林管理主体的权力范围规范。采取其他方法界定种差的条款主要有：（1）第十九条，使用生物学的方法界定外来入侵物种的概念，进而确定权力实施措施的边界。（2）第二十四条，使用经济学的方法界定参与治理的主体概念，进而确定权力实施主体的边界。

（三）权力界定的意义：规范的补足

《管理办法》提供了权力界定的准确性框架，由于不同红树林保护主体的混同，和不同红树林保护行为的同一构成，这一框架不仅适用于红树林管理行为的权力界定，也适用于其他红树林保护行为的权力界定。

1. 构建红树林保护主体体系

《管理办法》规范的广东湛江红树林国家级自然保护区管理局，既具备其他红树林保护行为的能力，也具有其他红树林保护行为的现实。因此，在红树林保护主体未统一的当下，以广东湛江红树林国家级自然保护区管理局作为本地区红树林保护的主要主体，即是可行，也有必要。但是，针对政府部门机构改革产生的名称改变及职责转换问题，《管理办法》涉及的监督管理和建设意见等工作相应需要调整，应根据设区的市机构改革的实际情况，统一不同职责的行使的主要或协助机构。

2. 构建红树林保护行为规范体系

根据全国红树林保护行为的现实情况，对红树林进行管理。既要考虑到红树林保护的经济问题，因此管理应纠偏该区域内交易的市场失灵，又要考虑到红树林的最终目标是实现“双碳”，因此红树林的管理应树立“双碳”导向。综上，《管理办法》应根据红树林保护的发展情况，对新出现的红树林保护行为进行规范。

四　结语

在红树林管理的视角下，《管理办法》规范了行政主体的权力来源、权力基础和权力界定，为红树林管理权力的规范化提供了实践经验。同时，也应看到，《管理办法》在权力的目的、特定主体的权力内容、相邻权力的行为规范方面仍有进步空间。从《管理办法》的实践经验来看，红树林管理权力既能保护红树林，也会影响红树林经济的发展。因此，在总结《管理办法》经验的同时，还应在生态经济的角度考虑《管理办法》的完善。

【点评：广东外语外贸大学广东省地方立法研究评估与咨询服务基地副主任 杨治坤 教授】

作为特定的物种并对生长环境有特定的要求，红树林在我国的分布也很有特点。为保护以红树林为主要生态要素的湿地生态系统及其生物多样性，立法是最为有效的首选方式。但既有的规范体系中，中央立法阙如，主要依赖于地方立法，如《广东湛江红树林国家级自然保护区管理办法》，即是一部比较具有地方特色的立法。

本文在内容主体架构上分三部分，即红树林管理主体权力来源的规范化：《管理办法》的合法性；红树林管理主体权力基础的规范化：《管理办法》的正当性；红树林管理主体权力界定的规范化：《管理办法》的准确性，整体上看有一定逻辑合理性。固于文章主标题与副标题之间似乎存在间隙，从行文风格与逻辑安排反推文章的立意或主旨，应该是对《广东湛江红树林国家级自然保护区管理办法》进行立法后评估，对该《管理办法》的主要制度设计的合法性、有效性以及制度补正做了较为客观的分析，在肯定该《管理办法》的地方立法特色、制度设计创新和可行性的基础上，也指出了未来需要注意或完善的建议，这符合立法后评估的写作风格。